I0876066

Kohlhammer

Religion und Gesundheit

Herausgegeben von

Dietrich Korsch und Cornelia Richter
In Zusammenarbeit mit Hans-Rainer Buchmüller, Franziska Geiser,
Jochen Sautermeister, Verena Wetzstein

Band 3

Cornelia Richter (Hrsg.)

An den Grenzen des Messbaren

Die Kraft von Religion und Spiritualität in Lebenskrisen

Unter Mitarbeit von Ann-Kathrin Armbruster

Verlag W. Kohlhammer

Gefördert durch die Deutsche Forschungsgemeinschaft (DFG) –
Projektnummer 348851031

Gefördert durch
DFG Deutsche Forschungsgemeinschaft

1. Auflage 2021

Alle Rechte vorbehalten
© W. Kohlhammer GmbH, Stuttgart
Gesamtherstellung: W. Kohlhammer GmbH, Stuttgart

Print:
ISBN 978-3-17-039334-9

E-Book-Format:
pdf: ISBN 978-3-17-039335-6

Für den Inhalt abgedruckter oder verlinkter Websites ist ausschließlich der jeweilige Betreiber verantwortlich. Die W. Kohlhammer GmbH hat keinen Einfluss auf die verknüpften Seiten und übernimmt hierfür keinerlei Haftung.

Dieses Werk einschließlich aller seiner Teile ist urheberrechtlich geschützt. Jede Verwendung außerhalb der engen Grenzen des Urheberrechts ist ohne Zustimmung des Verlags unzulässig und strafbar. Das gilt insbesondere für Vervielfältigungen, Übersetzungen, Mikroverfilmungen und für die Einspeicherung und Verarbeitung in elektronischen Systemen.

Inhaltsverzeichnis

Vorwort

An die Grenzen des Messbaren führt uns – in ganz unterschiedlichen Perspektiven – immer wieder die Arbeit unserer seit September 2019 von der DFG geförderten Forschungsgruppe 2686 „*Resilienz in Religion und Spiritualität. Aushalten und Gestalten von Ohnmacht, Angst und Sorge*“. Weil der Aufbau solch einer Forschungsgruppe über mehrere Jahre erfolgt, hatten wir bereits 2017 den ersten Band der Reihe *Religion und Gesundheit* unter dem Titel „*Ohnmacht und Angst aushalten. Kritik der Resilienz in Theologie und Philosophie*“ veröffentlicht. Mit dem vorliegenden Band dürfen wir Ihnen nun die Fortsetzung unserer Arbeit präsentieren, in der wir fortwährend um die interdisziplinäre Verständigung zwischen den Geistes- und den Lebenswissenschaften ringen.

Erstmals offiziell vorgestellt haben wir unsere Arbeit bei der Kick-Off-Konferenz am 29. Oktober 2019 im Universitätsclub Bonn. Begleitet von Grußworten des Rektors der Universität Bonn, Prof. Dr. Dr. h. c. Michael Hoch, und des Dekans der Evangelisch-Theologischen Fakultät, Prof. Dr. Dr. h. c. Michael Meyer-Blanck, wurden die Arbeit, die methodische Verknüpfung und die Zielsetzung der Forschungsgruppe einem breiten Publikum vorgestellt. An dieser Stelle sei ein herzlicher Dank an den Rektor und den Dekan für die freundlichen und wertschätzenden Grußworte gerichtet ebenso wie an alle Mitarbeiter*innen der Forschungsgruppe, die zum Gelingen der Veranstaltung beigetragen haben.

Unsere Forschung mit einem großen Team junger Nachwuchswissenschaftler*innen, unsere Publikationen und unsere Veranstaltungen sind nur dank der Finanzierung durch die Deutsche Forschungsgemeinschaft (DFG) möglich: Hierfür und für die stets freundliche Zusammenarbeit danken wir der DFG, namentlich Herrn Dr. Achim Haag und Frau Dr. Daphné Kerremans.

Die Autor*innen dieses Bandes sind Projektleiter*innen und Mitarbeiter*innen der Forschungsgruppe. Ihnen ist hier ein großer Dank auszusprechen für die konzentrierte und produktive Zusammenarbeit sowohl in der Vorbereitung dieses Bandes als auch in unseren regelmäßig stattfindenden Arbeitstreffen. Das sich Eindenken in und Einstellen auf die verschiedenen Forschungsdisziplinen, auf die je eigenen Fachsprachen und Methodiken ist herausfordernd, aber das Gespräch gelingt mit gegenseitigem Interesse, Neugier und mit viel Humor.

Die wie immer mühevolle Erstellung der Druckvorlage ist nicht ohne ein motiviertes Team zu bewältigen. Daher danken wir ganz besonders der wissenschaftlichen Mitarbeiterin und Projektkoordinatorin Ann-Kathrin Armbruster sowie den studentischen Hilfskräften Simon Ahrendt, Rebecca Blank, Marvin Gärtner, Svenja Nolte und Jana Puschke, die alle Manuskripte Korrektur gelesen, Literaturangaben und alle sonstigen Fehlerfallen sorgfältig geprüft und Formalia vereinheitlicht haben. Sollten dennoch Fehler zu finden sein, liegt die Verantwortung hierfür selbstverständlich bei der Herausgeberin.

Schließlich bleibt noch, dem Kohlhammer-Verlag und Herrn Dr. Sebastian Weigert für die stets freundliche und geduldige Zusammenarbeit einen großen Dank auszusprechen. Die Fortsetzung der Reihe *Religion und Gesundheit* gehört zu den Highlights unserer Publikationen – nicht zuletzt aufgrund der jahrelang erprobten hervorragenden Zusammenarbeit. Wir freuen uns schon jetzt auf den nächsten Band.

Bonn, im Dezember 2020
Cornelia Richter

„Hilft der Glaube oder hilft er nicht?“ Von den Herausforderungen, Religion und Spiritualität im interdisziplinären Gespräch über Resilienz zu erforschen[1]

Cornelia Richter und Franziska Geiser

A. Einführung in die Thematik

1. *Gespräch in interdisziplinärer Herausforderung*

Interdisziplinäre Forschung lebt vom Gespräch, von der gemeinsamen Leidenschaft für das Thema und vom Durchhaltevermögen über die methodischen und fachlichen Differenzen hinweg. In unserer Forschungsgruppe „Resilienz in Religion und Spiritualität. Aushalten und Gestalten von Ohnmacht, Angst und Sorge“ (DFG-FOR 2686) erfolgt dieses interdisziplinäre Gespräch zwischen Theologie, Philosophie, theologischer Ethik/Moralpsychologie, Psychosomatik und Psychotherapie, Palliativmedizin und Spiritual Care. Für die Verknüpfung dieser beiden Themenfelder – Resilienz einerseits, Religion und Spiritualität andererseits –, braucht es das Gespräch vor allem deshalb, weil sie sich nur in einer hermeneutisch orientierten Kombination von theoretischer Grundlagenforschung und empirischen Untersuchungsmethoden mit dem gemeinsamen Ziel der anwendungsorientierten Forschung untersuchen lässt. Das gilt umso mehr, wenn man Religion und Spiritualität auf „Lebenskrisen“ bezieht. Denn weder Religion noch Spiritualität noch der Begriff der Lebenskrise sind eindeutig definierte und damit methodisch leicht zugängliche Begriffe. Deshalb stellt uns ihre Verknüpfung in methodischer Hinsicht vor gewaltige Herausforderungen. In Band 1 unserer Reihe „Religion und Gesundheit“ hatten wir manche dieser Schwierigkei-

1 Gefördert durch die Deutsche Forschungsgemeinschaft (DFG) – Projektnummer 348851031. Bei diesem Beitrag handelt es sich um einen interdisziplinären Text, der die Chancen und Risiken interdisziplinärer Zusammenarbeit anschaulich machen soll. Zu den nicht zu unterschätzenden Differenzen zwischen den Disziplinen in einem solchen Projekt zählt u. a. der Umgang mit Literatur. Deshalb folgt die Bibliografie in den Fußnoten hier sowohl geisteswissenschaftlichen als auch medizinisch-psychologischen Konventionen, letztere auch bei Erstnennung in Kurzzitation (vgl. Anm. 3). In den einzelnen Beiträgen dieses Bandes haben die Autor*innen jeweils die eine oder andere Konvention gewählt.

ten bereits aus der Perspektive der Geisteswissenschaften vorgestellt. Im vorliegenden Band 3 wird das Gespräch über die Fächergrenzen hinweg fortgeführt. Denn inzwischen haben wir uns als Forschungsgruppe bereits über mehrere Jahre hinweg inspiriert und miteinander gestritten, wir haben einander herausgefordert und voneinander gelernt, und allmählich beginnen wir, die jeweils anderen Fachsprachen und ihre methodischen Erfordernisse zu verstehen. Die größte Aufgabe für die interdisziplinäre Zusammenarbeit besteht ja schlicht darin, sich mit der nötigen Neugier und Offenheit auf Frageperspektiven und Problemkonstellationen der Projektpartner einzulassen und darüber zu verstehen, wie und weshalb die jeweils mitgebrachten Begriffe, Theorien, Forschungsfragen und Anwendungsperspektiven divergent sind. Das gilt z. B. sowohl für die Frage nach den jeweiligen methodischen Grenzen unserer disziplinspezifischen Ansätze als auch für die Hermeneutik religiös-spiritueller Traditionen, Haltungen und Praxen.

2. *Vier Grenzen des Messbaren*

Die Frage nach der Grenze des Messbaren gehört in den Wissenschaften in den Bereich der empirischen Disziplinen, die vorwiegend in den Technik-, Natur-, Sozial- und Lebenswissenschaften verankert sind. Gemessen wird mithilfe standardisierter Messmethoden und Instrumenten (z. B. Fragebogenskalen) in quantitativen und qualitativen Studien, die sich mit präzise definierten Fragestellungen anhand valider Definitionen in repräsentativen Samples auf operationalisierbare Phänomene beziehen oder mindestens beziehen sollten. Was sich auf diese Weise gut messen lässt, trägt zum allgemeinen Erkenntnisgewinn bei, auch wenn die jeweils ausgewählten Forschungsfragen aus methodischen Gründen sehr präzise und daher vergleichsweise eng gefasst sein müssen. Im Blick auf Religion und Spiritualität lassen sich auf diese Weise einzelne Parameter sehr gut quantitativ messen, z. B. die Kirchenmitgliedschaftszahlen oder die persönliche Bedeutung von Religion oder den Glauben an ein höheres Wesen im Alltagsleben.[2] Auch existieren Skalen zur Messung von Spiritualität, z. B. die Spiritual Wellbeing Scale des FACIT-Fragebogens (Functional Assessment of Chronic Illness Therapy)[3], die v. a. in der Palliativmedizin eingesetzt wird. Im Gespräch

2 Vgl. Stefan Huber/Bertelsmann Stiftung: Religionsmonitor 2008 - Muslimische Religiosität in Deutschland, Gütersloh 2011; Gert Pickel: Religionsmonitor – verstehen, was verbindet. Religiosität im internationalen Vergleich, Gütersloh 2013; Heinrich Bedford-Strohm/Volker Jung (Hgg.): Vernetzte Vielfalt. Kirche angesichts von Individualisierung und Säkularisierung: die fünfte EKD Erhebung über Kirchenmitgliedschaft (= KMU V), Gütersloh 2015; zur kritischen Diskussion vgl. Birgit Weyel/Peter Bubmann (Hgg.): Kirchentheorie. Praktisch-theologische Perspektiven auf die Kirche, Leipzig 2014.

3 *Bredle* et al. 2011.

zwischen der Theologin (Cornelia Richter) und der Psychosomatikerin (Franziska Geiser) beurteilt die Psychosomatikerin solche Untersuchungen nach ihrer Einsetzbarkeit in der klinischen Praxis und sieht einen Wert darin, dass, bei aller konzeptuellen Unschärfe, darüber das Konzept Spiritualität überhaupt messbar wird und in der klinischen Forschung einen Platz findet. Neben der quantitativen Erfassung über Fragebögen stehen zudem qualitative Methoden zur Verfügung, durch die in Interviews inhaltsanalytisch persönliche Vorstellungen erfasst werden können. Für die Theologin hingegen gilt, dass sich Religion und Spiritualität als Gesamtphänomen nur schwer in Zahlen übersetzen lassen. Der Grund dafür ist, dass sie auf so vielfältige und hoch komplexe Weise soziokulturell, institutionslogisch, traditions- und handlungsbezogen sind, dass ihre kollektive wie individuelle Ausprägung über Vorstellungen, Texte, Symbole, Riten und Praktiken nie unabhängig von den darin artikulierten und nur hermeneutisch zu erschließenden Sinndimensionen zu fassen sind.

Aus Sicht der Theologin kommt eine zweite schwierige Grenzziehung hinzu: In phänomenologischer Hinsicht lässt sich die Unterscheidung zwischen Religion und Spiritualität kaum erkennen, so dass wir es mit einer verschwommenen Grenze zu tun haben. Schon der Religionsbegriff selbst lässt sich nur in einer Vielfalt von Perspektiven bestimmen,[4] die jeweils disziplinspezifisch geprägt sind, v. a. durch religionsphilosophische, religionswissenschaftliche, religionssoziologische oder religionspsychologische Ansätze.[5] Für unser Forschungsprojekt legt sich zunächst eine pragmatische Zuordnung nahe: Unter „Religion" lässt sich eine Gemeinschaft verstehen, die Traditionen, Rituale und Texte teilt (Judentum, Christentum, Islam, Buddhismus, Hinduismus u. a.) und die (mit Barth 2003) in kulturtheoretischer, religionswissenschaftlicher, sozialpsychologischer Hinsicht sowie bezüglich der jeweiligen metaphysischen Prämissen analysierbar ist.[6] „Religiosität" lässt sich (mit Heine 2005) über die institutionelle Religionszugehörigkeit hinaus als eine persönliche Gestaltung und Lebenspraxis von Religion bestimmen.[7] Mit Hauschildt (2013, 2016 a.b), Peng-Keller (2010, 2012, 2015 a.b) und Klein (2011, 2012, 2016 a.b) beziehen wir in unserem Projekt den Begriff der Spiritualität hingegen auf wenig institutionalisierte, eher individuelle, dynamische, hybride und fluide Prozesse der Selbstvergewisserung im

4 Zur Diskussion vgl.: *James. H. Leuba*: A Psychological Study of Religion, 1912 (Appendix); Ernst Feil (Hg.): Streitfall "Religion", Münster 2000.

5 Vgl. *Ernst Feil/Peter Antes/Christoph Schwöbel/Eilert Herms/Christian Albrecht*: Art. Religion I-VII, in: RGG[4], Bd. 7 (2004), 263–302; *Folkart Wittekind*: Religion zwischen Objektivierbarkeit und Selbstbeschreibung. Methodisch-hermeneutische Überlegungen zum Religionsverständnis des Religionsmonitors, in: Matthias Petzoldt (Hg.), Theologie im Gespräch mit empirischen Wissenschaften, Leipzig 2012, 35–72.

6 Vgl. *Ulrich Barth*: Theoriedimensionen des Religionsbegriffs, in: Ders.: Religion in der Moderne, Tübingen 2003, 29–87.

7 Vgl. *Susanne Heine*: Grundlagen der Religionspsychologie. Modelle und Methoden, Göttingen 2005.

Horizont des Gesamt des Lebens, die religiös und nicht-religiös beschrieben werden können.[8] Dazu gehört die Suche nach und das sich Ausrichten an Transzendenzen mittlerer und großer Reichweite[9] in der Antizipation von Sinn bzw. Hoffnung, ohne dass damit bereits gesagt wäre, dass der Transzendenzbegriff für jede Form von Religion und Spiritualität der bestmögliche Begriff wäre. Zudem ist zu berücksichtigen, dass diese Transzendenzen meist ohne scharfe Trennlinien bzw. ohne klare Konturen vorgestellt werden (z. B. das Heilige, Verbundenheit, Ganzheit, Selbsttranszendenz) und ausdrücklich auch Weltanschauungen außerhalb der institutionalisierten Religionen mit einschließen.[10] So sinnvoll diese Unterscheidung einerseits ist, so wenig trennscharf ist sie andererseits, u. a. deshalb, weil die für die Forschung notwendige begriffliche Präzision für die Praxis gelebter Religion und Spiritualität selten dieselbe Relevanz hat. In der empirischen Forschung ist eine Folge dieser Diskrepanz, dass „Spiritualität" häufig als Selbstattribution – und damit in einer potentiell sehr breiten Bedeutungsvielfalt – operationalisiert wird.[11]

---

8 Vgl. *Eberhard Hauschildt*: Zum Verhältnis von Spiritual Care und kirchlicher Seelsorge - ein Diskussionsbeitrag aus Deutschland, in: palliative.ch. Zeitschrift der Schweiz. Gesellschaft für Palliative Medizin, Pflege und Begleitung H4 (2013e), 6–9; *Eberhard Hauschildt*: Resilienz und Spiritual Care. Einsichten für die Aufgaben von Diakonie und Seelsorge und für die Resilienzdebatten, in: Zeitschrift für Praktische Theologie 51/2 (2016a), 100-105; *Eberhard Hauschildt*: Spiritueller Bedarf – Recht auf Religion – Resilienz im Vollzug: Drei Phänomene und ihre kommunikative Gestalt im Alter bei geistiger Behinderung oder chronischer psychischer Erkrankung, in: Sandra V. Müller/Claudia Gärtner (Hgg.): Lebensqualität im Alter. Perspektiven für Menschen mit geistiger Behinderung und psychischen Erkrankungen, Wiesbaden 2016, 485-496; *Simon Peng-Keller:* Einführung in die Theologie der Spiritualität, Darmstadt 2010; *Simon Peng-Keller*: Spiritualität im Kontext moderner Medizin, in: Manfred Belok/Urs Länzlinger/Hanspeter Schmitt (Hgg.): Seelsorge in Palliative Care, Zürich 2012, 87–97; *Simon Peng-Keller*: Spiritual Care als theologische Herausforderung. Eine Ortsbestimmung, in: ThLZ 140 (2015a), 454–467; *Simon Peng-Keller*: Spiritualität mit und ohne Gott – Plädoyer für eine begriffliche Klärung, in: Astrid Giebel/Ulrich Lilie/Michael Utsch/Dieter Wentzek/Theo Wessel (Hgg.): Geistesgegenwärtig beraten – Spiritualität, Existenzielle Kommunikation und Selbstsorge in Beratung und Seelsorge, Neukirchen-Vluyn 2015b, 19–30; Constantin Klein/Hendrik Berth/Friedrich Balck (Hgg.): Gesundheit – Religion – Spiritualität. Konzepte, Befunde und Erklärungsansätze, Weinheim/München 2011; *Constantin Klein/Sonja Gottschling/Christian Zwingman*: Deutschsprachige Fragebögen zur Messung von Religiosität/Spiritualität. Ein Vergleich ausgewählter Skalen, in: Spiritual Care 1/3 (2012), 22–35; *Constantin Klein/Ralph W. Hood/Christopher F. Silver/Barbara Keller/Heinz Streib*: Is "spirituality" nothing but "religion"? An indirect measurement approach, in: Heinz Streib/Ralph W. Hood (Hgg.): Semantics and psychology of spirituality. A cross-cultural analysis, Cham 2016a, 71–85; *Constantin Klein/Barbara Keller/Christopher F. Silver/Ralph W. Hood Heinz Streib*: Positive adult development and "spirituality": Psychological well-being, generativity, and emotional stability, in: Heinz Streib/Ralph W. Hood (Hgg.): Semantics and psychology of spirituality. A cross-cultural analysis, Cham 2016b, 401–436.

9 Vgl. *Alfred Schütz/Thomas Luckmann*: Strukturen der Lebenswelt, Bd. I und II. Frankfurt a. M. 1979/1984.

10 Vgl. *Anton A. Bucher*: Psychologie der Spiritualität, Weinheim/Basel ^{2}2014; Kenneth I. Pargament: APA Handbook of Psychology, Religion, and Spirituality, Washington (D.C.) 2013.

11 Vgl. *Heinz Streib/Barbara Keller*: Was bedeutet Spiritualität? Befunde – Analysen – Fallstudien aus Deutschland, Göttingen 2015.

Weil es sich sowohl bei Religion als auch bei Spiritualität nicht nur um soziokulturelle, kollektive wie individuelle, Phänomene handelt, sondern auch um je eigene zeitbedingte Logiken, Vorstellungen, Überzeugungen, Semantisierungen, Symbole oder Narrative, deshalb stehen wir drittens vor historisch-kulturellen Grenzen, etwa zwischen antiken und modernen Kulturräumen – das zeigen die Beiträge von Gärtner/Petersen und Opalka.

Mit ihnen eng verbunden ist eine vierte, nämlich die erkenntnistheoretische Grenze: Zwar lässt sich alles, was in Religion und Spiritualität artikuliert wird, mithilfe der wissenschaftlichen Methodik der Theologien und religionsbezogenen Wissenschaften kritisch analysieren, aber inwiefern den metaphysischen Gehalten – z. B. Gott, Erlösung, Auferstehung – eine eigene Form der Realität zukommt, ist mithilfe der strikten Erkenntnistheorie nicht zu beurteilen. Aus Sicht der Theologin, die mit einer philosophisch reflektierten Systematik arbeitet, lässt sich nur über die als Gotteserfahrung artikulierten Wirkungen metaphysischer Glaubensinhalte und Wahrheitsansprüche sprechen, die in der konkreten Lebenswirklichkeit von Menschen freilich reale Wirkung entfalten können. In der Sprache der Psychosomatikerin gesagt: Empirisch lassen sich metaphysische Fragen nur als jeweils subjektives Erleben erfassen, wohingegen die Frage nach einer metaphysischen „Wahrheit“ keine Kategorie der empirischen psychosozialen Forschung ist.

Mit Hauschildt, Peng-Keller und Klein verstehen wir Spiritualität daher zumindest nach derzeitigem Forschungsstand als ein multidimensionales Konstrukt, das spezifisch religiöse oder nichtreligiöse Formen der Transzendenzorientierung und der Sinnsuche umfasst[12] und in konzeptioneller und empirischer Hinsicht von psychologischem Wohlbefinden und mentaler Gesundheit unterschieden werden muss.[13] Ein Element dieser Mehrdeutigkeit ist das Changieren zwischen anthropologischen oder geistbestimmten (in der christlich-religiösen Terminologie: pneumatologischen) Konzeptionen und deren aktiven Dynamiken einerseits (z. B. die Suche nach Transzendenz, ritueller Gestaltung, sozialer Interaktion) sowie medio-passiven bis passiven Dynamiken des Empfangens andererseits (z. B. sich getragen Fühlen, mit innerer Ruhe „beschenkt“ werden). Damit bewegen wir uns an der Schnittstelle zwischen einem deskriptiven Begriff und einer anthropologischen, auf existentielle Lebenssituationen bezogenen Ka-

12 Vgl. *Clemens Eisenmann/Constantin Klein/Anne Swhajor-Biesemann/Uwe Drexelius/Heinz Streib/Barbara Keller*: Dimensions of "spirituality": The semantics of subjective definitions, in: Streib, Heinz/Hood, Ralph W. (Hgg.): Semantics and psychology of spirituality. A cross-cultural analysis, Cham 2016, 125–151; *Heinz Streib/Constantin Klein*: Religion and spirituality, in: Michael Stausberg/Steven Steven (Hgg.): Oxford handbook of religious studies, Oxford 2016, 73–83.

13 Vgl. *Eberhard Hauschildt*: „Spiritual Care“ – Eine Herausforderung für die Seelsorge?, in: Materialdienst der Evangelischen Zentralstelle für Weltanschauungsfragen 3 (2013d), 83–90; *Eberhard Hauschildt*: Zum Verhältnis von Spiritual Care und kirchlicher Seelsorge – Ein Diskussionsbeitrag aus Deutschland, 6–9; dazu in diesem Band: *Constantin Klein/Stephan Bethe*: Messbare Ausschnitte des Unermesslichen?, 117–143.

tegorie. Diese Einordnung findet sich auch in der Beschreibung des Referats „Religiosität und Spiritualität“ der Deutschen Gesellschaft für Psychiatrie und Psychotherapie, Psychosomatik und Nervenheilkunde (DGPPN 2020)[14]. Sie lässt sich in gewinnbringender Weise mit der internationalen Konsensusdefinition der Palliativmedizin verbinden: „Spirituality is a dynamic and intrinsic aspect of humanity through which persons seek ultimate meaning, purpose, and transcendence, and experience relationship to self, family, others, community, society, nature, and the significant or sacred. Spirituality is expressed through beliefs, values, traditions and practices.”[15] Besonders interessant wird diese Mehrdeutigkeit, wenn man sie mit Phänomenen der Selbst- und Fremdwahrnehmung, mit Affektivität/Emotionalität und nicht zuletzt mit Empathie und Achtsamkeit verbindet, wie in den Beiträgen von Breyer/Janhsen und Sautermeister gezeigt wird.

3. *Hilft der Glaube oder hilft er nicht?*

Lebenspraktisch relevant wird das Verhältnis von Resilienz, Religion und Spiritualität in existentiellen Lebenskrisen. Einerseits ist dieser Phänomenbereich in der empirischen Sozialforschung in vielfältiger Weise untersucht worden.[16] Lebenskrisen lassen sich typisieren und in diesen Typologien analysieren, z. B. Erkrankung, Scheidung, Migration, Todesfall etc. Ebenso lassen sich Belastungsspektren untersuchen und Arten der Belastung unterscheiden. Mittels qualitativer Methoden kann auch erfasst werden, was eine Lebenskrise für einen einzelnen Menschen bedeutet, wie er oder sie damit umgeht, und, durch Verknüpfung mit einem Fragebogen, welchen Einfluss sie auf die Lebensqualität hat. Andererseits lässt sich nur bedingt in Zahlen ausdrücken, ob und falls ja, inwiefern sich die Krise mithilfe von, in oder durch religiös-spirituelle Texte ausdrücken lässt bzw. in diesen Resonanz findet, und wie sie in ihrer existentiellen Tragweite jenseits eines transkribierbaren Berichts persönlich erlebt wird. Geht man mit einem gesundheitswissenschaftlichen Ansatz an das Verhältnis von Religion und Spiritualität zur Erfahrung von Lebenskrisen heran, so ist die Frage „Hilft der Glaube – oder hilft er nicht?“ zunächst ebenso legitim wie jede andere Untersuchung eines potenziell protektiven Faktors, etwa soziale Unterstützung. Die Gesundheitswissenschaft will wissen, was hilft, um dann Bedingungen und Zusammenhänge möglichst so genau zu charakterisieren, dass sich daraus Handlungsalternativen ergeben, die wiederum zu evaluieren sind. „Helfen“ wird hier in einem rein deskriptiven und funktionalen Sinne verstanden: Je mehr Gesundheit

14 https://www.dgppn.de/die-dgppn/referate/religiositaet-und-spiritualitaet.html, letzter Zugriff 14.10.2020.

15 *Puchalski* et al. 2014, 646.

16 Vgl. z. B. einen Überblick zu „religious coping“ bei *Harrison* et al. 2001.

und Wohlbefinden ein Faktor für den einzelnen wie für die Gemeinschaft ermöglicht, desto positiver ist er zu bewerten. Eine Begründung wäre bei der obigen Frage allenfalls für die Vorannahme zu fordern, dass der Glaube hilft und nicht schadet. Wo es gelingt, die Variablen „Glaube", „Lebenskrise" und „helfen" ausreichend klar zu definieren und in skalierbare Fragebogenitems oder Interviewfragen zu übersetzen, dort ergeben sich Studiendesigns, die schon vielerorts umgesetzt und deren Ergebnisse publiziert worden sind. Allerdings sind die Studien oft klein und die Ergebnisse aufgrund unterschiedlicher Untersuchungsbedingungen schwer vergleichbar. Nach aktuellem Forschungsstand sind „Glaube" oder „Spiritualität" nicht eindeutig positiv korreliert mit „helfen" im Sinne eines höheren Wohlbefindens oder höherer Lebensqualität, gemessen mit einem etablierten und validierten Fragebogen.[17] „Glaube" kann je nach Inhalt des Glaubens und persönlicher Vorgeschichte positive und negative Effekte haben, wobei die positiven Effekte allerdings häufiger sind[18] – jedenfalls christlicher Glaube in den USA, wo die meisten Studien dazu durchgeführt wurden.

Man könnte nun versucht sein, solche Untersuchungen, die zwangsläufig auf einer sehr umschriebenen Definition der verwendeten Begriffe fußen, über die jeweiligen Studienbedingungen hinweg zu verallgemeinern. In unserem Forschungsgespräch zwischen Psychosomatik und evangelischer Theologie blickt die Psychosomatikerin an dieser Stelle zur Theologin und erwartet von ihr Freude über das immerhin tendenziell positive Ergebnis. Wäre es für die Theologie nicht wünschenswert, wenn mindestens „der christliche Glaube" als eine einheitliche, in sich stabile, über die Zeiten hinweg relativ gleichbleibende und mit sich identische Größe verstanden werden könnte, die sich als überwiegend hilfreich erwiese? Und wäre das nicht für die Psychosomatikerin ein Anlass, diese Größe in ihren Studien und Interventionen regelhaft mit einzubeziehen? Der (christliche) Glaube könnte dann sozusagen als Set an Wissensinhalten, bezogen aus Bibel und christlicher Tradition, betrachtet werden, aus dem für jede Lebenssituation, v. a. für die schwierigen, etwas zu gewinnen wäre, vom emotionalen Trost bis zur konkreten Handlungsanweisung. Man müsste nur noch genauer untersuchen, welche Aspekte die hilfreichsten sind, und ob und wie man sie am besten fördern oder stärken kann.

Die Theologin würde solch eine positive Verallgemeinerung ebenfalls sehr begrüßen und sie teilt die Einsicht, dass das Verstehen der Funktionalität des Glaubens äußerst aufschlussreich sein kann. Trotzdem hat sie zwei Einwände: Aus theologischer Sicht ist es zwar richtig, dass christlicher Glaube sich an den Inhalten der biblischen Traditionen ausrichtet, etwa an Dekalog (Ex 20, 2–17; Dtn 5, 6–21) und Bergpredigt (Mt 5–7); ebenso, dass biblische Erzählungen und Gleichnisse häufig als Leitmotive für die eigene Orientierung im Glauben dienen, etwa die Hiob-Erzählung, das Gleichnis von den zwei Söhnen (besser bekannt als

17 Vgl. exemplarisch *Schreiber/Brockopp* 2011.
18 *Weber/Pargament* 2014.

Gleichnis vom verlorenen Sohn, Lk 15, 11–32), die Passionsgeschichten oder die Emmaus-Erzählung (Lk 24, 13–35); auch, dass die in den theologischen und literarischen Kompositionen der biblischen Texte enthaltenen Sprachbilder bis heute wenig von ihrer Prägekraft verloren haben, etwa der gute Hirte (Ps 23) oder die Reflexion von Zeit und Endlichkeit in Kohelet (Koh 3, 1–8). Es ist also ein wesentliches Kennzeichen des christlichen Glaubens, dass er nicht einfach in einer inhaltlosen Diffusität oder rein emotionalen Ergriffenheit aufgeht.

Aber – das ist der erste Einwand – die Vorstellung, es würde sich dabei um ein zeitunabhängiges objektivierbares Wissen handeln, würde übersehen, dass all diese Bezüge in den biblischen Texten ebenso wie deren Rezeption zu jeder Zeit und an jedem Ort neu ausgelegt werden müssen. Schon deshalb ist es gar nicht so einfach, christliche Glaubenserfahrungen in standardisierte Fragen zu übersetzen, denn diese orientieren sich häufig an einer bestimmten tradierten Gestalt des christlichen Glaubens und deren Semantik, z. B. der klassischen Form des Sonntagsgottesdienstes oder an einem theistischen Gottesbild. Ebenso gibt es große Unterschiede zwischen dem gelebten Christentum in europäischen Ländern, in den USA, in lateinamerikanischen oder asiatischen Ländern, so dass die Standardisierung auch hierfür schwierig ist. Schließlich gibt es innerhalb des Christentums auch noch hoch divergente Frömmigkeitstypen: Während z. B. die einen glauben, die Kraft Gottes in einer sehr direkten Weise funktional für ihr eigenes Leben oder für die Durchsetzung gesellschaftlicher bzw. politischer Agenden in Anspruch nehmen zu können, betonen andere eher die konstitutive A-Funktionalität des Glaubens als Gnade, als Geschenk oder als etwas unbedingt Zugesagtes.

Ein zweiter Einwand: Die biblischen Zeugnisse haben zwar bis in die Gegenwart hinein die Kraft, Menschen aufmerken, zuhören, nachdenklich werden zu lassen – sei es, weil die Texte etwas zum Ausdruck bringen oder *von* etwas erzählen, das ihnen nur allzu bekannt vorkommt und/oder ihnen aus dem Herzen spricht; sei es, weil die Texte auf vielleicht völlig unerwartete Weise eine tröstende oder anderweitig unterstützende Perspektive *für* die eigene Lebenssituation beizusteuern vermögen. Das gilt nicht nur für die harmlose Form der harmonischen Übereinstimmung mit dem Text. Es gilt ebenso für jene Texte, die Menschen gegen den Strich gehen und zum Widerspruch herausfordern. Aber von den biblischen Texten an gehört es konstitutiv zur christlichen Tradition dazu, nicht nur dem „helfenden Glauben“ Ausdruck zu verleihen, sondern ebenso dem Zweifel. Es sind gerade die großen Gestalten der Bibel – Mose, Sarah, Elia, Jeremia, Jesus, von den Jüngern ganz zu schweigen –, die dem Wort Gottes misstrauen, es für unmöglich, beängstigend und im Zweifelsfall für nicht krisentauglich halten. Dass ausgerechnet dieses Element auf so vielfältige Weise literarisch so kunstvoll in die antiken Texte eingearbeitet ist, zeugt von seiner Elementarität – und ist ein zweiter Indikator dafür, dass die Frage „hilft der Glaube oder hilft er nicht?“ aus theologischer Sicht komplexer ist als man denken könnte.

Nimmt man all dies zusammen, so wird man aus theologischer Perspektive sagen müssen: Es ist außerordentlich sinnvoll, das interdisziplinäre Gespräch nicht nur mit der Psychosomatik, sondern darüber hinaus mit Philosophie, Palliativmedizin und Spiritual Care zu führen. Nur auf diese Weise lässt sich sachgemäß nach der Funktionalität des Glaubens fragen, und zwar sowohl dort, wo er das Leben in hilfreicher Weise trägt als auch dort, wo er keine das Leben stützende, sondern eine krankmachende oder andere Menschen diffamierende Kraft entfaltet. Freilich ist die Frage nach der Funktionalität des Glaubens aus einer (selbst-)reflexiven Perspektive auf den Glauben gestellt. Denn aus der Innenperspektive ist christlicher Glaube gerade nicht auf Funktionalität hin angelegt, sondern „weiß“ sich a-funktional von Gott bestimmt. Menschen glauben nicht, um einen bestimmten Zweck zu erreichen; auch lässt sich die Glaubensentscheidung kaum strategisch anlegen – man beschließt vermutlich selten, „ab morgen zu glauben, damit…“. Sondern Menschen glauben sozusagen vom Glauben her, weil sie vom Glauben erfüllt sind oder sich vom Glauben getragen fühlen, der sich irgendwann wie von selbst bei ihnen eingestellt hat.

4. *Religion und Spiritualität verstehen mit Hilfe einer Hermeneutik der Resilienz*

Ob der Glaube hilft oder nicht – das ist also eine einfach gestellte Frage von hoher Komplexität, weil die Antwort abhängig ist von der jeweiligen Konstellation und Situativität, in der sie gestellt wird: Wer fragt unter welchen Bedingungen aus welchem Grund mit welchen Instrumenten in welcher Gruppe wonach? Wer wehrt aus welchen Gründen welche Vorstellungen oder Praxen ab? Welche Glaubensvorstellungen, welche positiven wie negativen Glaubensprägungen, welche Glaubensbedürfnisse und welche mit dem Glauben oder gegen den Glauben artikulierten Sehnsüchte und Hoffnungen stehen im Raum, und wie können sie erfragt werden? Noch viel mehr wäre an dieser Stelle zu nennen – vor allem dann, wenn man den christlichen Glaubensbegriff wieder in die offene Weite des Spiritualitätsbegriffs hinein überschreitet –, aber worauf es uns ankommt ist dies: Um dem Dilemma der schwierigen Festlegung der Begriffe und der unterschiedlichen Ausgangspositionen der Fachdisziplinen wenigstens ansatzweise gerecht zu werden, gehen wir in unserer Forschungsgruppe von einer interdisziplinär offenen hermeneutischen Position aus. Denn die Hermeneutik als Kunst des Verstehens bezieht sich auf sämtliche Äußerungen von Menschen, sei es in antiken Texten, in säkularen literarischen Texten oder in den qualitativen Interviews der empirischen Forschung. Um sie kunstgerecht anwenden zu können, bedarf es einerseits philologischer, textanalytischer und textstrukturierender Kenntnisse ebenso wie der Kenntnis der zwischen den Zeilen der Texte artikulierten Sinnhorizonte – beides der Domäne der Geisteswissenschaften zugehörig. Andererseits muss dies in Einklang gebracht werden mit dem nicht minder komplexen Wissen um das Zusammenspiel psychophysischer und situativer Bedingungen von Gesundheit und den validierten Methoden der Auswertung qualitativer und auch quantitativer Daten, sei es aus Texten, Interviews oder Fragebögen – beides der Domäne der Lebenswissenschaften zugehörig.

Wenn man auf diese Weise die Frage nach der Krisentauglichkeit von Religion und Spiritualität stellt und dies im Rahmen der Resilienzforschung tut, dann findet man sich mit zwei Problemen konfrontiert: Erstens ist es trotz jahrzehntelanger interdisziplinärer und internationaler Forschung noch immer nicht gelungen, eine einheitliche Resilienzdefinition zu finden – was auf die Komplexität des Phänomens schließen lässt. Zweitens ist der Resilienzbegriff ebenso ein Sehnsuchtsbegriff wie es manch religiös-spirituelle Vorstellungen sind: Scheint Resilienz doch eine Art Schutzmantel bieten zu können, der sich mit ein wenig Training leicht anziehen lässt, um dann vor Krisen jeglicher Art zu schützen. Resilienz in diesem Sinne scheint ein probates Mittel zu sein, um von einer Krise zwar vielleicht tangiert, aber nicht berührt und verändert zu werden. Mit dem kleinen Haken, dass solch ein Resilienzverständnis ebenso zu kurz greift wie obige Frage „hilft der Glaube oder hilft er nicht?".

Schaut man derart vorgewarnt in die Resilienzforschung, dann findet man (vor allem in der Psychologie) drei Erklärungsansätze bzw. -typen: In Typ 1 wird Resilienz naturalistisch über gegebene Grundeigenschaften (baseline characteristics) begründet. Diese bestehenden Grundeigenschaften werden als protektive oder Vulnerabilitätsfaktoren in Beziehung gesetzt zur psychischen Belastung während und nach einer Krise. Ziel dieses Forschungsansatzes ist es, Risikogruppen zu identifizieren und, falls möglich, protektive Faktoren im Sinne einer Primärprophylaxe zu stärken.[19] In Typ 2 wird Resilienz primär als Resultat dynamischer Entwicklung verstanden, d. h. als adaptiver Prozess im Verlauf einer Krise („mechanisms"/Anpassungs- bzw. Copingprozesse), der vor zu großer psychischer Belastung schützen kann.[20] Der Unterschied zu den „baseline characteristics"/„-traits" liegt in der dynamischen Veränderung dieser Faktoren über die Zeit: Ein Copingstil kann als habituelle Größe eine Grundeigenschaft darstellen und sich im zeitlichen Verlauf der Krise im Sinne eines Anpassungsprozesses verändern. Solche dynamischen Prozesse sind schwieriger zu erfassen als Grundeigenschaften, spiegeln aber das (nie statische) Krisengeschehen besser wider.[21] Interventionen zielen im Sinne einer Sekundärprophylaxe darauf ab, den Anpassungsverlauf günstig zu beeinflussen, z. B. durch Stressmanagementtraining, Psychoedukation, Achtsamkeitstechniken, kognitives Reframing, Stär-

---

19 Vgl. *Windle* et al. 2011; *Herrman* et al. 2011; *Wagnild/Young* 1993.

20 Vgl. *Mancini/Bonanno* 2009; *Bonanno* et al. 2011; *Mancini* et al. 2015a; *Norris* et al. 2009; *Sapienza/Masten* et al. 2011; *Kent* et al. 2014; *Kalisch* et al. 2015.

21 Vgl. *Rutter* 2011 sowie *Rutter* 2012.

kung der familiär-sozialen Unterstützung, verhaltenstherapeutische und pädagogische Förderung, spirituelle Orientierung oder „effiziente“ Persönlichkeitstrainings und Coachings. In Typ 3 wird Resilienz weder als Vorbedingung noch als Prozess der Krisenbewältigung betrachtet, sondern setzt sie mit einem positiven Krisenausgang („Outcome“) gleich.[22] In verschiedenen Einzeldisziplinen geht es hier um das Enhancement des Krisenausgangs, d. h. Resilienz im Sinne eines unbeschädigten Folgezustands von Krisen prophylaktisch oder kurativ als einer Art Befähigung zum sog. „gelungenen Leben“ zu generieren, sei es durch pharmakologische Medikation, psychologische Intervention, frühkindliche Förderung im Bildungssystem oder institutionell strategische Ökonomie.

Alle drei Typen haben für die Forschung wichtige und ohne Zweifel weiterführende Ergebnisse gebracht, bleiben aber zu stark auf ihre jeweiligen Binnenperspektiven beschränkt. Demgegenüber schlagen wir in unserer Forschungsgruppe ein Modell vor, das die dem Phänomen inhärente Komplexität offenlegt und zudem Kritik und Ambivalenz von Resilienz explizit mit einbezieht. Dazu gehört, Resilienz nicht nur als positiv besetzten Sehnsuchtsbegriff zu verstehen, sondern als ein situativ und kontextbezogen divergentes und ambivalentes Krisenphänomen. Denn ob ein Mensch „resilient ist“ oder nicht, oder ob man eher sagen müsste, dass ein Mensch in einer Krise einen resilienten Verlauf erlebt, zeigt sich erst in bzw. während einer existentiellen Krisenerfahrung.

Die Brisanz der Resilienzthematik liegt zudem darin, dass psychophysische Strukturen und die damit verbundenen mentalen, kognitiven wie emotionalen Phänomene nicht nur von biochemischen und/oder (epi-)genetischen Faktoren abhängen, sondern dass sie in einer multidimensionalen Interaktion mit psychologischen, behavioralen, sozialen, kulturellen und damit – das ist die für unser Projekt entscheidende Perspektive – auch religiös-spirituellen Faktoren stehen. Krisenerfahrungen wie (Kindheits-)Traumata oder chronischer Stress z. B. durch Missbrauch, Aggression und Gewalt, Trennung der bzw. von den Eltern, Migration, Armut und die damit verbundenen Erfahrungen von Angst, Demütigung und Ohnmacht hinterlassen nicht nur momentane „seelische Wunden“, sondern schreiben sich über die Umkodierung neuronaler Verknüpfungen dauerhaft den psychophysischen Strukturen ein.[23] Diese Prozesse finden eben nicht „im luftleeren Raum“ statt, sondern sind eingebettet sowohl in eine individuelle Geschichte, die Beziehungserfahrungen, Werte und Haltungen umfasst, also in die Identität einer Person, als auch in einen spezifischen soziokulturellen und evtl. religiösen Kontext.[24] Gerade die naturwissenschaftliche Empirie verweist

---

22 Vgl. *Molina* et al. 2014; *Waaktaar/Torgersen* 2010.

23 Vgl. *Zerach/Solomon* et al. 2013; *Jin/Xu* et al. 2014; *Cornelia Richter*: Ausgeliefert. Antinomien der Aggression in der theologischen Ethik, in: Zeitschrift für Evangelische Ethik 58 (2014a), 168–178.

24 Vgl. *Judith Gärtner*: From generation to generation – Remembered History in Psalm 78, in: Ehud Ben Zvi/Christoph Levin (Hgg.): Remembering and Forgetting in Early Second Temple Judah,

am Phänomen der Resilienz daher auf die enge Interaktion von naturalen, psychologischen und soziokulturellen Prozessen, die einer interdisziplinären Reflexion unter konstitutiver und kritischer Beteiligung geisteswissenschaftlicher Disziplinen dringend bedürfen. Ziel unserer Forschungsgruppe ist daher die bewusste Einbeziehung dieser (nur interdisziplinär zu untersuchenden) Komplexität von Resilienz.

Deshalb benötigen wir einen Resilienzbegriff, der von einer stärkeren dynamisch-prozessualen Wechselwirkung aller beteiligten und im Einzelfall unterschiedlich einflussreichen Faktoren ausgeht. Als Ausgangspunkt für unser Projekt haben wir daher zunächst folgende zentrale Aspekte von „Resilienz" zusammengestellt: Wir bestimmen Resilienz als Fähigkeit und/oder[25] dynamischen Prozess einer adaptiven Bewältigung von Stress und Widrigkeiten (Adversity) bei Aufrechterhaltung und Entwicklung psychischer und physischer Funktionalität.[26] Dieser Prozess ist als individueller wie interpersonaler, sozialer und umweltbezogener Prozess zu verstehen,[27] und zwar sowohl in struktureller Hinsicht als auch in seiner situativen und flexiblen Kontextualität.[28] Teil dieser situativen und flexiblen Kontextualität ist nicht nur die psychophysische Verfasstheit der betroffenen Person, sondern auch – darauf kommt es uns im Zusammenspiel von Theologie und Lebenswissenschaften ganz besonders an – der Grad ihrer Ambiguitäts- bzw. Komplexitätstoleranz[29], ihre Fähigkeit der sinnhaften („meaningful") Artikulation[30] und der Integration von Negativität bzw. der konstruktiven Verknüpfung von negativen und positiven Emotionen/Affekten, Wahrnehmungen, Einschätzungen, Erwartungen sowie deren konterregulative Konsequenzen.[31] Aktive, medio-passive[32] und passive[33] sowie bewusste und unbewusste Apperzeptions- und Reaktionsphasen sind hierbei gleichermaßen in Betracht zu ziehen.

Tübingen (FAT 85) 2012b, 269–278; *Alessandro Grecucci/Remo Job*: Rethinking reappraisal. Insights from affective neuroscience, in: The Behavioral and brain sciences 38/e102 (2015).

25 Vgl. Für die psychologische Theoriebildung lässt sich entweder von einer Fähigkeit oder von einem dynamischen Prozess sprechen, für die geisteswissenschaftliche Theoriebildung müsste dies keine ausschließende Alternative sein. Insgesamt tendieren wir in der Forschungsgruppe aber zum Akzent auf dem dynamischen Prozess.

26 Mit *Wu/Feder* 2013. Ob man sich zwischen „Fähigkeit" und „Prozess" entscheiden muss oder ob beide Aspekte in Frage kommen, gehört zu unseren schwierigsten Forschungsfragen.

27 Mit *Bennet/Windle* 2011; *Bonanno* 2004; *Mancini/Bonanno* 2009; *Masten* et al. 2011; *Theron* et al. 2015; *Ungar* 2012 u. a.

28 Mit *Egloff* 2015; *Cheng* 2001; *Bonanno/Burton* 2013; *Kashdan/Rottenberg* 2010 und *Tsai* et al. 2015.

29 Mit *Frenkel-Brunswik* 1949 und in deren kritischer Fortschreibung.

30 Mit *Freund/Staudinger* 2015; *Grecucci/Job* 2015; *Quirin* et al. 2015; *Ungar* 2011 und *Vázquez* 2015.

31 Mit Klaus Rothermund (Hg.): Gute Gründe. Zur Bedeutung der Vernunft für die Praxis, Stuttgart 2003; *Koole/Schwager/Rothermund* 2015.

32 Vgl. *Beatrice Han-Pile*: Nietzsche and Amor-Fati, in: European Journal of Philosophy 19/2 (2009), 224–261.

33 „resting state" mit *Spreng/Grady* 2010.

Die hier vorgestellte Zusammenstellung zentraler Aspekte eines komplexeren Resilienzbegriffs markiert mit den Stichworten „Ambiguitäts- und Komplexitätstoleranz“ und „Integration von Negativität“ eine entscheidende Konsequenz unserer kritischen Analyse des aktuellen Resilienzdiskurses. Die Resilienzforschung basiert zu Recht auf der zuversichtlichen Annahme, dass Menschen in erstaunlich hohem Maße widerstandsfähig sind, Ressourcen aktivieren und sich Coping-Strategien effizient aneignen können – seien sie religiös-spirituell motiviert oder nicht. Problematisch ist jedoch der geradezu neo-liberale Anspruch, Resilienz als Prozess persönlicher Optimierung und Effizienzsteigerung zu betrachten[34] und die Ergebnisse der Resilienzforschung für Schulung und Begleitung im Unternehmens- und Personalbereich auf Führungs- wie Arbeitnehmerebene zu instrumentalisieren. Darin ist eine elitäre und exkludierende Tendenz impliziert, die konträr ist zu der ursprünglichen sozial-inkludierenden Tendenz der Resilienzforschung einerseits[35] und ihrer Relevanz in der klinischen Phänomenologie andererseits. Diese neo-liberale Tendenz spiegelt sich zwar nicht notwendigerweise, aber möglicherweise auf subversive Art in den derzeit gängigen Resilienzfaktoren, die auffällig dominant als aktive Leistungsbegriffe konnotiert sind: Angemessene Selbst- und Fremdwahrnehmung, Kontrollfähigkeit, positive Selbstwirksamkeitserwartung, soziale Kompetenz (Konfliktlösung, adäquate Selbstbehauptung, Einholen von Unterstützung, Fähigkeit zu Selbstregulation und Steuerung), Fähigkeit zur Problemlösung, aktive Bewältigungskompetenzen in Anforderungs- und Krisensituationen (Stressbewältigung), Autonomie, Fähigkeit zur Annahme und konstruktiven Bearbeitung von Herausforderungen.

Zwar wird die Wirksamkeit dieser Faktoren in den meisten Studien erstens vom Vorhandensein weiterer Faktoren externer Unterstützung abhängig gemacht, wozu v. a. soziale Faktoren wie Familie, stabiles soziales Umfeld bis hin zur Minimalressource einer einzigen relevanten weil zugewandten Person im weiteren Umfeld gehören;[36] wichtig sind auch eine – wenn auch möglicherweise auf niedrigem Level – stabile sozioökonomische und soziopolitische Situation mit gesichertem Grundeinkommen, Wohnraum als Rückzugsraum, Zugang zu gesellschaftlich standardisierten Ressourcen wie Schule bzw. Berufsausübung, Sport und sonstige Freizeitaktivitäten;[37] ebenso werden meist die begrifflich etwas dehnbareren Faktoren von Vertrauen, Kohärenz und Sinnstiftung in weltanschaulichen, religiösen und/oder spirituellen Gemeinschaften oder in ritueller Praxis mit berücksichtigt.[38] Zweitens lässt sich das Verhältnis zwischen internen und externen Resilienzfaktoren mit vielen Studien alters- und situationsbedingt variabel definieren, weil die Frühförderung im Kindergartenalter unter

34 *Kanfer* et al. [5]2012; *Bröckling* 2017.
35 *Werner* 1971.
36 *Bronfenbrenner* 1981; *Mischo* 2009.
37 Vgl. *Blum* et al. in Wink 2016.
38 Vgl. die Beiträge in Wink 2016.

den Bedingungen einer stabilen Kindheit anders auf die Entwicklung autonomer und vertrauensvoller Persönlichkeitsstrukturen setzen kann,[39] als es in der Begleitung schwerkranker Kinder in Kliniken, in der Begleitung traumatisierter Erwachsener oder auf Palliativstationen der Fall ist.[40] Dennoch bleibt in all dem der Bezug zwischen den individuell zugänglichen Resilienzfaktoren und ihren externen Bezugspunkten primär der Struktur subjektiver (Eigen-)Aktivität mit Akzentuierung der kognitiven und voluntativen Kontrollfähigkeiten verhaftet.

Das hat zur Folge, dass die Resilienzfaktoren in ihrem Verhältnis zwar graduell und quantitativ unterschiedlich bestimmt werden können, es aber selten zu einer qualitativ anderen, nämlich weniger aktiven und weniger leistungsorientierten Bestimmung interner und externer Resilienzfaktoren kommt. Das ist der Grund, weshalb wir mithilfe der interdisziplinär-offenen hermeneutischen Methodik in unserer eigenen Zusammenstellung zentraler Resilienzfaktoren auch Aspekte wie die Integration von Negativität oder mediopassive bis passive Apperzeptions- und Reaktionsphasen mit aufgenommen haben, die der Analyse religiös-spiritueller Vorstellungen, Texttraditionen und ritualisierter Praktiken entstammen. Sie dürften sich als innovative Ergänzung der gängigen Resilienzfaktoren erweisen und zeigen exemplarisch den Gewinn unserer interdisziplinären Forschungsgruppe. Denn letztlich arbeiten wir gemeinsam an einer allgemeinen religions- und spiritualitätssensiblen Resilienztheorie zur Förderung einer entsprechenden Resilienzpraxis in Medizin und Therapie, Seelsorge und Spiritual Care. Das führt bei allen Disziplinen zur Notwendigkeit der Präzisierung und auch Infragestellung der eigenen Prämissen, Rezeptions- und Transformationsprozesse und der normativen Ansprüche. Auf diese Weise lässt sich ein Bogen spannen von den beiden allgemein anthropologischen Phänomenen der Empathie und der Achtsamkeit hin zu den für den Spiritualitätsdiskurs relevanten, theologischen Perspektiven der jüdisch-christlichen Tradition und deren Wirkungsgeschichte in ökumenische und spirituelle Praxistraditionen hinein, hin zur alltäglichen Arbeit von Caretakern aller Arten in medizinischen und psychotherapeutischen Praxen, Fachkliniken und diakonischen Handlungsfeldern. In diesem Bogen zeigt sich zudem, wie unterschiedlich die Einschätzung darüber ausfällt, ob sich Religion und Spiritualität in Lebenskrisen tatsächlich messen lässt oder ob aus methodischen Gründen eher die Grenzen des Messbaren vor Augen stehen.

---

39 *Fröhlich-Gildhoff/Rönnau-Böse* 2015.

40 Vgl. die Beiträge in Southwick et al. 2011.

B. Einleitung in die folgenden Beiträge

Die Reihe der Beiträge wird eröffnet aus zwei theoretischen Fächern, erstens der Philosophie zum Stichwort der Empathie und zweitens der Moraltheologie zum Stichwort der Achtsamkeit. Empathie und Achtsamkeit sind deshalb so wichtig, weil sie für die Resilienzthematik wesentliche anthropologische Grundphänomene betrachten, die in inhaltlicher wie in methodischer Hinsicht für unsere Resilienzforschung zentral sind: In inhaltlicher Hinsicht sind Empathie und Achtsamkeit sowohl für das psychophysische und soziale Wohlbefinden im individuellen Alltag als auch für klinische und therapeutische Ansätze von großer Bedeutung, und zwar sowohl auf der Seite der Patient*innen und Angehörigen als auch auf der Seite des medizinischen Personals und sonstiger professioneller Helfer*innen wie Seelsorger*innen. In methodischer Hinsicht zeigt sich an diesen beiden Grundphänomenen in exemplarischer Weise, wie kompliziert es in interdisziplinärer Forschung ist, ein Phänomen zu untersuchen, das zwar ganz eindeutig zum Untersuchungsgegenstand gehört, das sich aber in seiner Komplexität nur schwer in die Messbarkeit hinein operationalisieren lässt.

Thiemo Breyer (Philosophie) und *Anna Janhsen (Medizinethik)* untersuchen „Empathie als Desiderat in der Gesundheitsforschung. Normativer Anspruch oder professionelle Kompetenz?“. Empathie ist ein Konzept, das im Klinikalltag eine komplexe und häufig problematische Rolle spielt: Ärzt*innen, Therapeut*innen und Pflegende sollen nicht nur fachlich gut, sondern auch empathisch sein – aber was ist eigentlich Empathie? Die genauere Betrachtung zeigt, dass Empathie nicht einfach nur heißt, sich impulsiv und unreflektiert in andere hinein versetzen zu können. Sondern dass Empathie ein auf bestimmte Personen gerichtetes Geschehen ist, mit dem Wunsch, diese ihren Bedürfnissen entsprechend wahrnehmen und ggf. verstehen zu können. Dabei spielen kognitive, emotionale, leiblich-affektive und narrative, d. h. sich selbst und die andere Person deutende Faktoren eine Rolle, wobei man zwischen Mitgefühl, Ko-Affektion und stellvertretender Emotion unterscheiden kann. Die Einsichten aus der Empathie-Forschung werden sodann auf die Frage nach Krisenphänomenen übertragen. Denn was macht eine Krise eigentlich aus? Breyer/Janhsen plädieren für ein Krisenverständnis, das die durch die Krise bedingte Verwandlung des Selbst in physischer und/oder psychischer Hinsicht ernst nimmt. Eine besondere Bedeutung kommt dabei der sozialen Interaktion und interpersonalen Beziehung zu. Gefühle mit anderen teilen zu können, die möglicherweise selbst affektiv am Gefühlsgeschehen teilhaben, ist dafür ein ebenso wichtiger Faktor wie das gemeinsame Erinnern und Aufrufen früherer positiver Gefühlslagen, die der aktuellen Krisensituation entgegensetzt werden können. Auch die schlichte Möglichkeit, einer vertrauten Person erzählen, sich mitteilen zu können und, umgekehrt, einander zuhören zu können und das Gehörte im Erzählen in eine reflexive Distanz zu setzen, sind entscheidende Faktoren für eine resiliente Krisenbewältigung. Das hat Konsequenzen für das Gesundheitswesen: Für die Beziehungen zwischen Ärzt*innen und Patient*innen unterscheiden Breyer/Janhsen (mit Emanuel/Emanuel)[41] idealtypisch vier Modelle der Beziehung zwischen Patient*innen und medizinischen Profis: das *paternalistische* Modell, das *informative* Modell, das *interpretative* Modell und das *deliberative* Modell. Die Intensität der Empathie liegt dabei auf den beiden jüngeren Modellen, dem interpretativen und vor allem auf dem deliberativen, an denen sich zeigt, wie schwierig eine ausgewogene Balance zwischen personaler Resonanz und professioneller Distanz zwischen Ärzt*innen und Patient*innen ist. Dies gilt umso mehr als die Ökonomisierung des Gesundheitssystems den auf dem medizinischen bzw. pflegenden Personal lastenden Druck so verstärkt, dass die Ressource Empathie für Patient*innen leicht die Ressourcen des Personals aufzuzehren und in den Burnout zu führen droht. Empathie ist daher einerseits nicht einfach zu fordern, sondern bedarf ihrerseits der vorsichtigen Pflege. Empathie ist daher andererseits auch nicht einfach zu messen: Erstens, weil sie ein in sich komplexes Phänomen ist, und zweitens, weil sie in höchst unterschiedlichen Situationen auf höchst unterschiedliche Weise gefordert ist.

An einer ganz ähnlichen Grenze des Messbaren bewegt sich das Phänomen der Achtsamkeit, das *Jochen Sautermeister (Theologische Ethik und Moralpsychologie)* in seinem Beitrag untersucht: Achtsamkeit ist nicht nur ein Modephänomen, sondern ist geradezu zu einer zeitdiagnostischen Schlüsselkategorie avanciert. Um ihre Chancen und Risiken genauer zu verstehen, muss sie Gegenstand der wissenschaftlichen, methodisch gesicherten Analyse und Kritik werden. Achtsamkeit ist sicherlich eine der möglichen Reaktionen auf die Sehnsucht nach Sinn, nach innerer und äußerer Balance und letztlich auch nach Resilienz in der Hoffnung, auf diese Weise existentielle Krisenerfahrungen leichter bewältigen zu können. Allerdings ist auch Achtsamkeit aus wissenschaftlicher Sicht komplexer als man beim Besuch eines praktischen Achtsamkeitsseminars denken könnte: Denn in den sehr verschiedenen Formen der Achtsamkeitspraxen verbinden sich jeweils ganz unterschiedliche zeitgeistdiagnostische, psychologische, therapeutische, emotionale, handlungstheoretische und schließlich auch spirituelle Bedürfnisse. Analog zur christlichen Glaubenspraxis lassen sich dabei sowohl funktionale, also intentional zielgerichtete, als auch a-funktionale Achtsamkeitspraxen unterscheiden, die gleichwohl nicht immer zu trennen sind: Dient die Achtsamkeitspraxis z. B. der Konzentrationsschulung oder ist sie habitueller Ausdruck meines existentiellen Selbstverhältnisses? Zwar zeigt die Erfahrung, dass eine kontinuierlich eingeübte Achtsamkeitspraxis die Chance er-

41 Vgl. *Ezekiel J. Emanuel/Linda L. Emanuel*: Four models of the physician-patient-relation, in: Journal of the American Medical Association 267/16 (1992), 2221–2226. Übersetzung von Simone Bertsch und Georg Marckmann, in: Urban Wiesing (Hg.): Ethik in der Medizin. Ein Studienbuch, Stuttgart 2012, 107–110.

höht, im Ernstfall auf unterstützende Praktiken zurückgreifen zu können. Dennoch birgt der aktuelle „Hype" der Achtsamkeit die Gefahr, dass wirksame Techniken oder Interventionen mit undifferenzierten und ungeprüften Anwendungen „in einem Topf" landen.[42] Deshalb bedarf es sowohl einer exakten Beschreibung und empirischen Evaluierung einzelner Elemente von Achtsamkeit als auch deren kritischer Reflexion im theoretischen Kontext. Sautermeister stellt unterschiedliche Konzepte und therapeutische Ansätze im Kontext psychologischer und psychotherapeutischer Forschung dar und macht u. a. auf die Diskrepanz zwischen der Achtsamkeitspraxis bzw. Achtsamkeitserfahrung einerseits und deren reflexiver, d. h. sprachlich gedeuteter Artikulation aufmerksam. Mit den nötigen methodischen Differenzierungen lässt sich Achtsamkeit durchaus als ein regelgeleitetes Verfahren mit spezifischen Wirkweisen zur Verbesserung der Lebensqualität verstehen, und dies weit über den medizinisch-therapeutischen Kontext hinaus.

Auch die beiden nächsten Beiträge sind an der Grenze des Messbaren angesiedelt, nun vielleicht noch deutlicher als zuvor, weshalb es eine Vorbemerkung braucht. Denn bei explizit religiösen Traditionen, die bis ins 6. Jahrhundert v. Chr. zurückreichen und sich bis in die Gegenwart auf lebendige Weise fortentwickeln, ist die interessanteste Frage die, ob sich hier überhaupt irgendetwas in empirische Messbarkeit übersetzen lässt. Die theologisch spezifischen Instrumente sind historisch-kritische Methoden der Textanalyse, religions-, kultur- und sozialgeschichtliche Methoden, die im Feld selbstverständlich ergänzt werden durch archäologische Untersuchungen und deren empirische Methoden. Aber wenn wir diese Traditionsbestände im Blick auf ihre Bedeutung für die Resilienzthematik untersuchen, dann stellen wir eine moderne Frage an sie, die sich so – als „Resilienz" – in den quellensprachlichen Befunden nicht findet. Gärtner und Petersen zeigen daher im Detail, wie methodisch komplex solch eine Verknüpfung von moderner Frage mit alten Textbeständen ist (s. unten). Es kommt hinzu, dass sich die Messbarkeit nie auf die Textbestände selbst, sondern nur auf deren Rezeption beziehen kann. Also auf die Frage, ob überhaupt und falls ja, wie Menschen in unserer Gegenwart diese alten Texte und die in ihnen ausgesagten Dynamiken wahrnehmen, hören oder lesen und sie für sich selbst interpretieren. Freilich gehört diese Messbarkeit nicht mehr zum genuinen Methodenbestand der theologischen Fächer, so dass sich – analog zu den Themen der Empathie und der Achtsamkeit bei Breyer/Janhsen und Sautermeister – die Notwendigkeit der interdisziplinären Kooperation mit jenen Fächern zeigt, die sich auf das Messen spezialisiert haben.

Eine wirklich interdisziplinäre Leistung bestünde nun darin, beim Messen, z. B. der qualitativen Analyse von Interviews zu persönlichen Resilienzerfahrungen, geisteswissenschaftliche Konzepte wie jene der Narrativität und Performanz mit einzubeziehen, die die Theologie in enger Kooperation mit Literatur-

42 *Van Dam* et al. 2018.

und Kulturwissenschaften untersucht hat. Beide Phänomene sind, ähnlich wie Empathie und Achtsamkeit, anthropologische Grundphänomene, weil es ein wesentlicher Faktor menschlicher Krisenbewältigung ist, der Angst und Unsicherheit in einer Krise Ausdruck verleihen zu können. Wer in der Lage ist, von einer schweren Krise zu erzählen, ist immerhin in der Lage, sich selbst zu dieser Krise in ein Verhältnis zu setzen, unabhängig davon, ob sich mit der Krise ein besonderer Sinn verbindet oder ob sie als Abgrund des Sinnlosen empfunden wird. Das Erzählen der eigenen Erfahrung, also die Narration der eigenen Krise, folgt dabei meist geprägten Sprachbildern und Narrativen, schlicht deshalb, weil niemand Sprache selbst neu erfindet, sondern sich in gegebener Sprache auszudrücken versucht. Es ist deshalb methodisch wie inhaltlich hoch interessant, genauer zu verstehen, wie tradierte Narrative unsere eigenen Narrationen prägen und orientieren, und welche Wirkung sie auf unsere Wahrnehmung der eigenen Erfahrung haben. An dieser Stelle kommt der Performanzbegriff mit ins Spiel, der zwar ein elementares Lebensphänomen bezeichnet, methodisch aber seinerseits ziemlich komplex ist. Von Performanz sprechen wir immer dann, wenn uns ein Wort, ein Gedanke, ein Sprachbild, ein Narrativ etc. so berührt und betrifft, dass sich uns die eigene Wirklichkeit in neuem Licht darstellt, sei es nur für den Moment, sei es auf Dauer. In Texten der jüdisch-christlichen Tradition kommen diese beiden Faktoren, Narrativität und Performanz auffallend häufig in einer resilienzförderlichen Weise zusammen. Interessant ist in diesem Zusammenhang die aktuell vermehrte Aufmerksamkeit und angestiegene empirische Forschungsliteratur zu den „narrativen Therapien“, insbesondere in der Behandlung von Menschen mit Traumatisierungen aufgrund von Fluchtsituationen. Während Wirksamkeitsstudien dazu meist auf die individuelle Narration als heilsames sich-Mitteilen fokussieren, ist der kulturell-traditionelle Hintergrund von darin enthaltenen Narrativen noch weitgehend unerforscht.

Judith Gärtner (Altes Testament) und *Mirja Petersen (Systematische Theologie)* untersuchen anhand der Klagepsalmen ein ebenfalls elementares anthropologisches Grundphänomen: „Klagen, beten, das Leben beweinen - Die Bedeutung der alttestamentlichen Forschung für das interdisziplinäre Gespräch im 21. Jahrhundert.“ Die Klagepsalmen bieten (neben anderen biblischen Büchern wie z. B. Jeremia oder Ezechiel) ein einzigartiges Repertoire für einen theologisch reflektierten und literarisch komponierten Umgang mit kollektiven und individuellen Traumata und deren Bearbeitung. Das kollektive Trauma Israels im babylonischen Exil kommt in ihnen ebenso zum Ausdruck wie Erfahrungen individueller Gewalt, Verfolgung, sozialer Ausgrenzung oder Krankheit, weshalb sie ohne Zweifel zu den meist rezipierten, d. h. bis in unsere Gegenwart aktiv verwendeten Texten und Sprachbildern des Alten Testaments gehören. Auch wenn ihre Herkunft im heutigen Gebrauch vielfach gar nicht mehr bekannt ist, zählen sie zu den „Bestsellern“ in der Klinikseelsorge wie in der sonstigen Seelsorge und finden ihren Ausdruck in zahlreichen Lebensratgebern. Für unsere Forschungsfrage nach Resilienz geht es genauer darum, mithilfe einer präzisen Hermeneutik zu eruieren, ob und inwiefern die aus der Tradition genommenen identitätsstiftenden Narrative bis in gegenwärtige Lebenskrisen hinein resilienzfördernd wirken können, also ob sie *für* die eigene Lebenssituation tröstend wirken und persönliche Resilienzerfahrung fördern, oder ob sie als eine Art exemplarisches „Resilienznarrativ“ gelesen werden können, d. h. als ein Text, in dem in besonders gelungener Weise *von* einer Erfahrung (bzw. eine literarisch zur Erfahrung stilisierte Erzählung) erzählt wird, die wir aus heutiger Sicht als Resilienzerfahrung bezeichnen würden. Da Resilienz allerdings kein quellensprachlicher Begriff des Alten Testaments ist, bedarf es hierfür einer komplexen Verschränkung von historisch-kritischen, literatur- und religionsgeschichtlichen Methoden. Der daraus erwachsende entscheidende theoretische Faktor, den dieses Projekt zu unseren aktuellen qualitativen Studien im medizinisch-therapeutischen Bereich in Psychologie, Palliativmedizin und Spiritual Care beizusteuern hat, ist exakt mit dieser Methodik verbunden: Während konkrete aktuelle Resilienzerfahrungen von Patient*innen, Angehörigen oder Caretakern durch die empirischen Disziplinen mit qualitativen Methoden erfasst werden können, bietet die Theologie die Möglichkeit, darin enthaltene tradierte Narrative zu identifizieren und einem kulturellen Kontext zuzuordnen. Diese Herangehensweise birgt also den doppelten Gewinn, einen weltberühmten, bis heute aktuellen Textbestand fachlich kompetent als Beispiele für Resilienzerfahrungen analysieren und zugleich mit aktuellen persönlichen Expressionen von Krisenerfahrungen in Beziehung setzen zu können. Die alttestamentliche Psalmenforschung kann damit einen bedeutsamen Beitrag liefern, die bereits Eingang gefunden hat in internationale Diskurse zu Resilienz und Trauma.

Der zweite Beitrag aus dem Bereich der jüdisch-christlichen Tradition stammt von *Katharina Opalka (Systematische Theologie)*, die unter dem Titel „Was man erzählen kann, wenn man an seine Grenzen kommt. Zur Bedeutung der Narrativität im Resilienzdiskurs“ die methodische Bedeutung aktueller Narrativitätstheorien für die interdisziplinäre Zusammenarbeit erschließt. Exemplarisch durchgeführt wird dies am christlichen Zentralsymbol des Kreuzes, das sowohl auf seine narrative Vermittlung als auch auf seine narrative Aneignung angewiesen ist. Auch hier ist wiederum entscheidend, ob das Kreuz als ein Narrativ *von* Resilienz (z. B. die Erzählungen der Evangelien vom leeren Kreuz als Symbol für die Überwindung des Todes) und/oder *für* Resilienz (z. B. der Trost, der aus dem solidarisch mit den Menschen leidenden Crucifixus erwachsen kann) verstanden wird. Opalka bezieht sich zuerst auf Jesu Verlassenheitsruf Mk 15,34, dann auf das freitägliche „Gebet am Kreuz“ der Communauté de Taizé. Im Gespräch mit der exegetischen Fachliteratur zeigt sie die vielfältigen Deutungsmöglichkeiten des Verlassenheitsrufs auf, die von totaler Hoffnungslosigkeit bei Bultmann über die in Ps 22 immer schon mit zitierte Hoffnungsperspektive bei Geese hin zur Ambivalenz von Verlassenheit und kosmologischer Hoffnung bei

Janowski reichen. Noch etwas präziser lassen sich die vielfältigen Interpretationsmöglichkeiten des Kreuzes verstehen, wenn man Narrativitäts- und Ritualtheorie verknüpft, z. B. mit den Ansätzen von Vera und Ansgar Nünning und Langdon Elsbree. Mit Elsbree besteht der Gewinn darin, dass „ritualisierte Formen [...] Menschen darin einüben, mit dem Ende von Geschichten umzugehen und [...] dieses Ende zu antizipieren, um so zu einer *closure* zu finden. Es bedürfe eines erzählerischen Abschlusses, um sich sowohl auf Neues einzulassen und die vorherige Episode in weitere Erzählungen zu integrieren als auch mit dem Abbruch von Erzählungen umzugehen." (Opalka, 109) Dazu gehöre nicht nur das Erzählen im Wortlaut, sondern auch die Wahrnehmung der liturgischen Narrative, das aneignende Erzählen in der Stille und die ritualisierte Einübung von Momenten der Stille, die ihrerseits wieder zu Resonanzräumen der liturgischen Narrative werden. Opalka macht deutlich, inwiefern das „Gebet am Kreuz" der ökumenischen Communauté de Taizé die Möglichkeit zu solch einer Einübung bietet, ohne dass die Ritualisierung die Bandbreite der narrativen Deutung einengen würde.

Nach diesen beiden Aufsätzen aus der explizit religiösen jüdisch-christlichen Literatur geht es in den nächsten drei Beiträgen um die Kernfrage des vorliegenden Bandes, weshalb diese Beiträge zum Teil etwas ausführlicher ausfallen: Lässt sich Spiritualität messen oder nicht? Und falls ja, wie? *Constantin Klein (Spiritual Care)* und *Stephan Bethe (Spiritual Care)* stellen unter dem Titel „Messbare Ausschnitte des Unermesslichen. Wie Spiritualität und spirituelles Wohlbefinden in der sozial- und gesundheitswissenschaftlichen Forschung gemessen werden können" die wichtigsten Parameter dieser Fragen dar, indem sie zunächst das Problem einer eindeutigen Definition von Spiritualität und Religion thematisieren und indem sie vor allem auf die in empirischen Studien häufig unreflektierte Vermischung von Spiritualität einerseits, expliziter Religiosität (die meist über den Erfahrungsbegriff eingespielt wird) andererseits und spirituellem Wohlbefinden drittens hinweisen. Im nächsten Schritt zeigen die Autoren, wie sich diese komplexe Ausgangslage in einschlägigen empirischen Messinstrumenten, v. a. in Fragebogenskalen, niederschlägt und auf welchen Prämissen diese basieren. Denn die Frage nach messbarer Spiritualität ist so schwierig, dass man an ihr – so die Autoren – gut und gerne auch eine Geschichte der empirischen Messinstrumente in Fragebogenskalen überhaupt thematisieren könnte. Die Autoren zeigen, inwiefern die Prämissen des Konstruktivismus für die Fragebogenforschung leitend war/ist, dass die Welt anhand sozialer Artefakte, wie z. B. Begriffen, verstanden wird und das Selbstverständnis von Menschen daher über eine Wertigkeit solcher Begriffe erfragt werden kann. Die hier genauer vorgestellten Skalen sind die „Spiritual Well-Being Scale" (SWBS) „Mystizismus-Skala" (M-Skala) und die Skala „Transpersonales Vertrauen" (TPV-8R), die Spiritualität immerhin deutlich präziser von spirituellem Wohlbefinden oder expliziter Religiosität abgrenzen können.[43] Während die M-Skala nach Transzendenzerfahrungen fragt, richtet sich die TPV-8R auf Transzendenzvorstellungen mit den Subskalen „Transzendente Führung" (eher theistische Vorstellungen, die nahe an religiösen Vorstellungen liegen) und „Transzendente Eingebundenheit" (ganzheitlich kosmologische Vorstellungen, die spirituell offener sind). Die drei Skalen werden sodann bezüglich ihrer Aussagekraft miteinander verbunden, so dass man an konkreten Beispielen die Konsequenzen bzw. die Stärken und Schwächen der jeweiligen Instrumente nachvollziehen kann. Im Ergebnis wird deutlich, dass sich „Spiritualität" zwar bereits ziemlich gut messen lässt, ein Instrument für die Messung „spirituellen Wohlbefindens" hingegen erst noch zu entwickeln sein wird.

Nach dieser Einführung in die Komplexität der Messinstrumente in der Sozial- und Gesundheitsforschung ist es nun an der Zeit, den Blick tatsächlich in die Praxisgebiete der Gesundheitsforschung zu richten. In unserem Projekt zielt diese v. a. auf medizinisch-klinische Bereiche in Psychosomatik und Psychotherapie, in klinischer Seelsorge und in der Palliativmedizin – und hier zeigt sich nun, wie vielschichtig, kompliziert und ambivalent die gesamte Frage der Messbarkeit ist. Angesichts der in der klinischen Praxis vertretenen vielfältigen Professionsperspektiven erörtert *Eberhard Hauschildt (Praktische Theologie)* zunächst die Frage „Welche Hilfe in der Krise können und wollen ‚Caretaker' geben, wenn ‚Spiritualität' gesucht wird? Zwischen fachlich-beruflichen Rollen und individueller ‚Menschlichkeit'". Als Caretaker werden bei Hauschildt alle Menschen verstanden, die sich therapeutisch (Ärzt*innen und Psycholog*innen, Physio- oder Psychotherapeut*innen) und seelsorgerlich (Klinikseelsorger*innen) mit Patient*innen beschäftigen und im Zuge dessen zuweilen auch in Gespräche über Religion und Spiritualität verwickelt werden. Solche Gespräche setzen meist eine gute Vertrauensbasis voraus und sind häufig weniger der Suche nach rational-logischen Antworten gewidmet als vielmehr dem Ausdruck dessen, was die Patient*innen eben gerade im Herzen umtreibt, was ihnen Sorge bereitet, was ihnen vielleicht neue Kraft und Hoffnung geben könnte. Wird dieses Gespräch mit Klinikseelsorger*innen geführt, dann hat man immerhin eine in Sachen Religion/Spiritualität kompetente Person vor sich – zumindest darf das unterstellt werden. Im Gespräch mit Ärzt*innen, Psycholog*innen oder sonstigen Therapeut*innen hingegen wissen die Patient*innen meist, dass jene ebenso religiöse Lai*innen sind wie sie selbst; in diesen Fällen geht es sehr viel eher um ein Ge-

---

43 Vgl. für die drei hier genannten Skalen *Anton A. Bucher*: Psychologie der Spiritualität, 42–55; *Christian Zwingmann/Constantin Klein/Volkmar Höfling*: Messung von Religiosität/Spiritualität im Rahmen der Gesundheitsforschung, in: Klein/Berth/Balck (Hgg.): Gesundheit – Religion – Spiritualität, 65–91; *Christan Zwingmann/Constantin Klein*: Deutschsprachige Fragebögen zur Messung von Religiosität/Spiritualität. Stellenwert, Klassifikation und Auswahlkriterien, in: Spiritual Care 1/3 (2012), 7–21.

spräch von Mensch zu Mensch. Genau diese Gespräche aber sind für unsere Forschungsfrage nach „Resilienz in Religion und Spiritualität" so interessant, dass wir ihnen ein eigenes Projekt widmen: Welche religiös-spirituellen Fragen werden vorgebracht, wenn Patient*innen mit den religiösen Profis aus der Klinikseelsorge sprechen, welche werden gegenüber religiösen Laien unter den Caretakern gestellt? Und für beide Gesprächsformen wollen wir wissen: Geht es dabei eigentlich eher um inhaltsbezogene Fragen nach bestimmten religiösen Vorstellungen z. B. von Gott, Erlösung, Heilwerden, oder geht es um Fragen nach der persönlichen Überzeugung der Gesprächspartner*innen? Wie lassen sich Religion und Spiritualität in solchen Gesprächskonstellationen einander zuordnen? Und schließlich: Wie verändert sich dieses Gesprächsverhältnis, wenn es sich um ehrenamtliche Seelsorger*innen handelt, also um Menschen, die in diesen Gesprächen – aus welchen Gründen auch immer – eine seelsorgende Rolle einnehmen, ohne dafür je ausgebildet worden zu sein? Solche Fragen sind methodisch schwierig zu erheben, weil die verschiedenen Rollen und Zuständigkeiten der involvierten Caretaker einerseits klar definiert sind, andererseits aber in ihrer subjektiven Bedeutung für die Patient*innen stark changieren. Hauschildt beschreibt, wie man all diese Frage in empirisch qualitativen Untersuchungen mithilfe von Gruppendiskussionen und dokumentarischer Methode erfassen und genauer bestimmen kann.

Von welch elementarer Bedeutung solche Gespräche zwischen Caretakern, Patient*innen und Angehörigen sind, zeigt schließlich auch der Beitrag von *Frank Peusquens, Katja Maus* und *Lukas Radbruch (Palliativmedizin)* unter dem Titel „Die Pfeile des wütenden Geschicks ertragen – Umgang mit lebensbedrohlichen Erkrankungen". Sie eröffnen ihren Beitrag mit einem Fallbeispiel aus der Palliativmedizin, an dem die enge Wechselwirkung von fachkundiger Diagnostik und Medikation, enger Begleitung und beruhigender, kommunikativer Nähe ersichtlich wird. Angesichts der jeweils lebensbedrohlichen Situation der Patient*innen umfasst ihre Begleitung nie nur körperliche und psychische Aspekte, sondern auch soziale und spirituelle, die allesamt höchst individuell ausgeprägt sind und nicht einfach generalisiert werden können. Aspekte der bei Breyer/Janhsen thematisierten Empathie spielen hierfür ebenso eine Rolle wie die verschiedenen Rollenverständnisse der Caretaker bei Hauschildt. Angesichts dieser Ausgangslage stellt sich allerdings umso mehr die Frage, ob und falls ja, inwiefern, es für die Palliativmedizin überhaupt ein standardisiertes Verfahren, ein einliniges Qualitätsmanagement mit generalisierbaren Qualitätsindikatoren oder standardisierte Phasenmodelle geben könnte – mit diesem Beitrag sind wir daher bei der höchst möglichen Begrenzung des Messbaren angekommen. Denn auch wenn die standardisierten Messinstrumente (v. a. Fragebogenskalen) für die Forschung unverzichtbar sind, auch wenn Faktoren des Qualitätsmanagements wie Qualitätsindikatoren stets mit berücksichtigt werden oder Phasenmodelle hilfreiche Orientierung bieten können, erweisen sich diese in der existentiellen Extremsituation am Lebensende häufig als nicht passgenau; ganz zu schweigen davon, dass diese Patient*innen, anders als in den Untersuchungen von Klein/Bethe, häufig nicht mehr in der Lage sind, sich zu den Qualitätsindikatoren noch selbst zu äußern bzw. diese zu bewerten. Die Autoren und die Autorin hier zeigen, inwiefern sich diese Schwierigkeiten bereits an dem noch vergleichsweise gut messbaren Begriff des Schmerzempfindens zeigen, das nie nur körperlich ist, sondern ebenso psychisch, sozial und seelisch. Noch einmal deutlicher wird das Problem bei den für die Palliativmedizin einschlägigen Begriffen der Lebensqualität, nicht zuletzt in den sog. Trauerphasen, und der Spiritualität. Sie sind in noch höherem Maße abhängig von den individuellen sozio-kulturellen, moralischen und emotionalen Prägungen der Patient*innen, von Vorerfahrungen im Familien- und Freundeskreis, von Familien- und Rollenbildern, von den individuellen Bedürfnissen z. B. bezüglich physischer Symptombekämpfung oder kognitiver Klarheit und nicht zuletzt von der situativen Adaptionsfähigkeit und Flexibilität der Patient*innen: Was in der vorauslaufenden Sorge als kaum zu ertragende Einschränkung der Lebensqualität beurteilt worden sein mag – z. B. auf den Rollstuhl angewiesen zu sein –, kann sich im akuten Erleben der Einschränkung als erstaunlich gut verkraftbar erweisen – und umgekehrt. In jedem Fall aber gilt: Was als ersehnte Lebensqualität zum Ausdruck gebracht wird, liegt bei den Patient*innen, nicht bei den Professionellen, die der Situation mit ihren je ganz eigenen Vorstellungen von Lebensqualität begegnen. Diese hohe individuelle Varianz gilt ebenso für spirituelle Vorstellungen und Praxen, die den Patient*innen und Angehörigen wichtig sein können. Sie entziehen sich in noch höherem Maße der professionellen Zuständigkeit der Behandelnden und bilden doch zugleich einen möglicherweise elementaren Bezugsrahmen der palliativmedizinischen Unterstützung. Unabhängig davon, ob es sich um konkret religiöse Vorstellungswelten handelt wie bei Gärtner/Petersen und Opalka oder ob es sich um eher spirituelle Vorstellungen handelt, kann ihre Artikulation entscheidende Hinweise geben auf noch unbereinigte Konflikte, Ängste oder Widerstände einerseits, auf Akzeptanz, Gelassenheit oder Hoffnung andererseits – und deren Kenntnis könnte wiederum für die Abwägung der in Frage kommenden medizinischen Maßnahmen entscheidend sein. Wenn das physische Leben an sein Ende kommt, spielt die Frage der Messbarkeit von Spiritualität demnach eine untergeordnete Rolle gegenüber deren individuellem Ausdruck; sehr wohl aber spielt nach Peusquens/Maus/Radbruch die Frage eine Rolle, inwiefern sich die palliativmedizinische Betreuungssituation verändert, wenn Ärzt*innen bzw. Caretaker aller Arten und Patient*innen die qualitative Dimension des Gesprächs in den Vordergrund rücken und ohne Scheu auch über spirituelle Fragen sprechen könnten.

Literaturverzeichnis:

Barth, Ulrich: Theoriedimensionen des Religionsbegriffs, in: Ders.: Religion in der Moderne, Tübingen 2003, 29–87.

Bedford-Strohm Heinrich, Heinrich/Jung, Volker (Hgg.): Vernetzte Vielfalt. Kirche angesichts von Individualisierung und Säkularisierung: die fünfte EKD Erhebung über Kirchenmitgliedschaft (= KMU V), Gütersloh 2015.

Windle, Gill/Bennett Kate M./Noyes Jane: A methodological review of resilience measurement scales, in: Health and Quality of Life Outcomes 9/8 (2011), DOI 10.1186/1477-7525-9-8.

Blum, Sabine/Endreß, Martin/Kaufmann, Stefan/Rampp, Benjamin: Soziologische Perspektiven, in: Wink, Rüdiger (Hg.): Multidisziplinäre Perspektiven der Resilienzforschung, Leipzig 2016, 151–177.

Bonanno, George A.: Loss, trauma, and human resilience. Have we underestimated the human capacity to thrive after extremely adversive events?, in: The American Psychologist 59/1 (2004), 20–28, DOI 510.1037/0003-066X.59.1.20.

Bonanno, George A./Burton, Carles L.: Regulatory Flexibility. An Individual Differences Perspective on Coping and Emotion Regulation, in: Perspectives on Psychological Science 8/6 (2013), 591–612, DOI 10.1177/1745691613504116.

Bonanno, George A./Westphal, Maren/Mancini, Anthony: Resilience to loss and potential trauma, in: Annual Review of Clinical Psychology 7 (2011), 511–535, DOI 10.1146/annurev-clinpsy-032210-104526.

Bredle, Jason M./Salsman, John M./Debb, Scott M./Arnold, Benjamin J./Cella, David: Spiritual Well-being as a Component of Health-Related Quality of Life. The Functional Assessment of Chronic Illness Therapy—Spiritual Well-Being Scale (FACIT-Sp), Religions 2/1 (2011), 77–94.

Bröckling, Ulrich: Resilienz. Belastbar, flexibel, widerstandsfähig, in: Ders., Gute Hirten führen sanft. Über Menschenregierungskünste, Frankfurt a. M. 2017, 113–139.

Bronfenbrenner, U.: Die Ökologie der menschlichen Entwicklung, Stuttgart 1981.

Bucher, Anton A.: Psychologie der Spiritualität, Weinheim/Basel ²2014.

Cheng, Cecilia: Assessing coping flexibility in real-life and laboratory settings. A multimethod approach, in: Journal of Personality and Social Psychology 80/5 (2001), 814–833, DOI 10.1037/0022-3514.80.5.814.

Deutsche Gesellschaft für Psychiatrie und Psychotherapie, Psychosomatik und Nervenheilkunde e. V.: Religiosität und Spiritualität. Online abrufbar unter: https://www.dgppn.de/die-dgppn/referate/religiositaet-und-spiritualitaet.html, letzter Zugriff 14.10.2020.

Egloff, Boris: Does a positive appraisal style work in all stressful situations and for all individuals?, in: Behavioral and Brain Sciences 38/e100 (2015), DOI 10.1017/S0140525X14001514.

Eisenmann, Clemens/Klein, Constantin/Swhajor-Biesemann, Anne/Drexelius, Uwe/Streib, Heinz/Keller, Barbara: Dimensions of "spirituality". The semantics of subjective definitions, in: Streib, Heinz/Hood, Ralph W. (Hgg.): Semantics and psychology of spirituality. A cross-cultural analysis, Cham 2015, 125–51.

Emanuel, Ezekiel J./Emanuel, Linda L.: Four models of the physician-patient-relation, in: Journal of the American Medical Association 267/16 (1992), 2221–2226. Übersetzung von Simone Bertsch und Georg Marckmann, in: Urban Wiesing (Hg.): Ethik in der Medizin. Ein Studienbuch, Stuttgart 2012, 107–110.

Feil, Ernst (Hg.): Streitfall "Religion". Diskussionen zur Bestimmung und Abgrenzung des Religionsbegriffs, Münster 2000.

Feil, Ernst/Antes, Peter/Schwöbel, Christoph/Herms, Eilert/Albrecht, Christian: Art. Religion I–VII, in: RGG⁴, Bd. 7 (2004), 263–302.

Frenkel-Brunswik, Else: Intolerance of ambiguity as an emotional and perceptual personality variable, in: Journal of Personality 18/1 (1949), 108–143, DOI 10.1111/j.1467-6494.1949.tb01236.x.

Freund, Alexandra M./Staudinger Ursula M.: The value of „negative“ appraisals for resilience. Is positive (re)appraisal always good and negative always bad?, in: Behavioral and Brain Sciences 38/e101 (2015), DOI 10.1017/S0140525X14001526.

Fröhlich-Gildhoff, Klaus/Rönnau-Böse, Maike: Resilienz und Resilienzförderung über die Lebensspanne, Stuttgart 2015.

Gärtner, Judith: From generation to generation – Remembered History in Psalm 78, in: Ben Zvi, Ehud/Levin, Christoph (Hgg.): Remembering and Forgetting in Early Second Temple Judah, Tübingen (FAT 85) 2012b, 269–278.

Grecucci, Alessandro/Job, Remo: Rethinking reappraisal. Insights from affective neuroscience, in: The Behavioral and brain sciences 38/e102 (2015), DOI 10.1017/S0140525X14001538.

Han-Pile, Béatrice: Nietzsche and Amor-Fati, in: European Journal of Philosophy 19/2 (2009), 224–261.

Hauschildt, Eberhard: „Spiritual Care“ – Eine Herausforderung für die Seelsorge?, in: Materialdienst der Evangelischen Zentralstelle für Weltanschauungsfragen 3 (2013d), 83–90.

Hauschildt, Eberhard: Zum Verhältnis von Spiritual Care und kirchlicher Seelsorge ein Diskussionsbeitrag aus Deutschland, in: palliative.ch. Zeitschrift der Schweiz. Gesellschaft für Palliative Medizin, Pflege und Begleitung H4 (2013e), 6–9.

Hauschildt, Eberhard: Resilienz und Spiritual Care. Einsichten für die Aufgaben von Diakonie und Seelsorge und für die Resilienzdebatten, in: Zeitschrift für Praktische Theologie 51/2 (2016a), 100–105.

Hauschildt, Eberhard: Spiritueller Bedarf – Recht auf Religion – Resilienz im Vollzug. Drei Phänomene und ihre kommunikative Gestalt im Alter bei geistiger Behinderung oder chronischer psychischer Erkrankung, in: Müller, Sandra V., Gärtner, Clausia (Hgg.): Lebensqualität im Alter. Perspektiven für Menschen mit geistiger Behinderung und psychischen Erkrankungen, Wiesbaden (2016b).

Harrison, Myleme O./Koenig, Harold G./Hays, Judith C./Eme-Akwari, Anedi G. /Pargament, Kenneth I.: The epidemiology of religious coping: a review of recent literature, International Review of Psychiatry, 13/2 (2001), 86–93, DOI: 10.1080/09540260124356.

Heine, Susanne: Grundlagen der Religionspsychologie. Modelle und Methoden, Göttingen 2005.

Herrman, Helen/Stewart, Donna E./Diaz-Granados, Natalie/Berger, Elena L./Jackson, Beth/Yuen, Tracy: What is resilience?, in: Canadian Journal of Psychiatry 56/5 (2011), 258–265, DOI 10.1177/070674371105600504.

Huber, Stefan/Bertelsmann Stiftung: Religionsmonitor 2008 - Muslimische Religiosität in Deutschland, Gütersloh 2011.

Jin, Yuchang/Xu, Jiuping/Liu, Hai/Liu, Dongyue: Posttraumatic stress disorder and posttraumatic growth among adult survivors of Wenchuan earthquake after 1 year. Prevalence and correlates, in: Archives of Psychiatric Nursing 28 (2014), 67–73, DOI 10.1016/j.apnu.2013.10.010.

Kalisch, Raffael/Müller, Marianne B./Tüscher, Oliver: A conceptual framework for the neurobiological study of resilience, in: Behavioral and Brain Sciences 38/e92 (2015), DOI 10.1017/S0140525X1400082X.

Kanfer, Frederick H./Reinecker, Hans/Schmelzer, Dieter: Selbstmanagement-Therapie. Ein Lehrbuch für die klinische Praxis, Berlin/Heidelberg [5]2012.

Kashdan, Todd B./Rottenberg, Jonathan: Psychological flexibility as a fundamental aspect of health, in: Clinical psychology review 30/7 (2010), 865–878, DOI:10.1016/j.cpr.2010.03.001.

Kent, Martha/Davis, Mary C./Reich, John W. (Hgg.): The Resilience Handbook. Approaches to Stress and Trauma, New York 2014.

Klein, Constantin/Berth, Hendrik./Balck, Friedrich (Hgg.): Gesundheit – Religion - Spiritualität. Konzepte, Befunde und Erklärungsansätze, Weinheim/München 2011.

Klein, Constantin/Gottschling, Sonja/Zwingmann, Christian: Deutschsprachige Fragebögen zur Messung von Religiosität/Spiritualität. Ein Vergleich ausgewählter Skalen, in: Spiritual Care 1/3 (2012), 22–35.

Klein, Constantin/Hood, Ralph W./Silver, Cristopher F./Keller, Barbara/Streib, Heinz: Is "spirituality" nothing but "religion"? An indirect measurement approach, in: Streib, Heinz/Hood, Ralph

W. (Hgg.): Semantics and psychology of spirituality. A cross-cultural analysis, Cham 2016a, 71–85.

Klein, Constantin/Keller, Barbara/Silver, Christopher F./Hood, Ralph W./Streib, Heinz: Positive adult development and "spirituality": Psychological well-being, generativity, and emotional stability, in: Streib, Heinz/Hood, Ralph W. (Hgg.): Semantics and psychology of spirituality. A cross-cultural analysis, Cham 2016b, 401–436, DOI 10.1007/978-3-319-21245-6_25.

Leuba, James H.: A Psychological Study of Religion, New York 1912.

Mancini, Anthony D./Bonanno, George A.: Predictors and parameters of resilience to loss: toward an individual differences model, in: Journal of Personality 77/6 (2009), 1805–1832, DOI 10.1111/j.1467-6494.2009.00601.x.

Mancini, Anthony D./Bonanno, George A./Sinan, Beyza: A brief retrospective method for identifying longitudinal trajectories of adjustment following acute stress, in: Assessment 22/3 (2015a), 298–308, DOI 10.1177/1073191114550816.

Masten, Ann S./Monn, Amy R/Supkoff, Laura M.: Resilience in children and adolescents. Responding to challenges across the lifespan, in: Southwick, Steven M./Litz, Brett T./Charney, Dennis S./Friedman, Matthew J. (Hgg.): Resilience and mental health. Responding to challenges across the lifespan, New York 2011, 103–119, DOI 10.1017/CBO9780511994791.009.

Mischo, Christoph: Entwicklungsumwelten, in: Fröhlich-Gildhoff, Klaus/Mischo, Christoph/Castello, Armin (Hgg.): Entwicklungspsychologie für Fachkräfte in der Frühpädagogik. Grundlagen der Frühpädagogik 2, Köln 2009, 150–201.

Molina, Yamila/Yi, Jean C./Martinez-Gutierrez, Javiera/Reding, Kerryn W./Yi-Frazier, Joyce P./Rosenberg, Abby R.: Resilience among patients across the cancer continuum: diverse perspectives, in: Clinical Journal of Oncology Nursing 18/1 (2014), 93–101. DOI 10.1188/14.CJON.93-101.

Norris, Fran H., Tracy, Melissa, Galea, Sandro: Looking for resilience: understanding the longitudinal trajectories of responses to stress, in: Social Science and Medicine 68/12 (2009), 2190–2198, DOI 10.1016/j.socscimed.2009.03.043.

Pargament, Kenneth I.: APA Handbook of Psychology, Religion, and Spirituality, Washington (D.C.) 2013.

Peng-Keller, Simon: Einführung in die Theologie der Spiritualität, Darmstadt 2010.

Peng-Keller, Simon: Spiritualität im Kontext moderner Medizin, in: Belok, Manfred/Länzlinger, Urs/Schmitt, Hanspeter (Hgg.): Seelsorge in Palliative Care, Zürich 2012, 87–97.

Peng-Keller, Simon: Spiritual Care als theologische Herausforderung. Eine Ortsbestimmung, in: ThLZ 140 (2015a), 454–467.

Peng-Keller, Simon: Spiritualität mit und ohne Gott. Plädoyer für eine begriffliche Klärung, in: Giebel, Astrid/Lilie, Ulrich/Utsch, Michael/Wentzek, Dieter/Wessel, Theo (Hgg.): Geistesgegenwärtig beraten – Spiritualität, Existenzielle Kommunikation und Selbstsorge in Beratung und Seelsorge, Neukirchen-Vluyn 2015b, 19–30.

Pickel, Gert: Religionsmonitor – verstehen, was verbindet. Religiosität im internationalen Vergleich, Gütersloh 2013.

Puchalski, Christina M./Vitillo, Robert/Hull, Sharon/Reller, Nancy: Improving the spiritual dimension of whole person care. Reaching national and international consensus, in: Journal of Palliative Medicine 17/6 (2014), 642–656. DOI 10.1089/jpm.2014.9427.

Quirin, Markus/Kent, Martha/Boksem, Maarten A. S./Tops, Mattie: Integration of negative experiences. A neuropsychological framework for human resilience, in: Behavioral and Brain Science 38/e116 (2015), DOI 10.1017./S0140525X14001666.

Richter, Cornelia: Ausgeliefert. Antinomien der Aggression in der theologischen Ethik, in: Zeitschrift für Evangelische Ethik 58 (2014a), 168–178.

Rothermund, Klaus (Hg.): Gute Gründe. Zur Bedeutung der Vernunft für die Praxis, Stuttgart 2003.

Rutter, Michael: Resilience: Causal pathways and social ecology, in: Ungar, Michael (Hg.): The social ecology of resilience, New York (2011), DOI 10.1007/978-1-4614-0586-3_3.

Rutter, Michael: Resilience as a dynamic concept, in: Development and Psychopathology 24/2 (2012), 335–344, DOI 10.1017/S0954579412000028.

Sapienza, Julianna K./Masten, Ann S.: Understanding and promoting resilience in children and youth, in: Current opinion in psychiatry 24/4 (2011), 267–273, DOI 10.1097/YCO.0b013e32834776a8.

Schreiber, Judith A./Brockopp, Dorothy Y.: Twenty-five years later – what do we know about religion/spirituality and psychological well-being among breast cancer survivors? A systematic review. J Cancer Surviv. 2012 Mar, 6(1), 82–94. doi: 10.1007/s11764-011-0193-7.

Schütz, Alfred/Luckmann, Thomas: Strukturen der Lebenswelt, Bd. I und II. Frankfurt a. M. 1979/1984.

Southwick, Steven M./Litz, Brett T./Charney, Dennis/Friedman, Matthew J.: Resilience and Mental Health. Challenges Across the Lifespan, Cambridge 2011.

Spreng, R. Nathan/Grady, Cheryl L.: Patterns of brain activity supporting autobiographical memory, prospection, and theory of mind, and their relationship to the default mode network, in: Journal of cognitive neuroscience 22/6 (2010), 1112–1123, DOI 10.1162/jocn.2009.21282.

Streib, Heinz/Keller, Barbara: Was bedeutet Spiritualität? Befunde – Analysen – Fallstudien aus Deutschland, Göttingen 2015.

Streib, Heinz/Klein, Constantin: Religion and spirituality, in: Stausberg, Michael/Engler, Steven (Hgg.): Oxford handbook of religious studies, Oxford 2016, 73–83.

Theron, Lina C./Liebenberg, Linda/Ungar, Michael: Youth Resilience and Culture. Commonalities and Complexities, Dordrecht (Cross-Cultural Adancements in Positive Psychology 11) 2015.

Tsai, Jack/El-Gabalawy, Renée/Sledge, Wiliam H./Southwick, Steven M./Pietrzak, Robert H.: Posttraumatic growth among veterans in the USA: results from the National Health and Resilience in Veterans Study, in: Psychological medicine 45/1 (2015a), 165–179, DOI 10.1017/S0033291714001202.

Ungar, Michael: Kontextuelle und kulturelle Aspekte von Resilienz - Jugendhilfe mit menschlichem Antlitz. Ein konzeptioneller Beitrag mit Praxisbezug und Beispielen, in: Zander, Margherita/Roemer, Martin (Hgg.): Handbuch Resilienzförderung, Wiesbaden 2011, 133–156.

Ungar, Michael: Cultural Dimensions of Resilience among Adults, in: Reich, John W., Zautra, Alex J., Hall, John Stuart (Hgg.): Handbook of Adult Resilience. Concepts, Methods and Applications, New York 2012, 404–423.

Van Dam, Nicholas/van Vugt, Marieke K./Vago, David R. et al.: Mind the Hype. A Critical Evaluation and Prescriptive Agenda for Research on Mindfulness and Meditation, in: Perspect Psychol Sci., 13/1 (2018), 36–61, DOI 10.1177/1745691617709589.

Vázquez, Carmelo: Beyond resilience. Positive mental health and the nature of cognitive processes involved in positive appraisals, in: Behavioral and Brain Sciences 38 (2015), 52–53, DOI 10.1017/S0140525X14001733.

Wagnild, Gail M./Young, Heather M.: Development and psychometric evaluation of the Resilience Scale, in: Journal of Nursing Measurement 1/2 (1992), 165–178.

Weber, S. R./Kenneth I. Pargament: "The role of religion and spirituality in mental health." Current Opinion in Psychiatry 27 (2014), 358–363.

Werner, Emmy E./Bierman, Jessie M./French, Fern E.: The children of Kauai. A longitudinal study from the prenatal period to age ten, Honolulu 1971.

Birgit Weyel/Peter Bubmann (Hgg.): Kirchentheorie. Praktisch-theologische Perspektiven auf die Kirche, Leipzig 2014.

Windle, Gill/Bennett, Kate M./Noyes, Jane: A methodological review of resilience measurement scales, in: Health and Quality of Life Outcomes 9/8 (2011), DOI 10.1186/1477-7525-9-8.

Wink, Rüdiger (Hg.): Multidisziplinäre Perspektiven der Resilienzforschung, Wiesbaden 2016.

Wittekind, Folkart: Religion zwischen Objektivierbarkeit und Selbstbeschreibung. Methodisch-hermeneutische Überlegungen zum Religionsverständnis des Religionsmonitors, in: Petzoldt, Matthias (Hg.), Theologie im Gespräch mit empirischen Wissenschaften, Leipzig 2012, 35–72.

Waaktaar, Trine/Torgersen Svenn: How resilient are resilience scales? The Big Five scales outperform resilience scales in predicting adjustment in adolescents, in: Scandinavian Journal of Psychology 51/2 (2010) 157–63, DOI 10.1111/j.1467-9450.2009.00757.x.

Wu, Gang/Feder, Adriana: Understanding resilience, in: Frontiers in Behavioral Neuroscience 7/10 (2013), 1–15. DOI 10.3389/fnbeh.2013.00010.

Zerach, Gadi/Solomon, Zahava/Cohen, Assaf/Ein-Dor, Tsachi: PTSD, Resilience and Posttraumatic Growth Among Ex-Prisoners of War and Combat Veterans, in: Israel Journal of Psychiatry and Related Sciences 50/2 (2013), 91–98.

Zwingmann, Christian/Klein, Constantin: Deutschsprachige Fragebögen zur Messung von Religiosität/Spiritualität. Stellenwert, Klassifikation und Auswahlkriterien, in: Spiritual Care 1/3 (2012), 7–21.

Zwingmann, Christian/Klein, Constantin/Höfling, Volkmar: Messung von Religiosität/Spiritualität im Rahmen der Gesundheitsforschung, in: Klein, Constantin/Berth, Hendrik/Balck, Friedrich (Hgg.): Gesundheit - Religion - Spiritualität, Weinheim 2011, 65–91.

Empathie als Desiderat in der Gesundheitsversorgung – Normativer Anspruch oder professionelle Kompetenz?[1]

Thiemo Breyer und Anna Janhsen

Im Juli 2019 erschien in der Süddeutschen Zeitung ein Artikel mit dem Titel „Angehende Ärzte müssen Empathie zeigen“[2], womit ein Gemeinplatz der Kritik an der modernen Medizin und der gesundheitlichen Versorgung aufgerufen wird: Ärzt*innen sollten empathischer sein und mehr Mitgefühl für die existentiellen Notlagen und Krisen ihrer Patient*innen aufbringen. Die Fähigkeit, sich in die Erlebniswelt anderer Menschen hineinzuversetzen, wird dabei gerade in sozialen Berufen und in der Medizin vorausgesetzt. In tugendethischer Tradition hat sich hier ein Berufsethos herausgebildet, das Empathie im Dienst an den Patient*innen verankert. Wie aber will man objektiv feststellen, in welchem Ausmaß ein solcher empathischer Bezug gelingt und sich idealiter gesundheitsförderlich für Patient*innen auswirkt? Wie im Folgenden zu zeigen sein wird, ist dies deshalb so schwierig, weil sich Empathie auf unterschiedlichen Ebenen manifestiert und in komplexe Erfahrungskonstellationen eingebettet ist. Zwar können manche Aspekte der Empathie in methodisch kontrollierten Settings isoliert und messbar gemacht werden, wie etwa in experimentalpsychologischen Studien oder durch Fragebögen zum subjektiven Empfinden in Gesprächssituationen. Doch bedarf eine lebensweltlich adäquate Beschreibung empathischer Prozesse einer umfassenderen phänomenologischen Analyse, in der die Dimensionen der Empathie aufeinander bezogen werden.

Gerade in der Gesundheitsversorgung Arbeitende erleben täglich emotional herausfordernde Situationen mit Patient*innen und deren Angehörigen. Die zunehmend unübersichtlichen organisatorischen und politischen Bedingungen im Gesundheitswesen, wie der stetig anwachsende Dokumentationsaufwand, verkürzte Verweildauer von Patient*innen, Arbeit unter extremem Zeitdruck und der Anspruch, dass mit immer weniger Ressourcen immer mehr erreicht werden soll, tun ihr Übriges, um die Arbeit belastend zu machen.

---

1 Gefördert durch die Deutsche Forschungsgemeinschaft (DFG) – Projektnummer 348851031.

2 *Werner Bartens:* Medizin und Mitgefühl. Angehende Ärzte müssen Empathie zeigen. Süddeutsche Zeitung 2019 https://www.sueddeutsche.de/gesundheit/medizinstudium-empathie-auswahl-verfahren-1.4546284 [zuletzt abgerufen am 29.11.2019].

Darüber hinaus zeigt sich in interdisziplinären Diskursen, dass Empathie mehr und anderes ist als das bloße Mitfühlen mit einem Gegenüber, welches als Ressource des Trostes wertgeschätzt werden mag. Obgleich mit Blick auf spezifische Formen von Empathie in der qualitativen Sozialforschung Skalen entwickelt wurden, die das empathische Empfinden und die Empathiefähigkeit von Individuen operationalisieren sollen, ist es schwierig, Empathie als komplexes Phänomen mit Fragebögen und anderen objektivierenden Methoden zu messen.

Was genau also verstehen wir unter Empathie, welche Rolle spielt sie in Modellen der Interaktion zwischen behandelnden und zu behandelnden Personen in der Gesundheitsversorgung und inwiefern kann sie gerade in Krisensituationen eine resilienzförderliche Kraft entfalten? Diesen Fragen widmet sich vorliegender Beitrag, um zu diskutieren, inwiefern es sich bei dem vielfach behaupteten Mangel an Empathie um etwas handelt, dem anhand normativer Ansprüche in möglichst großem Umfang abgeholfen werden sollte, bzw. ob es nicht auch gerade eine professionelle Kompetenz von Personen in der Gesundheitsversorgung sein könnte, Empathie auf ein sinnvolles Maß zu beschränken.

1. Was ist Empathie?

Empathie ist ein in Philosophie, Psychologie, Lebens- und Sozialwissenschaften breit diskutiertes, aber in stark variierenden Definitionen verwendetes Konzept. Bei aller Unterschiedlichkeit kann grundlegend konstatiert werden, dass es sich bei Empathie um ein interpersonelles Geschehen handelt. Dieses wird landläufig als Einfühlen in einen Anderen oder als Mitfühlen oder Miterleben aufgefasst. Im Gegensatz zu Formen des unmittelbaren Affiziertseins, wie etwa bei der Sympathie oder der Antipathie, ist Empathie weniger reflexhaft und mehr intentional. Sie hat eine spezifische Richtung und ein Bezugsobjekt. Auch geht mit ihr häufig ein Verstehen-Wollen des Gegenübers einher, also eine Anstrengung, sich auf den Anderen einzulassen.

Empathie spielt sich dabei auf unterschiedlichen Ebenen ab: auf einer *kognitiven*, einer *emotionalen*, einer *leiblich-affektiven* und einer *narrativen* Ebene.[3] Kognitive Empathie zeichnet sich dadurch aus, dass sie komplexe Wahrnehmungs- und Kontextinformationen verarbeiten kann, um den Zustand des Anderen verstehbar zu machen. Dies kann entweder durch imaginatives Sich-Hineinversetzen in die Position des Anderen[4] oder durch gedankliche Überlegungen und

3 Vgl. *Thiemo Breyer*: Verkörperte Intersubjektivität und Empathie, Frankfurt am Main 2015.

4 Vgl. *Martin L. Hoffman*: Empathy and Moral Development. Implications for Caring and Justice, Cambridge 2001.

Schlussfolgerungen bezüglich möglicher Ursachen und Wirkungen seines Verhaltens geschehen.[5] Es geht also um ein Sich-Eindenken in ein Gegenüber und darum, sich selbst in dessen Lage vorzustellen. Solche Gedankengänge sind dabei oft von Rollenverständnissen, Erwartungshaltungen und eigenen Erfahrungen geprägt, da bei der Empathie Selbst und Anderer keineswegs verschmelzen, sondern sich eine Reflexions-, Imaginations- und Deutungsleistung vollzieht, welche die Differenz zwischen beiden Instanzen gerade einkalkuliert.

Auf einer emotionalen Ebene sind darüber hinaus Erfahrungen des Mitgefühls (z. B. Mitleid oder Mitfreude), der Ko-Affektion und der stellvertretenden Emotion angesiedelt. Das Mitleid ist traditionell die bedeutendste Kategorie der moralisch relevanten Formen der Empathie.[6] Sie kann dem Anderen bewusst geschenkt, aber auch vorenthalten werden. Die Ko-Affektion hingegen ist eine emotionale Ansteckung, die darin besteht, dass der Gefühlszustand einer anderen Person unwillkürlich mitempfunden wird.[7] Stellvertretende Emotion bedeutet im Unterschied dazu, eine Emotion zu empfinden, die der Andere gerade nicht fühlt, wie etwa bei der Fremdscham.[8]

Darüber hinaus lässt sich eine leiblich-affektive Ebene ausmachen, auf der sich (Vor-)Formen von Empathie vollziehen. Hier sind sowohl zwischenleibliche Synchronisierungen, das heißt Prozesse der Abstimmung von körperlichen Reaktionen auf die des Anderen angesiedelt, als auch leibliches Sich-Einschwingen auf und Resonieren mit dem Anderen. Leibliche Synchronie korreliert dabei mit einer *Responsivität*[9], die Interakteure in sozialen Beziehungen dazu veranlasst, in ihrem Verhalten auf das des Anderen zu antworten, wodurch Verbundenheit und Inter-Affektivität ermöglicht werden kann. Dies hebt die Alteritätserfahrung aber nicht auf. Resonanz auf leiblicher Ebene meint somit keine Homogenisierung oder Harmonisierung, sondern Response, Einschwingen und Mitschwingen im Modus leiblicher Interaktion. Dies ist die Möglichkeitsbedingung dafür, dass „der Leib von außen überhaupt affiziert werden kann, d.h. dass Einwirkungen auf ihn spürbar sind und er so im übertragenen Sinne ‚angesprochen' werden kann".[10] Nur aufgrund des dynamischen Charakters des Leibes selbst zeigt sich im Zwischenraum der Empathie ein dialogisches Moment, das emotional und/oder kognitiv ausgestaltet werden kann.

---

5 Vgl. *Alison Gopnik/Henry M. Wellman*: Why the child's theory of mind really Is a theory, in: Mind & Language 7 (1992), 145–171.

6 Vgl. *Heidi L. Maibom* (Hg.): Empathy and Morality, Oxford 2014.

7 Vgl. *Elaine Hatfield/John T. Cacioppo/Richard L. Rapson*: Emotional Contagion, Cambridge 1994.

8 Vgl. *Sören Krach* et al.: Your flaws are my pain. Linking empathy to vicarious embarrassment, in: PLoS ONE 6/4 (2011), 2011.

9 Vgl. *Bernhard Waldenfels*: Antwortregister, Frankfurt am Main 1994.

10 *Hilge Landweer*: Therapeutik der Affekte. Leibliche Resonanz und Gemeinschaftsgefühle als Bewältigungsstrategien, in: Cornelia Richter (Hg.): Ohnmacht und Angst aushalten. Kritik der Resilienz in Theologie und Philosophie (RuG 1), Stuttgart 2017, 71–90, hier 79.

Empathie bedeutet auf der leiblichen Ebene zudem die perzeptive Möglichkeit, emotionale oder andere mentale Zustände in den Ausdrücken (Gestik, Mimik) des Anderen wahrzunehmen, z. B. die Angst in den weit geöffneten Augen oder die Traurigkeit in den Tränen.[11] Diese Form von Empathie funktioniert, zumindest in einfachen Fällen, direkt und ohne bewusste Anstrengung.[12]

Bei all diesen Phänomenen geht es um einen Erfahrungsraum zwischen *ego* und *alter*, in dem Eigen- und Fremdperspektiven miteinander abgeglichen werden und in dem sich Empathie als „affektiv-kognitive Gesamtaktivität"[13] beschreiben lässt. In solch einer integrativen Sichtweise verbinden sich unterschiedliche Dimensionen zwischenmenschlicher Begegnung (wodurch in methodologischer Zielsetzung auch der Antagonismus von interaktionistischen bzw. verkörperungstheoretischen Ansätzen[14] einerseits und den lange Zeit dominierenden kognitivistischen Ansätzen[15] andererseits abgeschwächt werden kann). Dieses Geschehen wird über die Ebene körperlicher Bewegungen hinaus auch narrativ strukturiert, wobei die Narration selbst dabei nicht auf Sprache beschränkt ist,[16] denn: „Menschen denken, nehmen wahr, imaginieren und träumen gemäß einer narrativen Struktur."[17] Auf der narrativen Ebene der Empathie verknüpft sich die leibliche Expressivität mit Volitionen, Handlungen und Verbalisierungen, die das Wahrnehmen und Vergegenwärtigen intersubjektiv zugänglich machen.[18]

Empathie ist folglich kein einheitliches Vermögen, sondern bedarf zur Erfassung eines mehrschichtigen Modells, auf dessen Grundlage sodann nach den Resilienzpotenzialen der Empathie in Krisensituationen auf den unterschiedlichen Ebenen gefragt werden kann. Es zeigt sich mithin, dass die „Grenzen der Messbarkeit" im Hinblick auf die Empathie – im geschilderten Sinne als multidimensionales Erfahrungsgeschehen verstanden – schnell erreicht sind, gerade wenn komplexe Interaktionszusammenhänge analysiert werden sollen, wie sie im medizinischen Kontext relevant sind.

---

11 Vgl. *Max Scheler*: Wesen und Formen der Sympathie, Bonn 1923.

12 Vgl. *Dan Zahavi*: Empathy and direct social perception: A phenomenological proposal, in: Review of Philosophy and Psychology 2/3 (2011), 541–558.

13 *Thomas Fuchs*: Das Gehirn – ein Beziehungsorgan. Eine phänomenologisch-ökologische Konzeption, Stuttgart 2010, 202.

14 Vgl. *Thomas Fuchs*: The virtual other. Empathy in the age of virtuality, in: Journal of Consciousness Studies 21/5 (2014), 152–173; *Shaun Gallagher*: Direct perception in the interactive context, in: Consciousness & Cognition 17/2 (2008), 535–543; *Dan Zahavi*: Self and Other. Exploring Subjectivity, Empathy, and Shame, Oxford 2014.

15 Vgl. *Simon Baron-Cohen*: Zero Degrees of Empathy. A New Theory of Human Cruelty and Kindness, New York 2012; *Alison Gopnik/Andrew N. Meltzoff*: Words, Thoughts, and Theories, Cambridge 1997.

16 Vgl. hierzu in diesem Band *Katharina Opalka*: Was man erzählen kann, wenn man an seine Grenzen kommt, 97–115.

17 *James C. Manusco/Theodore R. Sarbin*: The self-narrative in the enactment of roles, in: Theodore R. Sarbin/Karl E. Scheibe (Hgg.): Studies in Social Identity, New York 1983, 233–253, hier 234.

18 Vgl. *Breyer*: Verkörperte Intersubjektivität und Empathie, 245f.

2. Was ist eine Krise?

Bereits in der griechischen Ursprungsbedeutung (κρίνειν = scheiden, unterscheiden, entscheiden) sind mit dem Begriff der Krise Situationen angesprochen, deren Ausgang offen, aber von existenzieller Bedeutung sind. Beeinträchtigungen des Gesundheitszustandes, Krankheiten oder andere körperliche Veränderungen, die einen lebensrelevanten Bezugspunkt haben, lassen sich demnach als Krise verstehen. Auch in der lateinischen Verwendung (*crisis*) ist der Begriff stark durch die Dimension der Körperlichkeit geprägt: Hier geht es um die körperliche (Un-)Versehrtheit bis hin zur Entscheidung über Leben und Tod.[19] Das Subjekt erlebt in solchen Situationen einerseits eine bedrohliche Herausforderung, ist andererseits aber auch angeregt zu antworten und mit der Krise in Resonanz zu treten. Wenn es bei Krisen so gesehen um Erfahrungen geht, in denen der Mensch nicht als Spielball höherer Mächte, sondern als Akteur mit eigenen Motivationen und Intentionen auftritt, muss zur Semantik des Ereignisses („es widerfährt mir") die Semantik der Handlung („ich entscheide mich") hinzugedacht werden. Mit diesen beiden Semantiken überschneidet sich in Krisensituationen die Doppelfigur von Rezeptivität und Spontaneität, wodurch sich der Umgang mit der Krise als dynamisches Geschehen ausweist.

In ähnlicher Weise konzipierte auch der Wegbereiter der modernen psychosomatischen Medizin und medizinischen Anthropologie Viktor von Weizsäcker in seinem Modell des *Gestaltkreises* Krisen als Interaktion von Aktivität und Passivität.[20] Eine Krise ist ihm zufolge immer mehr als nur der Übergang von einer Ordnung zur anderen; vielmehr betrifft sie die Identität des die Krise erlebenden Subjekts selbst, wodurch sie eine existenzielle und transformatorische Dimension besitzt. Analog dazu wird in neueren psychologischen und soziologischen Ansätzen auch das Konzept der Resilienz verstanden als „Prozess transformativer Autogenese"[21]. Transformation soll dabei nicht als Assimilation an sich verändernde Lebensumstände verstanden werden, sondern als Vorgang der Selbstbildung und Identitätsarbeit, denn gerade in einer so definierten Krise entfaltet sich ein identitätsstiftendes und subjektkonstitutives Potenzial. Eine Krise kann diesem Verständnis gemäß als liminale Phase beschrieben werden, die den Menschen als Ganzes angeht und deren Durchlaufen zum Besseren oder Schlechteren, auf jeden Fall aber zu einer Veränderung führt. Der Umgang mit der Krise wäre dann nicht als bloßes Zurückschwingen in einen als normal definierten

---

19 Vgl. *Joachim Ritter/Karlfried Gründer/Gottfried Gabriel* (Hgg.): Historisches Wörterbuch der Philosophie, Band 4: Krise, Basel 2007, 1235–1245.

20 Vgl. *Viktor von Weizsäcker*: Der Gestaltkreis. Theorie der Einheit von Wahrnehmen und Bewegen, Stuttgart 1940.

21 *Martin Endreß/Benjamin Rampp*: Resilienz als Prozess transformativer Autogenese. Schritte zu einer soziologischen Theorie, in: BEHEMOTH – A Journal on Civilisation 7/2 (2014), 73–102.

Ausgangszustand bzw. als Wiedererlangen eines inneren Gleichgewichts zu verstehen, sondern als genuine Verwandlung des Selbst.

Eine solche Verwandlung kann nun wiederum differenzierter betrachtet werden: So können bereits auf der somatischen Ebene Krisen und Ohnmachtserfahrungen langfristige Konsequenzen für den gesamten Erfahrungshaushalt eines Subjekts haben und sich ins „Leibgedächtnis“[22] einschreiben. Dadurch kommt es zu einer Veränderung des Resonanzverhältnisses mit der Umwelt, das sich als materiell verankerte Elastizität und responsive Flexibilität im Einschwingen auf den Anderen angesichts sich verändernder Rhythmen ausdrückt. Eine Krise tangiert somit immer auch die Intersubjektivität, also den Erfahrungsaustausch und die Kommunikation bzw. die grundlegende Art und Weise des In-Beziehung-Seins überhaupt. Literarisch zeigt sich diese Einsicht etwa in alttestamentlichen Psalmen,[23] wo es ebenfalls darum geht, Krisenerfahrungen leiblich wie sprachlich Ausdruck zu verleihen. Dies kann nicht nur einen Empathieprozess animieren, der sich als intersubjektives Aushandeln gestaltet, sondern auf einer kognitiven Ebene gleichermaßen eine reflexive Distanz zur krisenhaften Erfahrung erzeugen. Das Wechseln von Perspektiven, das im Dialog möglich wird, kann Freiräume schaffen, in denen ein konstruktiver Umgang mit der Krise stattfinden und das Spannungsfeld von Aktivität und Passivität bzw. Handlung und Ereignis in ein neues Licht gestellt werden kann. Auf der narrativen Ebene kann sodann eine Integration disparater Phasen der Lebensgeschichte und im Sinne einer Synthese heterogener Episoden zu einem mehr oder weniger kohärenten „Bild“ und einer „Erzählung“ des eigenen Selbst gelingen. Welche Rolle spielt Empathie in diesem Prozess aber genauer?

3. Inwiefern kann Empathie in Krisen helfen?

Viele psychologische Studien belegen, dass soziale Kontakte maßgeblich für das allgemeine psychische und physische Wohlbefinden und für die Gesundheitserhaltung und -wiederherstellung sind.[24] Soziale Integration ist hierbei weniger als Anzeichen hoher Resilienz entsprechend eingebundener Individuen zu verstehen, sondern geradezu als Konstituens von Resilienz: „Soziale Unterstützung

22 Vgl. *Thiemo Breyer*: Das Phantom im Spiegel. Ein phänomenologischer Versuch über somatosensorische Plastizität und Leibgedächtnis, in: Internationale Zeitschrift für Philosophie und Psychosomatik 7/2 (2012), 1–12.

23 Vgl. hierzu in diesem Band *Judith Gärtner/Mirja Petersen*: Klagen, beten, das Leben beweinen, 79–95.

24 Vgl. *George Kleftaras/Evangelia Psarra*: Meaning in life, psychological well-being and depressive symptomatology. A comparative study, in: Psychology 3/4 (2012), 337–345.

ist ein mächtiger Resilienzfaktor. Stress allein auszuhalten ist ungemein schwieriger als Stress in Anwesenheit einer fürsorglichen Person zu verarbeiten."[25] Angesichts von Individualisierungstendenzen in modernen Gesellschaften und Wirtschaftssystemen sowie der vielfach angestellten zeitdiagnostischen Beobachtung, dass es eine drastische Zunahme des gefühlten Stresses in Industrienationen über die vergangenen Jahrzehnte gibt, ist die soziale Bewältigung von Stress besonders relevant. Ein gängiger kulturkritischer Topos besagt, dass die Individualisierung und Liberalisierung der Moderne den subjektiv empfundenen Zwang erzeugt, sich selbst permanent entscheiden zu müssen, die eigene Identität zu wählen und sich neu zu erfinden.[26] Die Vielzahl der Möglichkeiten, dies zu tun, erscheint dabei nicht als Befreiung, sondern als Last. Was hierdurch gefährdet wird, ist die interpersonale Sinnstiftungsdimension bzw. der „Wir-Faktor". Dieser birgt jedoch ein genuines Resilienzpotenzial, insofern er als wechselseitige Empathie zwischen Subjekten mit einem Bewusstsein der Gemeinsamkeit im Erleben bestimmt werden kann. In dieser Sphäre der Intersubjektivität dient das Miteinander-Erleben nicht als Mittel zu einem übergreifenden Zweck, sondern ist gleichsam ein Zweck in sich selbst. Dass der Sinn für Gemeinsamkeit anthropologisch fundiert ist, legen Untersuchungen etwa zum deklarativen Zeigen[27] oder zum spontanen Hilfeverhalten im Kleinkindalter[28] nahe. Hierdurch wird ein direkter Zusammenhang von Prosozialität und Empathie plausibilisiert, der unter der „Empathie-Altruismus-Hypothese"[29] erörtert wird. Zwar ist jüngst zunehmend auch auf die Gefahr hingewiesen worden, dass Empathie zu antisozialen Zwecken missbraucht werden kann,[30] doch ist hiermit keineswegs die resilienzfördernde Kraft fürsorgender Empathie in Zweifel gezogen.

Auf der leiblichen Ebene kann es durch Krisen zu einer Gefährdung der Grundstrukturen leiblicher Befindlichkeit etwa durch Desynchronisierung und Krankheit kommen, die einer Versehrung des Leibes als Resonanzkörper entsprechen. Um dessen Schwingungsfähigkeit in Bezug auf die (soziale) Umwelt wiederherzustellen, bedarf es eines Resonanzraumes und eines personalen Gegenübers, mit dem sich ein wechselseitiges Ein- und Mitschwingen entwickeln

25 *Gregor Hasler*: Resilienz. Der Wir-Faktor: Gemeinsam Stress und Ängste überwinden, Stuttgart 2017, 5.

26 Vgl. *Byung-Chul Han*: Psychopolitik. Neoliberalismus und die neuen Machttechniken, Frankfurt am Main 2014; *Byung-Chul Han*: Müdigkeitsgesellschaft – Burnoutgesellschaft – Hoch-Zeit, Berlin 2016.

27 Vgl. *Katja Liebal/Melinda Carpenter/Michael Tomasello*: Infants' use of shared experience in declarative pointing, in: Infancy 15/5 (2010), 545–556.

28 Vgl. *Felix Warneken/Michael Tomasello*: Helping and cooperation at 14 months of age, in: Infancy 11/3 (2007), 271–294.

29 *John F. Dovidio*: The empathy-altruism hypothesis. Paradigm and promise, in: Psychological Inquiry 2/2 (1991), 126–128.

30 Vgl. *Paul Bloom*: Against Empathy. The Case for Rational Compassion, New York 2017; *Fritz Breithaupt*: Die dunklen Seiten der Empathie, Frankfurt am Main 2017.

kann.[31] Dadurch kann hinsichtlich der affektiven Dimension der Empathie der Andere als jemand fungieren, der Gefühle mit einem selbst teilt, wobei die Gefühlsqualität der Gemeinsamkeit im Teilen des gleichen Gefühls, wenn auch mit unterschiedlichen Intensitäten und Assoziationen, eine stabilisierende und motivierende Wirkung haben kann. Ein solches Mitfühlen bedeutet dabei nicht nur ein Nachfühlen und -verstehen der Gefühlslage des Anderen, aus dem heraus weitergehende Ratschläge erteilt werden können. Es bedeutet auch, dass man selbst in dieses Geschehen affektiv involviert ist. Durch dieses Gemeinschaftserleben kann es zu einer emotionalen Entladung kommen, die zur Affektregulierung positiv beizutragen vermag. So geben empirische Studien Hinweise auf eine Korrelation zwischen Resilienz und positiven Emotionen in dem Sinne, dass resiliente Persönlichkeiten es nicht nur schaffen, emotionalen Notlagen positive Emotionen aus früheren Erfahrungen entgegenzusetzen, sondern insbesondere die intersubjektiv geteilten Emotionen und Erinnerungen zu integrieren.[32] Das gemeinsame Erleben bzw. Wiedererleben von Episoden, die mit positiven Gefühlen aufgeladen sind, erhöht dabei die Konzentration und die Kreativität im Umgang mit Krisen.[33] Wenn aufbauende Emotionen somit durch interpersonale Resonanz gestärkt werden können, wie auch Studien aus der Synchronisationsforschung zeigen,[34] dann sind die zwischenleibliche und die affektive Ebene der Empathie für die Ausbildung von Resilienz besonders wichtig. In der Untersuchung konkreter dyadischer Interaktionen wurde diesbezüglich bereits der Zusammenhang von mimisch-gestischen Artikulationen und interpersonaler Resilienz thematisiert, beispielsweise an der positiven affektiven Wirkung des Angelächelt-Werdens und des gemeinsamen Lachens.[35]

Auf der kognitiven Ebene liegt das Resilienzpotential der Empathie vor allem in den zusätzlichen mentalen Perspektiven auf eine Krisensituation, die durch das Sich-Eindenken seitens des empathisierenden Anderen angeboten werden. Es ist unmittelbar ersichtlich, dass in derartigen Blickverschiebungen die Möglichkeit liegt, die eigene Position und somit die erlebte Krise neu zu denken. Dabei werden Ausdrücke und Verhaltensweisen nicht isoliert wahrgenommen, sondern sind in Verläufe eingebettet, die Geschichten konstituieren. Auf

---

31 Vgl. *Sonja Rinofner-Kreidl*: Intuition und Resilienz, in: Thomas Fuchs/Thiemo Breyer/Stefano Micali/Boris Wandruszka (Hgg.): Das leidende Subjekt. Phänomenologie als Wissenschaft der Psyche, Freiburg 2014, 75–103.

32 Vgl. *Anthony D. Ong/Lisa M. Edwards/Cindy S. Bergeman*: Hope as a source of resilience in later adulthood, in: Personality and Individual Differences 41/7 (2006), 1263–1273.

33 Vgl. *Michele M. Tugade/Barbara L. Fredrickson*: Resilient individuals use positive emotions to bounce back from negative emotional experiences, in: Journal of Personality and Social Psychology 86/2 (2004), 320–333.

34 Vgl. *Fabian Ramseyer/Wolfgang Tschacher*: Nonverbal synchrony in psychotherapy. Coordinated body movement reflects relationship quality and outcome, in: Journal of Consulting and Clinical Psychology 79/3 (2011), 284–295.

35 Vgl. *Anthony Papa/George A. Bonanno*: Smiling in the face of adversity. The interpersonal and intrapersonal functions of smiling, in: Emotion 8/1 (2008), 1–12.

narrativer Ebene bedeutet dies schließlich, dass die Erfahrung so strukturiert wird, dass sie in sinnvollen Einheiten vermittelt werden kann. Spricht man also von narrativer Empathie, so ist ein Verstehensprozess gemeint, der auf Episoden und Geschichten zielt, innerhalb derer Ausdrücke und Handlungen ihre spezifische Bedeutung erhalten.[36] Dabei ist es häufig bereits eine Entlastung für Betroffene, wenn sie in der Lage sind, die Entstehung einer Krise und ihren möglichen Ausgang bzw. ihre Weiterentwicklung narrativ in eine Form zu bringen, die eigene Erfahrung zu externalisieren und so Sinn zu generieren. Selbstredend gibt es schwerwiegende Ereignisse wie Traumata, die sich der Narrativierung zu entziehen scheinen.[37] Nichtdestotrotz liegt in weniger drastischen Fällen in der Vermittlung des Erlebten durch die Konstruktion einer Erzählung oder durch das Aufrufen kollektiver Klage- und Rettungsnarrative wie etwa im Alten und Neuen Testament, mitsamt der Adressierung eines Gegenübers, das empathisch miterleben kann, ein Potential, um resilient mit der Krise umzugehen.

Systematisierend zeigt sich, dass sowohl Krisenerfahrungen als auch Empathie und Resilienzprozesse auf den Ebenen der Leiblichkeit, Affektivität/Emotionalität, Kognition und Narration – freilich in variierenden Verschränkungen und nicht isoliert – ablaufen. Während es auf der leiblichen Ebene um das Resonieren und intersubjektive Interagieren geht, eröffnet die affektive Ebene Mitgefühl, Entladung und intentionales Einfühlen. Auf der kognitiven Ebene kann dies zum Sich-Eindenken in den Anderen und zur Perspektivenverschiebung mit der Eröffnung eines Raumes zwischen Aktivität und Passivität im Durchgehen durch die Krise führen. Dies alles kulminiert letztlich auf der narrativen Ebene in der Konstruktion von Sinnzusammenhängen, in denen auch kollektive Erinnerungen einen spezifischen Wert haben, die die eigene Interpretation lenken können. Resilienz erscheint demnach jedoch weniger als feststehende Eigenschaft oder Fähigkeit, mit Krisen umzugehen, sondern ist eher als Möglichkeit der Transformation und als Resonanz in und mit der Situation zu sehen. Resilienz als multidimensionales Phänomen beinhaltet somit stets ein Moment des Aushandelns mit sich und mit Anderen. Die Empathie derjenigen, die als Kommunikationspartner in solchen Situationen in Betracht kommen, kann dabei wesentlich zum Ausgang beitragen. Dies gilt insbesondere auch für die Personen, die im medizinischen und pflegerischen Sektor tätig sind, da sie mit einer Vielzahl von Krisenerfahrungen konfrontiert sind. Was ergibt sich aus diesen Überlegungen mit Blick auf professionelle Beziehungen in der Gesundheitsversorgung?

---

36 Vgl. *Suzanne Keen*: A theory of narrative empathy, in: Narrative 14/3 (2006), 207–236.

37 Vgl. *Angelica Staniloiu/Hans J. Markowitsch*: Dissociation, memory and trauma narrative, in: Journal of Literary Theory 6/1 (2012), 103–130.

4. Empathie in der professionellen gesundheitsbezogenen Interaktion

Trotz aller medizinisch-technischen Fortschritte und Spezialisierungen sowie der zunehmenden Digitalisierung des Gesundheitssystems bildet in der Gesundheitsversorgung die konkrete interpersonale Beziehung zwischen Ärzt*innen und Pfleger*innen auf der einen und Patient*innen auf der anderen Seite bis heute ein Kernstück medizinischen und pflegerischen Handelns. Nicht zuletzt in Care-Ethiken wird unter dem Topos der Fürsorge dabei die „Verantwortungsübernahme in der Weise des Strebens nach dem Guten für den Anderen“[38] betont. Die Veränderungen der Gesundheitsversorgung und der Gesellschaft, wie etwa die Individualisierung und Diversifizierung von Lebensläufen und -entwürfen oder die Pluralisierung von Wertevorstellungen, haben ihre Spuren auch in dieser Beziehungsgestaltung hinterlassen. War lange Zeit beispielsweise eine paternalistische Fürsorge auf Seiten der Ärzteschaft in der Beziehung dominierend, wandelte sich dies allmählich hin zu einer Stärkung der Patientenautonomie. So hat gegenwärtig „[j]ede medizinische Behandlung [...] unter Wahrung der Menschenwürde und unter Achtung der Persönlichkeit, des Willens und der Rechte der Patientinnen und Patienten, insbesondere des Selbstbestimmungsrechts, zu erfolgen“.[39]

Gleichzeitig charakterisiert jedoch eine besondere Asymmetrie die Beziehung zwischen Ärzt*innen und Patient*innen, da letztere sich in der Regel in einer vulnerablen, existentiellen Situation, sprich einer Krise, befinden, in der sie sich als hilflos erfahren und sich an das Fachpersonal in dem Vertrauen wenden, dass dieses ihnen aufgrund seiner Expertise helfen kann.[40] Durch die Stärkung der Patientenautonomie haben jedoch wiederum Patient*innen die Deutungshoheit hinsichtlich ihrer Biographie und des intervenierenden medizinischen Vorgehens. Daraus ergeben sich laut den Medizinern und Ethikern Ezekiel und Linda Emanuel idealtypisch vier Modelle der Beziehung zwischen Patient*innen und Professionellen: das paternalistische Modell, das informative Modell, das interpretative Modell und das deliberative Modell.[41]

---

38 *Hille Haker*: Feministische Bioethik, in: Marcus Düwell/Klaus Steigleder (Hgg.): Bioethik. Eine Einführung, Frankfurt am Main 2003, 168–183, hier 174.

39 *Bundesärztekammer*: (Muster-)Berufsordnung für die in Deutschland tätigen Ärztinnen und Ärzte in der Fassung der Beschlüsse des 121. Deutschen Ärztetages 2018 in Erfurt geändert durch Beschluss des Vorstandes der Bundesärztekammer am 14.12.2018. Deutsches Ärzteblatt https://www.bundesaerztekammer.de/fileadmin/user_upload/downloads/pdf-Ordner/MBO/MBO-AE.pdf [zuletzt abgerufen am 06.12.2019].

40 Vgl. *Howard Brody*: The Healer's Power, New Haven/London 1992.

41 Vgl. *Ezekiel J. Emanuel/Linda L. Emanuel*: Four models of the physician-patient-relation, in: Journal of the American Medical Association 267/16 (1992), 2221–2226. Übersetzung von Simone Bertsch und Georg Marckmann, in: Urban Wiesing (Hg.): Ethik in der Medizin. Ein Studienbuch, Stuttgart 2012, 107–110.

Beim *paternalistischen Modell* liegt die Betonung, wie der Name schon sagt, auf der Kompetenz von Ärzt*innen, die quasi als Vormund für Patient*innen agieren und danach entscheiden und handeln, was ihrer Meinung nach im Sinne der Patient*innen richtig und angemessen ist. Dieses Modell wird daher auch „Eltern- oder Priestermodell"[42] genannt und beruht auf der *Doctor-Knows-Best*-Annahme, wonach es allgemeingültige objektive Kriterien gebe, nach denen sich bestimmen lasse, was für eine Person in einer gegebenen Situation das Beste sei. Daher können behandelnde und betreuende Ärzt*innen auch unter nur beschränktem Einbezug von Patient*innen wissen, was in deren Interesse sei. Das Selbstbestimmungsrecht der Patient*innen wird insofern auf die Zustimmung zur Entscheidung der behandelnden Person reduziert. Ein solches Modell kommt bei Notfallsituationen zum Einsatz, in denen eine Person entweder nicht (mehr) ansprechbar ist oder unmittelbarer lebensrettender Handlungsbedarf besteht.

Dem gegenüber steht das Beziehungsverständnis des *informativen Modells*, das auch als „wissenschaftliches, technisches oder Konsumentenmodell"[43] bezeichnet wird. In diesem liegt die Entscheidungshoheit über den medizinischen Behandlungsprozess einzig und allein bei Patient*innen. Ärzt*innen obliegt es hier lediglich, die relevanten technischen und fachlichen Informationen zu liefern, damit Patient*innen eine autonome Entscheidung treffen können. „Die Wertmaßstäbe des Arztes, sein Verständnis von den Wertvorstellungen des Patienten oder sein Urteil über die Bedeutung der Wertvorstellungen des Patienten dürfen keine Rolle spielen."[44] Das Modell vollzieht demnach eine strikte Trennung zwischen medizinisch-technischen Fakten und deren patientenseitiger Bewertung. Allerdings negiert ein solches Verständnis von Souveränität auf der einen Seite, dass gerade Krisenerfahrungen auch das individuelle Wertesystem in Frage stellen können und Ziele, Wünsche und Vorstellungen in ein neues Licht rücken, sodass sich Unsicherheiten und Gefühle der Ohnmacht ausprägen. Auf der anderen Seite wird das Erfahrungswissen der behandelnden Person bezüglich ähnlicher Situationen ausgeklammert, wodurch sich die Beziehung letztlich entpersonalisieren kann.

Zwischen diesen beiden Modellen, die einmal die Rolle von Ärzt*innen mit Blick auf Entscheidungssituationen betonen und einmal Patient*innen zum Souverän machen, sind das interpretative und das deliberative Modell angesiedelt. Diese finden sich auch eher in der Praxis wieder, da es häufig keine objektiven Kriterien gibt, anhand derer Ärzt*innen eine Entscheidung treffen und da sich Patient*innen nur selten im Vorhinein klar sind, welche Wertevorstellungen der jeweiligen Entscheidung zugrunde liegen. Viel häufiger wird dem Bauchgefühl vertraut. Im *interpretativen Modell* fungieren Ärzt*innen demnach – ganz im

42 A.a.O., 107.
43 A.a.O., 108.
44 Ebd.

Sinne der philosophischen Mäeutik (μαιευτική = Hebammenkunst) – als Moderations- und Anleitungsinstanz und sind bemüht, mit den Patient*innen gemeinsam Einsicht in die relevanten Wertevorstellungen zu gewinnen. So kann ausgelotet werden, welche ggf. auch konfligierenden Werte in der spezifischen Situation dominant sind. Die Entscheidung kann auf diese Weise besser in einen kohärenten Zusammenhang mit der Biographie, den Lebensvorstellungen und Wünschen von Patient*innen gebracht werden. In der Rede von Patientenautonomie zielt dieses Modell vornehmlich auf Selbsterkenntnis. Mithilfe des Behandelnden gelangen Patient*innen idealerweise zu der Einsicht, „wer [sie sind] und wie sich die verschiedenen medizinischen Möglichkeiten auf [ihre] Identität auswirken."[45]

Ähnlich gestaltet sich auch die Beziehung zwischen behandelnder und zu behandelnden Person im vierten, dem *deliberativen Modell*, demzufolge Ärzt*innen Patient*innen bei der Ermittlung und Auswahl von Behandlungsmöglichkeiten und -zielen helfen. Wie im informativen Modell klären Ärzt*innen Patient*innen über die medizinische Situation auf und wie im interpretativen Modell ergründen sie gemeinsam die relevanten Wertevorstellungen von Patient*innen. Darüber hinaus ist es in diesem Modell jedoch auch Aufgabe der behandelnden Person, darauf hinzuweisen, warum bestimmte verfügbare Möglichkeiten aus professioneller Sicht geeigneter erscheinen als andere und warum spezifische Wertevorstellungen erstrebenswerter sein mögen. Dies soll gleichwohl nicht gemäß des paternalistischen Modells geschehen, sondern beide beteiligten Parteien überlegen gemeinsam, wie in der konkreten Situation gehandelt werden soll. Ärzt*innen besetzen weniger die Rolle von Berater*innen – wie im interpretativen Modell der Fall – als vielmehr im Sinne von Lehrer*innen oder Freund*innen mit dem Ziel, zur „moralischen Entwicklung des Patienten"[46] beizutragen und diesen dabei „dazu [zu] befähig[en], nicht einfach unreflektierten Präferenzen oder unreflektierten Wertvorstellungen zu folgen, sondern im Gespräch alternative gesundheitliche Zielsetzungen und deren Wert und Konsequenzen für die Behandlung zu erwägen."[47]

Kam es in den letzten Jahrzehnten zu eben jenem Shift hin zu einem erhöhten Stellenwert der Patientenautonomie mit Blick auf medizinische Entscheidungen,[48] zeigt sich, dass in den Modellen diese zum Teil sehr unterschiedlich verstanden wird und dass Erwartungshaltungen an Ärzt*innen und ihre Fachkompetenz gestellt werden, die nicht immer Empathie implizieren. Betrachtet

---

45 A.a.O., 109.

46 A.a.O., 110.

47 Ebd. Emanuel und Emanuel weisen dabei darauf hin, dass neben diesen vier Modellen der Interaktion zwischen Ärzt*innen und Patient*innen noch weitere denkbar sind, wie etwa ein instrumentelles Modell, welches sie jedoch ablehnen. Vgl. Emanuel/Emanuel: Four models of the physician-patient-relation, 2222.

48 Vgl. *Deutscher Ethikrat*: Patientenwohl als ethischer Maßstab für das Krankenhaus. Stellungnahme, Berlin 2016.

man die vorgestellten Konzeptionen unter der Perspektive der Empathie, zeigt sich, dass diese nicht in gleicher Weise in allen Modellen eine Rolle spielt bzw. zuweilen gar nicht erwünscht ist. So sollen Ärzt*innen in einem informationstheoretischen Verständnis der Beziehung nicht umfänglich empathisch mit der Situation von Patient*innen sein, sondern sachliche Hinweise verständlich und wahrheitsgetreu darbieten. Auch im paternalistischen Modell spielt Empathie nicht explizit eine Rolle.

Anders sieht dies im interpretativen und im deliberativen Modell aus: Beide setzen ein Sich-Einschwingen und In-Resonanz-Treten mit Patient*innen und deren Situation voraus, um gemeinsam herauszufinden, was im gegebenen Moment gebraucht und gewünscht wird. Das soll gemeinsam auf narrativer Ebene kommuniziert werden. Auf affektiver bzw. emotionaler Ebene impliziert dies ein Moment des Mit- und Einfühlens von Seiten der Ärzt*innen in die Lage der Patient*innen mit dem Ziel des intentionalen Verstehens und Nachempfindens. Hinsichtlich der kognitiven Dimension von Empathie bedeutet es schließlich auch ein Sich-Eindenken in das Gegenüber, um bei einer Evaluation der jeweils relevanten eigenen Werte und Bedürfnisse zu unterstützen.

Somit sind zwar sowohl im interpretativen als auch im deliberativen Modell alle Dimensionen der Empathie tangiert; nur im letzteren geschieht dies jedoch in einem vollumfänglichen Sinne eines mehrschichtigen und mehrdirektionalen Empathieverständnisses. Da es sich bei der Empathie nicht um ein einseitiges Sich-Hineinversetzen, sondern um ein interpersonelles Geschehen handelt, wird die Alterität zwischen behandelnder und zu behandelnden Person im deliberativen Modell in besonderer Weise aufrecht erhalten, da beide als Diskussionspartner*in einen eigenen Standpunkt einbringen können und sollen, ohne damit das Moment des Verstehen-Wollens des Anderen aufzugeben. Vielmehr eröffnen die Ansichten und Werte von Ärzt*innen als Angebot eine Reziprozität der Beziehung. Dies ermöglicht auf kognitiver Ebene eine Perspektivenverschiebung, da andere Deutungs- und Handlungsoptionen aufgezeigt und in den Entscheidungsprozess integriert werden können. Auch auf narrativer Ebene kann durch den Einbezug von Erfahrungsgeschichten die Generierung neuer Sinnzusammenhänge adressiert und fokussiert werden.

Allerdings birgt ein deliberatives Verständnis der Interaktion zwischen Ärzt*innen und Patient*innen aufgrund der Asymmetrie der Beziehung sowie der Vulnerabilität und Fragilität der sich in einer Krise befindenden Person die Gefahr, dass aufgrund der spezifischen und existentiellen Situation eine aufrichtige, beidseitige Empathie auf Seiten von Patient*innen schwer möglich ist. Nicht selten stellt die Tatsache, eine Entscheidung treffen zu müssen, eine zusätzliche Überforderung für die Person dar, sodass sie die Verantwortung in die Hände der Professionellen legt und damit implizit auf ein paternalistisches Modell setzt.

Zudem bringt ein solch deliberatives Beziehungsmodell auch auf Seiten der Behandelnden das Dilemma mit sich, dass Pflegende, Ärzt*innen sowie andere Beschäftigte in Heilberufen stets die Gratwanderung zwischen Empathie mit zum Teil traumatisierenden Patient*innenschicksalen und gleichzeitiger Wahrung einer professionellen Distanz bewältigen müssen.[49] Eine überzogene Erwartungshaltung an das meist einseitige empathische Eindenken und Mitfühlen als jene Freunde oder Lehrende, die im deliberativen Modell propagiert werden, kann dabei eigene Belastungssymptome und Stressfaktoren auf Seiten der behandelnden Personen mit sich bringen, zu emotionalem Stress und Burnout beitragen[50] und das professionelle Handeln behindern.[51] Wie manche Untersuchungen nahelegen, kann die Betonung der emotionalen Dimension in der Beziehung jedoch auch gesundheitsförderliche Auswirkungen für die behandelnde Person selbst haben, wie etwa eine Steigerung der Selbstwirksamkeit.[52] Ist Empathie daher als integraler Teil medizinischer Professionalität zu verstehen?

5. Ist Empathie mehr als eine Haltung?

Je nach Verständnis der professionellen Beziehung zwischen Ärzt*innen und Patient*innen kommt Empathie eine sehr unterschiedliche Bedeutung zu. Im Rahmen einer Care-Ethik – eine wichtige Ressource auch für den Bereich der Spiritual Care –, die die Berücksichtigung der Bedürfnisse von Patient*innen ins Zentrum stellt, kann Empathie als Pflicht oder als Tugend im Sinne einer Haltung der Sorge aufgefasst werden. So mag Empathie aus sich selbst heraus zwar wertneutral sein, wenn es sich um die deskriptive Beschreibung des Phänomens handelt (Was kann ich über den Anderen wissen? Was verrät mir mein Mitgefühl? etc.). Sie erhält jedoch eine ethische Qualität, wenn sie als moralisch erstrebenswert angesehen und zu einer Frage der Anerkennung wird (Wie soll ich

---

49 Vgl. *Robert J. Wick*: Overcoming Secondary Stress in Medical and Nursing Practice. A Guide to Professional Resilience and Personal Well-Being, Oxford 2006.

50 Vgl. *Jiri Modestin/Marianne Lerch/Wolfgang Böker*: Burnout in der psychiatrischen Krankenpflege. Resultate einer empirischen Untersuchung, Berlin 2013.

51 Vgl. *Daniel Batson*: The Altruism Question. Toward a Social-Psychological Answer, Hillsdale, NJ 1991; *Mohammadreza Hojat* et al.: Physician empathy in medical education and practice. Experience with the Jefferson scale of physician empathy, in: Seminars in Integrative Medicine 1/1 (2003), 25–41.

52 Vgl. *Sharon C. Bolton*: Who cares? Offering emotion work as a ‚gift‘ in the nursing labour process, in: Journal of Advanced Nursing 32/3 (2000), 580–586; *Paula Ewers* et al.: Does training in psychosocial interventions reduce burnout rates in forensic nurses?, in: Journal of Advanced Nursing 37/5 (2002), 470–476; *Myriam N. Bechtoldt* et al.: The primacy of perceiving. Emotion recognition buffers negative effects of emotional labor, in: Journal of Applied Psychology 96/5 (2011), 1087–1094.

dem Anderen (richtig bzw. gut) begegnen?). Dies zeigt sich insbesondere in medizinisch-pflegerischen Versorgungskontexten, wo „‚Empathisierter' und ‚Empathisierender' soziale Rollen [sind], die mit spezifischen Erwartungen und Wertvorstellungen verknüpft sind."[53]

In einer tugendethischen Sichtweise, die an die aristotelisch-thomistische Tradition anknüpft, zeichnen sich Ärzt*innen durch die Disposition aus, „gewohnheitsmäßig zum Wohl des Patienten zu handeln [...] und dieses Wohl im Normalfall über sein eigenes [zu] stell[en], so daß man von ihm zuverlässig erwarten kann, daß er danach handelt."[54] Für den Mediziner und Ethiker Edmund D. Pellegrino und den Philosophen David C. Thomasma lässt sich diese Einstellung durch die acht Tugenden Vertrauenswürdigkeit, Mitleid (Compassion), Klugheit, Gerechtigkeit, Tapferkeit, Gemäßigtheit, Integrität und Selbstlosigkeit charakterisieren.[55] Die Medizinethiker Tom Beauchamp und James Childress betonen hingegen nur fünf Tugenden: Mitleid, Urteilskraft, Vertrauenswürdigkeit, Integrität und Gewissenhaftigkeit.[56]

Beide Ansätze bestimmen das Mitleid im Sinne der affektiven Empathie als zentrale Disposition von Ärzt*innen und als integralen Bestandteil des Berufs. Fürsorge als empathisches Mitfühlen wird zu einer wichtigen Dimension der Versorgung stilisiert. Das Augenmerk auf den Anderen und dessen Wohl in einem umfassenden Sinne zu legen,[57] evoziert ein moralisches Gefühl der Fürsorge und betont das zwischenmenschliche Interaktionsgeschehen.[58] Ein solches rein auf die affektive Ebene reduzierendes Verständnis von Empathie als Mitleid verkürzt jedoch auf der einen Seite das Resilienzpotential der anderen Ebenen und birgt auf der anderen die Gefahr einer Vereinnahmung des Anderen im Namen der Empathie.[59] Zudem kann „ein übertriebener Ausdruck an Mitgefühl [...] als intrusiv und belästigend empfunden werden."[60]

53 *Breyer*: Verkörperte Intersubjektivität und Empathie, 241.

54 *Edmund D. Pellegrino*: Der tugendhafte Arzt und die Ethik in der Medizin, in: Hans-Martin Sass (Hg.): Medizin und Ethik, Stuttgart 1989, 40–68, hier 52.

55 *Edmund D. Pellegrino/David C. Thomasma*: The Virtues in Medical Practice, New York/Oxford 1993, 63–161.

56 *Tom L. Beauchamp/James F. Childress*: Principles of Biomedical Ethics, New York 2001.

57 So benennt die Weltgesundheitsorganisation (WHO) die Leitvorstellung von Gesundheit als umfassendes physisches, psychisches und soziales Wohlergehen und nicht nur als die Abwesenheit von Krankheit. Vgl. Verfassung der Weltgesundheitsorganisation (1946). https://www.admin.ch/opc/de/classified-compilation/19460131/201405080000/0.810.1.pdf [zuletzt abgerufen am 13.12.2019].

58 Vgl. *Markus Zimmermann-Acklin*: Tugendethische Ansätze in der Bioethik, in: Marcus Düwell/Klaus Steigleder (Hgg.): Bioethik. Eine Einführung, Frankfurt am Main 2003, 200–210.

59 Vgl. *Klaus Dörner*: Der gute Arzt. Lehrbuch der ärztlichen Grundhaltung, Stuttgart 2001.

60 *Breyer*: Verkörperte Intersubjektivität und Empathie, 242.

Betrachtet man näherhin die medizinische Praxis und dasjenige, was dort unter „klinischer Empathie“ verstanden wird, so zeigt sich, dass ebenfalls verstärkt die affektive Dimension fokussiert wird.[61]

Darüber hinaus wird zuweilen jedoch auch die kognitive Dimension im Sinne der Perspektiven- oder Rollenübernahme diskutiert. Empathie wird in gesundheitsbezogenen Kontexten demnach nicht nur auf die Identifikation mit beobachtbaren Gefühlen des Gegenübers zurückgeführt, sondern ihr resilienzförderliches Potential auch mit Blick auf das reflexive Nach- und Eindenken in die Ursachen und Folgen einer Krise aus einem anderen Blickwinkel wahrgenommen.[62]

So lassen sich in Versorgungskontexten verschiedene Verortungen von Empathie finden: auf der einen Seite als Persönlichkeitsmerkmal, das auch in den tugendethischen Ansätzen propagiert wird; auf der anderen Seite als Kommunikationsprozess oder als professionelles Qualitätsmerkmal,[63] wie es ein deliberatives Modell der Interaktion zwischen Behandelnden und Behandelten impliziert. In pflegerischen Kontexten wird neben einer affektiven, kognitiven und performativen auch eine moralische Dimension herausgestellt.[64] Darüber hinaus wird Empathie gerade im Ausbildungskontext häufig als Teil der emotionalen und sozialen Kompetenz aufgefasst,[65] die neben Wissens-, Methoden- und Persönlichkeitskompetenzen einen Teil des professionellen Handelns ausmacht und eine zu erlernende Fähigkeit darstellt.

In der Diskussion um eine Hierarchisierung handlungs- und berufsbezogener Kompetenzen werden jedoch emotionsbezogene Fähigkeiten im Vergleich zu anderen fachlichen Domänen häufig als weniger wichtig erachtet und entsprechend zu „Hilfskompetenzen“ degradiert. Doch können das Einfühlungsvermögen, das reflektierende Eindenken und die resonierende Verbundenheit durchaus dazu beitragen, etwa in einem Anamnesegespräch detailliertere persönliche Hinweise zu erhalten.[66] Gesteht man dies zu, läuft man andererseits freilich Gefahr, Empathie lediglich als Türöffner zu funktionalisieren, um an therapeutisch und versorgungstechnisch relevante Informationen zu gelangen, anstatt sie als genuine resilienz- und gesundheitsförderliche Fähigkeit in sich selbst anzusehen.

---

61 Vgl. *Melanie Neumann* et al.: Analyzing the „nature“ and „specific effectiveness“ of clinical empathy. A theoretical overview and contribution towards a theory-based research agenda, in: Patient Education and Counseling 74/3 (2009), 339–346.

62 Vgl. *David Richter*: Empathie. Gewinne und Verluste im Erwachsenenalter, Bremen 2009.

63 Vgl. *Juping Yu/Maggie Kirk*: Measurement of empathy in nursing research. Systematic review, in: Journal of Advanced Nursing 64/5 (2008), 440–454.

64 Vgl. *Janice M. Morse* et al.: Exploring empathy. A conceptual fit for nursing practice?, in: Image 24/4 (1992), 273–280.

65 Vgl. *Roman Kaspar* et al.: Emotional competencies in geriatric nursing. Empirical evidence from a computer based large scale assessment calibration study, in: Advances in Health Sciences Education Theory and Practice 21/1 (2016), 105–119.

66 Vgl. *Neumann* et al.: Analyzing the „nature“ and „specific effectiveness“ of clinical empathy.

Gerade angesichts der hohen psychischen und physischen Belastungen, die die Berufe in der Gesundheitsversorgung mit sich bringen, wird die Betonung von Empathiefähigkeit ferner kritisch gesehen, da sie moralisch-ideell bzw. politisch motiviert erscheinen mag und die Alltagsrealität der in der Gesundheitsversorgung Tätigen nicht adäquat zu thematisieren scheint. So sind Ärzt*innen, aber auch Pfleger*innen, mit einem Dilemma zwischen Erwartungshaltungen und praktischen Umsetzungen konfrontiert.[67] Die Pflegewissenschaftlerin Karin Kersting entwickelte diesbezüglich die Theorie des „Coolout"[68], in der die Erfahrung des täglichen Scheiterns zwischen (Selbst-)Anspruch und Wirklichkeit in der Pflege ebenso adressiert wird wie das Phänomen der emotionalen Abstumpfung und Kälte. Dieses stelle sich ein, da „systematisch nicht gilt, was den postulierten Normen zufolge gelten sollte"[69]. Ähnliches konnte auch in der Sichtung von empirischen Arbeiten zur Entwicklung der Empathiefähigkeit in medizinischen Berufsfeldern attestiert werden, wonach diese im Praxisalltag eher sinke anstatt anzusteigen.[70] Liegt der Fokus bei der Rede von Empathie in der gesundheitlichen Versorgung demnach in der Regel auf den Patient*innen, wird der Empathisierende selbst, in diesem Fall das ärztliche oder pflegerische Personal, selten in den Blick genommen. Hinsichtlich der Relevanz von Empathie für den Umgang mit Krisen lässt sich jedoch fragen, für wen Empathie in gesundheitsbezogenen Kontexten eine resilienzförderliche Funktion und Kraft haben kann.

Der Umgang mit den entgegengebrachten Emotionen, Krisen und einschneidenden Ereignissen sowie die strukturellen Arbeitsbedingungen von Ärzt*innen, Pfleger*innen und anderen in der Gesundheitsversorgung Tätigen werden selten thematisiert. Ein achtsamer Umgang mit eigenen und fremden Gefühlen, Erlebnissen und deren Verarbeitung stellen im Hinblick auf Empathie als zwischenmenschliche Interaktion jedoch eine zentrale Sorgedimension dar. Darauf, dass in diesem Sinne empathiegeleitete Emotionsarbeit zentraler Bestandteil von medizinischer und pflegerischer Professionalität sein sollte, haben verschiedene Arbeiten hingewiesen.[71] Empathie im beschriebenen Sinne als mehr-

67 Vgl. *Katherine Curtis* et al.: Student nurse socialisation in compassionate practice. A grounded theory study, in: Nurse Education Today 32/7 (2012), 790–795; *David Sturgeon*: ‚Have a nice day'. Consumerism, compassion and health care, in: British Journal of Nursing 19/16 (2010), 1047–1051.

68 Vgl. *Karin Kersting*: Theorie des Coolout und ihre Bedeutung für die Pflegeausbildung, Frankfurt am Main 2016.

69 *Martin Heinrich*: Zum Stand einer Theorie der Ontogenese Bürgerlicher Kälte. Oder: „Wie man kalt wird" (Teil 3), in: Pädagogische Korrespondenz: Zeitschrift für kritische Zeitdiagnostik in Pädagogik und Gesellschaft 24 (1999), 5–31, hier 14.

70 Vgl. *Melanie Neumann* et al.: Empathy decline and its reasons. A systematic review of studies with medical students and residents, in: Academic Medicine: Journal of the Association of American Medical Colleges 86/8 (2011), 996–1009.

71 Vgl. Fritz Böhle/Jürgen Glaser (Hgg.): Arbeit in der Interaktion – Interaktion als Arbeit: Arbeitsorganisation und Interaktionsarbeit in der Dienstleistung, Wiesbaden 2006; *André Büssing/Jürgen Glaser*: Four-stage process model of the core factors of burnout: The role of work

dimensionales Interaktionsgeschehen zu adressieren stellt deshalb eine bleibende Herausforderung im Kontext gesundheitlicher Versorgung dar, denn wenn sie entsprechend ausgebildet, eingesetzt und verkörpert wird, kann sie zum Umgang mit Krisen auf beiden Seiten der ärztlichen bzw. pflegerischen Dyade einen wichtigen Beitrag leisten.

Literaturverzeichnis

Baron-Cohen, Simon: Zero Degrees of Empathy. A New Theory of Human Cruelty and Kindness, New York 2012.

Bartens, Werner: Medizin und Mitgefühl. Angehende Ärzte müssen Empathie zeigen. Süddeutsche Zeitung 2019 <https://www.sueddeutsche.de/gesundheit/medizinstudium-empathie-auswahlverfahren-1.4546284> [zuletzt abgerufen am 29.11.2019].

Batson, C. Daniel: The Altruism Question: Toward a Social-Psychological Answer, Hillsdale, NJ 1991.

Beauchamp, Tom L./Childress, James F.: Principles of Biomedical Ethics, New York 2001.

Bechtoldt, Myriam N./Rohrmann, Sonja/de Pater, Irene E./Beersma, Bianca: The primacy of perceiving. Emotion recognition buffers negative effects of emotional labor, in: Journal of Applied Psychology 96/5 (2011), 1087–1094.

Bloom, Paul: Against Empathy: The Case for Rational Compassion, New York 2017.

Böhle, Fritz/Glaser, Jürgen (Hgg.): Arbeit in der Interaktion – Interaktion als Arbeit: Arbeitsorganisation und Interaktionsarbeit in der Dienstleistung, Wiesbaden 2006.

Bolton, Sharon C.: Who cares? Offering emotion work as a ‚gift' in the nursing labour process, in: Journal of Advanced Nursing 32/3 (2000), 580–586.

Breithaupt, Fritz: Die dunklen Seiten der Empathie, Frankfurt am Main 2017.

Breyer, Thiemo: Das Phantom im Spiegel. Ein phänomenologischer Versuch über somatosensorische Plastizität und Leibgedächtnis, in: Internationale Zeitschrift für Philosophie und Psychosomatik 7/2 (2012), 1–12.

Breyer, Thiemo: Verkörperte Intersubjektivität und Empathie, Frankfurt am Main 2015.

Brody, Howard: The Healer's Power, New Haven/London 1992.

Bundesärztekammer: (Muster-)Berufsordnung für die in Deutschland tätigen Ärztinnen und Ärzte in der Fassung der Beschlüsse des 121. Deutschen Ärztetages 2018 in Erfurt geändert durch Beschluss des Vorstandes der Bundesärztekammer am 14.12.2018. Deutsches Ärzteblatt <https://www.bundesaerztekammer.de/fileadmin/user_upload/downloads/pdf-Ordner/MBO/MBO-AE.pdf> [zuletzt abgerufen 06.12.2019].

Büssing, André/Glaser, Jürgen: Four-stage process model of the core factors of burnout. The role of work stressors and work-related resources, in: Work & Stress 14/4 (2000), 329–346.

Curtis, Katherine/Horton, Khim/Smith, Pam: Student nurse socialisation in compassionate practice. A grounded theory study, in: Nurse Education Today 32/7 (2012), 790–795.

Deutscher Ethikrat: Patientenwohl als ethischer Maßstab für das Krankenhaus. Stellungnahme, Berlin 2016.

Dörner, Klaus: Der gute Arzt. Lehrbuch der ärztlichen Grundhaltung, Stuttgart 2001.

stressors and work-related resources, in: Work & Stress 14/4 (2000), 329–346; *Björn Giesenbauer/Jürgen Glaser*: Emotionsarbeit und Gefühlsarbeit in der Pflege – Beeinflussung fremder und eigener Gefühle, in: Fritz Böhle/Jürgen Glaser (Hgg.): Arbeit in der Interaktion – Interaktion als Arbeit: Arbeitsorganisation und Interaktionsarbeit in der Dienstleistung, Wiesbaden 2006, 59–83.

Dovidio, John F.: The empathy-altruism hypothesis. Paradigm and promise, in: Psychological Inquiry 2/2 (1991), 126–128.

Emanuel, Ezekiel J./Emanuel, Linda L.: Four models of the physician-patient-relation, in: Journal of the American Medical Association 267/16 (1992), 2221–2226.

Endreß, Martin/Rampp, Benjamin: Resilienz als Prozess transformativer Autogenese. Schritte zu einer soziologischen Theorie, in: BEHEMOTH – A Journal on Civilisation 7/2 (2014), 73–102.

Ewers, Paula/Bradshaw, Tim/McGovern, John/Ewers, Bob: Does training in psychosocial interventions reduce burnout rates in forensic nurses?, in: Journal of Advanced Nursing 37/5 (2002), 470–476.

Fuchs, Thomas: Das Gehirn – ein Beziehungsorgan. Eine phänomenologisch-ökologische Konzeption. Stuttgart 2010.

Fuchs, Thomas: The virtual other. Empathy in the age of virtuality, in: Journal of Consciousness Studies 21/5 (2014), 152–173.

Gallagher, Shaun: Direct perception in the interactive context, in: Consciousness & Cognition 17/2 (2008), 535–543.

Giesenbauer, Björn/Glaser, Jürgen: Emotionsarbeit und Gefühlsarbeit in der Pflege – Beeinflussung fremder und eigener Gefühle, in: Fritz Böhle/Jürgen Glaser (Hgg.): Arbeit in der Interaktion – Interaktion als Arbeit. Arbeitsorganisation und Interaktionsarbeit in der Dienstleistung, Wiesbaden 2006, 59–83.

Gopnik, Alison/Wellman, Henry M.: Why the child's theory of mind really Is a theory, in: Mind & Language 7 (1992), 145–171.

Gopnik, Alison/ Meltzoff, Andrew N.: Words, Thoughts, and Theories, Cambridge 1997.

Haker, Hille: Feministische Bioethik, in: Marcus Düwell/Klaus Steigleder (Hgg.): Bioethik. Eine Einführung, Frankfurt am Main 2003, 168–183.

Han, Byung-Chul: Psychopolitik. Neoliberalismus und die neuen Machttechniken, Frankfurt am Main 2014.

Han, Byung-Chul: Müdigkeitsgesellschaft – Burnoutgesellschaft – Hoch-Zeit, Berlin 2016.

Hasler, Gregor: Resilienz: Der Wir-Faktor. Gemeinsam Stress und Ängste überwinden. Stuttgart 2017.

Hatfield, Elaine/Cacioppo, John T./Rapson, Richard L.: Emotional Contagion, Cambridge 1994.

Heinrich, Martin: Zum Stand einer Theorie der Ontogenese Bürgerlicher Kälte. Oder: „Wie man kalt wird" (Teil 3), in: Pädagogische Korrespondenz: Zeitschrift für kritische Zeitdiagnostik in Pädagogik und Gesellschaft 24 (1999), 5–31.

Hoffman, Martin L.: Empathy and Moral Development. Implications for Caring and Justice, Cambridge 2001.

Hojat, Mohammadreza/Gonnella, Joseph S./Mangione, Salvatore/Nasca, Thomas J./Magee, Mike: Physician empathy in medical education and practice. Experience with the Jefferson scale of physician empathy, in: Seminars in Integrative Medicine 1/1 (2003), 25–41.

Kaspar, Roman/Döring, Ottmar/Wittman, Eveline/Hartig, Johannes/Weyland, Ulrike/Neuerth, Annette/Möllers, Michaela/Rechenbach, Simone/Simon, Julia/Worofka, Iberé: Emotional competencies in geriatric nursing: empirical evidence from a computer based large scale assessment calibration study, in: Advances in Health Sciences Education Theory and Practice 21/1 (2016), 105–119.

Katz, Julie R./Woods, Susan L./Cameron, Cheryl A./Milam, Steve: Essential qualifications for nursing students, in: Nursing outlook 52/6 (2004), 277–288.

Keen, Suzanne: A theory of narrative empathy, in: Narrative 14/3 (2006), 207–236.

Kersting, Karin: Theorie des Coolout und ihre Bedeutung für die Pflegeausbildung, Frankfurt am Main 2016.

Krach, Sören/Cohrs, Jan C./de E. Loebell, Nicole C./Kircher, Tilo/Sommer, Jens/Jansen, Andreas/Paulus, Frieder M.: Your flaws are my pain. Linking empathy to vicarious embarrassment, in: PLoS ONE 6/4 (2011).

Kleftaras, George/Psarra, Evangelia: Meaning in life, psychological well-being and depressive symptomatology. A comparative study, in: Psychology 3/4 (2012), 337–345.

Landweer, Hilge: Therapeutik der Affekte. Leibliche Resonanz und Gemeinschaftsgefühle als Bewältigungsstrategien, in: Cornelia Richter (Hg.): Ohnmacht und Angst aushalten. Kritik der Resilienz in Theologie und Philosophie (Religion und Gesundheit, Bd. 1), Stuttgart 2017, 71–90.

Liebal, Katja/Carpenter, Melinda/Tomasello, Michael: Infants' use of shared experience in declarative pointing, in: Infancy 15/5 (2010), 545–556.

Maibom, Heidi L. (Hg.): Empathy and Morality, Oxford 2014.

Manusco, James C./Sarbin, Theodore R.: The self-narrative in the enactment of roles, in: Theodore R. Sarbin/Karl E. Scheibe (Hgg.): Studies in Social Identity, New York 1983, 233–253.

Modestin, Jiri/Lerch, Marianne/Böker, Wolfgang: Burnout in der psychiatrischen Krankenpflege. Resultate einer empirischen Untersuchung, Berlin 2013.

Morse, Janice M./Anderson, Gwen/Bottorff, Joan L./Yonge, Oliver/O'Brien, Beverley/Solberg, Shirley M./MacIlveen, Kathleen H.: Exploring empathy. A conceptual fit for nursing practice?, in: Image 24/4 (1992), 273–280.

Neumann, Melanie/Bensing, Jozien M./Mercer, Stewart W./Ernstmann, Nicole/Ommen, Oliver/Pfaff, Holger: Analyzing the „nature" and „specific effectiveness" of clinical empathy. A theoretical overview and contribution towards a theory-based research agenda, in: Patient Education and Counseling 74/3 (2009), 339–346.

Neumann, Melanie/Edelhäuser, Friedrich/Tauschel, Diethard/Fischer, Martin R./Wirtz, Markus/Woopen, Christiane/Haramati, Aviad/Scheffer, Christian: Empathy decline and its reasons. A systematic review of studies with medical students and residents, in: Academic Medicine: Journal of the Association of American Medical Colleges 86/8 (2011), 996–1009.

Ong, Anthony D./Edwards, Lisa M./Bergeman, Cindy S.: Hope as a source of resilience in later adulthood, in: Personality and Individual Differences 41/7 (2006), 1263–1273.

Papa, Anthony/Bonanno, George A.: Smiling in the face of adversity. The interpersonal and intrapersonal functions of smiling, in: Emotion 8/1 (2008), 1–12.

Pellegrino, Edmund D.: Der tugendhafte Arzt und die Ethik in der Medizin, in: Hans-Martin Sass (Hg.): Medizin und Ethik, Stuttgart 1989, 40–68.

Pellegrino, Edmund D./Thomasma, David C.: The Virtues in Medical Practice, New York/Oxford 1993, 63–161.

Ramseyer, Fabian/Tschacher, Wolfgang: Nonverbal synchrony in psychotherapy. Coordinated body movement reflects relationship quality and outcome, in: Journal of Consulting and Clinical Psychology 79/3 (2011), 284–295.

Richter, David: Empathie: Gewinne und Verluste im Erwachsenenalter (Dissertation), Bremen 2009.

Rinofner-Kreidl, Sonja: Intuition und Resilienz, in: Thomas Fuchs/Thiemo Breyer/Stefano Micali/Boris Wandruszka (Hgg.): Das leidende Subjekt. Phänomenologie als Wissenschaft der Psyche, Freiburg 2014, 75–103.

Ritter, Joachim/Gründer, Karlfried/Gabriel, Gottfried (Hgg.): Historisches Wörterbuch der Philosophie: Band 4: Krise, Basel 2007, 1235–1245.

Scheler, Max: Wesen und Formen der Sympathie, Bonn 1923.

Staniloiu, Angelica/Markowitsch, Hans J.: Dissociation, memory and trauma narrative, in: Journal of Literary Theory 6/1 (2012), 103–130.

Sturgeon, David: ‚Have a nice day'. Consumerism, compassion and health care, in: British Journal of Nursing 19/16 (2010), 1047–1051.

Tugade, Michele M./Fredrickson, Barbara L.: Resilient individuals use positive emotions to bounce back from negative emotional experiences, in: Journal of Personality and Social Psychology 86/2 (2004), 320–333.

Waldenfels, Bernhard: Antwortregister, Frankfurt am Main 1994.

Warneken, Felix/Tomasello, Michael: Helping and cooperation at 14 months of age, in: Infancy 11/3 (2007), 271–294.

Weizsäcker, Viktor von: Der Gestaltkreis. Theorie der Einheit von Wahrnehmen und Bewegen, Stuttgart 1940.

Wick, Robert J.: Overcoming Secondary Stress in Medical and Nursing Practice: A Guide to Professional Resilience and Personal Well-Being, Oxford 2006.

Wiesing, Urban (Hg.): Ethik in der Medizin. Ein Studienbuch, Stuttgart 2012, 107–110.

Yu, Juping/Kirk, Maggie: Measurement of empathy in nursing research. Systematic review, in: Journal of Advanced Nursing 64/5 (2008), 440–454.

Zahavi, Dan: Empathy and direct social perception. A phenomenological proposal, in: Review of Philosophy and Psychology 2/3 (2011), 541558.

Zahavi, Dan: Self and Other. Exploring Subjectivity, Empathy, and Shame, Oxford 2014.

Zimmermann-Acklin, Markus: Tugendethische Ansätze in der Bioethik, in: Marcus Düwell/Klaus Steigleder (Hgg.): Bioethik. Eine Einführung, Frankfurt am Main 2003, 200–210.

Sinnverheißende Gegenwart?! Achtsamkeit zwischen Therapie und spiritueller Lebensform[1]

Jochen Sautermeister

1. Achtsamkeit als zeitdiagnostische Schlüsselkategorie

Achtsamkeit ist zu einer zeitdiagnostischen Schlüsselkategorie avanciert. Sie lässt sich als Reaktion auf jene existenziellen und lebensweltlichen Herausforderungen auslegen, in der sich die Sehnsucht nach sinnerfülltem Leben einerseits und seelischer Widerstandsfähigkeit angesichts von Krisen, Bedrohungen, Unsicherheiten und Entfremdungserfahrungen andererseits verdichten. Das ist der Grund, weshalb sie auch für die Resilienzthematik eine so große Rolle spielt. Achtsamkeit ist eine vielschichtige und mehrdeutige Kategorie, die zum einen zwischen empirisch-analytischer Beschreibung, normativer Orientierung und spirituell ausdeutbarer Sinnerschließung des Selbst- und Weltverhältnisses oszilliert und zum anderen zwischen wissenschaftlichen Zugangsweisen und therapeutisch-psychologischen sowie spirituell-einübenden Praxisfeldern, Techniken und Haltungen vermittelt. Achtsamkeitspraktiken können je nach konkretem Setting, ritueller Ausgestaltung, kontextueller Einbettung und Intention der Praktizierenden als selbstoptimierende, therapeutische oder spirituelle Praktiken in Erscheinung treten und mit einem spezifischen Sinn aufgeladen werden. Achtsamkeitsübungen können etwa als Technik zur Stressreduktion eingesetzt werden oder der Fokussierung und Perfektionierung von Arbeitsabläufen dienen. Sie können aber auch Ausdruck einer spirituellen Lebensform sein, bei der Achtsamkeit das vorherrschende Merkmal des „praktisch gelebten Lebens“[2] darstellt.

1 Gefördert durch die Deutsche Forschungsgemeinschaft (DFG) – Projektnummer 348851031. An dieser Stelle möchte ich auch Frau Viktoria Lenz als wissenschaftlichen Projektmitarbeiterin sowie Frau Caroline Berbig als studentischer Hilfskraft für die wertvolle Unterstützung bei der Erstellung dieses Beitrags danken.

2 *Burkard Liebsch*: Lebensform/Lebenskunst, in: Petra Kolmer/Armin G. Wildfeuer (Hgg.): Neues Handbuch philosophischer Grundbegriffe. Bd. 2: Gerechtigkeit – Praxis, Freiburg i. Br. 2011, 1404–1415, hier: 1405.

Bereits diese erste Annäherung an Achtsamkeit zeigt, dass der lebensweltliche und vorwissenschaftliche Verwendungszusammenhang von Achtsamkeit heterogen ist. Dabei können sowohl die Absichten derjenigen, die Achtsamkeit praktizieren, als auch die Intentionen derer, die entsprechende Angebote machen oder anraten, voneinander abweichen. Gleichwohl haben beide entsprechenden Regeln zu folgen, damit Achtsamkeit als Achtsamkeit praktiziert werden kann. Diese Regularität geht mit einer Vielzahl an Verwendungsweisen von Achtsamkeit einher, die sich hinsichtlich ihrer Intentionalität weiter klassifizieren lassen: So können Achtsamkeitspraktiken mit konkreten Zielvorstellungen verbunden werden. Sie haben dann eine bestimmte Funktion. Sie sollen etwa der Stressreduktion, der Selbstwahrnehmung, der Konzentrationsschulung oder einer verbesserten Paarkommunikation dienen. Von solchen funktionalen Verwendungsweisen lässt sich – ganz analog zu der christlich-religiösen A-Funktionalität des Gottesglaubens – eine a-funktionale unterscheiden. Letztere liegt dann vor, wenn sie als Ausdruck eines existenziellen Selbst- und Weltverhältnisses um ihrer selbst willen ausgeübt wird, einen Grundzug der eigenen Lebensform darstellt oder ein bewusster Ausdruck von Spiritualität ist. Achtsamkeit wird dann zum habitualisierten Selbstvollzug einer achtsamen Lebensform als spiritueller Lebensform. Insofern Achtsamkeitspraktiken jedoch nicht zielsicher sind, können sie hinsichtlich des intendierten Zwecks nicht erfolgreich sein oder gar dysfunktional oder schädlich sein. Achtsamkeitsübungen können verschiedene Dimensionen zugleich aufweisen, etwa funktionale und a-funktionale Aspekte vereinen, wenn Achtsamkeitsmeditation als spirituelle Übung auch das seelische Gleichgewicht eines Menschen und dessen Mitgefühl fördert.

Die Möglichkeit unterschiedlicher Verwendungsweisen wirft die Frage nach deren Rechtfertigung auf. Achtsamkeitspraktiken können als angemessen oder unangemessen, hilfreich oder schädlich, orthodox oder synkretistisch, spirituell behutsam oder übergriffig empfunden und beurteilt werden – und das, obwohl sie der gleichen Regularität folgen. Wenn man also Achtsamkeit einer normativen Betrachtungsweise unterzieht, stößt man einerseits an jene Grenze des Messbaren, die wissenschaftliche Untersuchungen auf die lebensweltliche Praxis unhintergehbar zurückverweist. Denn in ihr haben sich Achtsamkeitspraktiken zu bewähren. Das wird insbesondere dann deutlich, wenn es um den Umgang mit und die Bewältigung von Lebenskrisen geht. Denn die Unerbittlichkeit einer Lebenskrise zeigt sich in ihrer lebensweltlichen Objektivität, die sich nicht einfach einem Perspektivwechsel, etwa durch positives Denken, oder einer wissenschaftlichen Entsubjektivierung beugt, und so ihre subjektive Krisenhaftigkeit verlöre. Andererseits vermag eine wissenschaftliche Beschäftigung mit Achtsamkeit dazu beizutragen, auf rationale und methodisch abgesicherte Weise die Nachvollziehbarkeit und Verlässlichkeit von Achtsamkeitspraktiken auf ihre intendierten Zielbestimmungen hin zu erhöhen.

Vor diesem Hintergrund lassen sich zum einen unterschiedliche Achtsamkeitsvorstellungen, -konzepte und -praktiken hinsichtlich ihrer Zielbestimmungen und Verwendungsweisen kritisch reflektieren. Zum anderen ist die Regularität von Achtsamkeit zu rekonstruieren und deren implizite Sinnstruktur zu erschließen und kritisch zu bedenken, um auf dieser Basis das resilienz-förderliche Potenzial von Achtsamkeit als Kraft zur Krisenbewältigung und die Bedeutung ihrer spirituellen Tiefendimension herauszuarbeiten. Dabei ist im Blick zu behalten, dass der gegenwärtige Achtsamkeitsboom nicht unwidersprochen bleibt.

Eine soziologisch orientierte Kritik an Achtsamkeitspraktiken betont zum einen die egozentrische Dynamik von Achtsamkeit.[3] Zum anderen werden diese im neo-liberalen Kontext der Selbstvermarktung als Techniken der Selbstoptimierung entlarvt.[4] In therapeutischen Handlungsfeldern wird gelegentlich der Anspruch weltanschaulicher Neutralität von pädagogischen und psychotherapeutischen Achtsamkeitspraktiken aufgrund ihres fernöstlich-spirituellen Hintergrunds problematisiert.[5] Eine weitere, pauschale Kritik an Achtsamkeitsübungen richtet sich auf wellness- und befindlichkeitsorientierte Angebote, die

---

3 Vgl. *Hartmut Rosa*: „Achtsamkeit löst die Probleme nicht". Online unter: https://ethik-heute.org/achtsamkeit-loest-unsere-probleme-nicht/ (zuletzt abgerufen am 20.01.2020). Die soziologische Kritik an Achtsamkeitspraktiken von Hartmut Rosa (vgl. Rosa: „Achtsamkeit löst die Probleme nicht") bezieht sich auf die Selbstbezüglichkeit des Subjekts, das sich mit Achtsamkeit auf die eigenen Leibempfindungen und auf kognitive wie affektiv-emotionale Gehalte fokussiert und somit gerade nicht in interaktive Resonanz (vgl. *Hartmut Rosa*: Resonanz. Eine Soziologie der Weltbeziehung, Berlin 2016; *Hartmut Rosa*: Eskalation oder Ausweg? Das Ende der dynamischen Stabilisierung und das Konzept der Resonanz, in: Sven Ellmers/Philip Hogh (Hgg.): Warum Kritik? Begründungsformen kritischer Theorie, Weilerswist 2017, 339–363) geht. Dadurch fehlt Achtsamkeit aber ein sozialkritisches Potenzial und forciert eine selbstbezügliche Subjektivierungspraxis, die einem Resonanzverhältnis zur Welt eher abträglich ist. Dem lässt sich jedoch entgegnen, dass ein reflektiertes Verständnis von Achtsamkeit die Fähigkeit zu Selbstsorge und Mitgefühl anderen gegenüber miteinschließt und somit auch sozialkritisch sein kann (vgl. *Johannes Michalak/Thomas Heidenreich/J. Mark G. Williams*: Achtsamkeit, Göttingen/Bern/Wien et al. 2012; *Timmermann/Baart*: Präsentische Praxis und die Theorie der Präsenz, in: E. Conradi/F. Vosman (Hgg.): Praxis der Achtsamkeit, Frankfurt a. M./New York 2016, 189–208). In diesem Sinn stellt Achtsamkeit ein Resonanzphänomen (vgl. *Halko Weiss/Michael E. Harrer /Thorsten Dietz*: Das Achtsamkeitsbuch, Stuttgart 2016) dar, das sich nicht allein auf das Selbstverhältnis bezieht, sondern das eigene Bewusstsein als empathischen Resonanzraum formt und sich demnach für den Anderen zu öffnen vermag.

4 Vgl. *Ulrich Bröckling*: Resilienz: Belastbar, flexibel, widerstandsfähig, in: Ders., Gute Hirten führen sanft. Über Menschenregierungskünste, Frankfurt a. M. 2017, 113–139.

5 Kontrovers diskutiert wird, ob die Loslösung des Achtsamkeitskonzepts von seinem buddhistischen Hintergrund (vgl. *Nina Rose/Harald Walach*: Die historischen Wurzeln der Achtsamkeitsmeditation – Ein Exkurs in Buddhismus und christliche Mystik, in: Thomas Heidenreich/Johannes Michalak (Hgg.): Achtsamkeit und Akzeptanz in der Psychotherapie. Ein Handbuch, Tübingen [3]2009, 27–48) bzw. von zugrundeliegenden weltanschaulichen Elementen (vgl. *Paul Grossman/Luise Reddemann*: Achtsamkeit: Wahrnehmen ohne Urteilen – oder ein Weg, Ethik in der Psychotherapie zu verkörpern?, in: Psychotherapeut 61 (2016), 222–228) zu einer „Verflachung" von Achtsamkeitspraktiken führen könnte. Ferner stellt sich die Frage, wie sich die weltanschauliche Neutralität im Kontext psychotherapeutischen Handelns sichern lässt, ohne

Achtsamkeit generell als eine Art ‚Heilmittel' für ein gelingendes Leben propagieren.[6] Eine pauschale Kritik an Achtsamkeitspraktiken ist jedoch nicht unbeantwortet geblieben und hat ihrerseits Einwände erfahren.[7] Diese wenden sich gegen konzeptionelle Fehlverständnisse von Achtsamkeit und zielen auf problematische Intentionen, Versprechungen und Verwendungsweisen ab.

Jenseits solcher Diskussionen hat sich Achtsamkeit als ein wirksamer und weithin akzeptierter Ansatz im psychotherapeutischen Kontext etabliert, der bei leibseelischen Erkrankungen und existenziellen Krisen hilfreich sein kann. Dies soll im Folgenden näher beleuchtet werden, um Achtsamkeitspraktiken im Spannungsfeld von Therapie und spiritueller Lebensform besser verstehen zu können.

2. Achtsamkeit im Kontext psychologisch-psychotherapeutischer Forschung und Praxis

Als psychotherapeutisches Prinzip und Übungsform weist Achtsamkeit eine eigene Genese auf und verdankt sich einer adaptiven Rezeption buddhistischer Psychologie,[8] die wiederum in einer spirituellen Praxis verankert ist. Im Zuge einer „Psychotherapeutisierung" von Achtsamkeit und im Gefolge einer weiten Verbreitung von erlebnisorientierten Strömungen im letzten Drittel des 20. Jahrhunderts hat sich jedoch die Verbindung von Achtsamkeitsübungen mit ihren buddhistischen Wurzeln gelöst, so dass Achtsamkeit zu einer akzeptierten Praxis in unterschiedlichen Handlungskontexten werden konnte. Ihre hohe Anschlussfähigkeit zeigt sich auch in ihrer breiten und vielfältigen psychotherapeutischen Rezeption.

Achtsamkeit vollständig zu funktionalisieren. Zu fragen ist nach dem Verhältnis von Achtsamkeit, Hoffnung, Sinn und Spiritualität (Vgl. *Johannes Michalak/Sabine Weidenfeller/Thomas Heidenreich*: Achtsamkeitspraxis und ihre Bedeutung in der Psychotherapie. Eine Übersicht, in: PiD 18 (2017), 18–23).

6 Vgl. *Patrizia Collard*: Das kleine Buch vom achtsamen Leben, München 2016.

7 Vgl. *Johannes Michalak/Petra Meibert/Thomas Heidenreich*: Achtsamkeit üben. Hilfe bei Stress, Depression, Ängsten und häufigem Grübeln, Göttingen 2018; *Stefan Schmidt*: Achtsamkeit stellt uns anders in die Welt. Online unter: https://ethik-heute.org/achtsamkeit-stellt-uns-anders-in-die-welt/ (zuletzt abgerufen am: 20.01.2020).

8 Vgl. *Jon Kabat-Zinn*: Im Alltag Ruhe finden. Meditationen für ein gelassenes Leben, München 2015; *Michalak* et al.: Achtsamkeitspraxis und ihre Bedeutung in der Psychotherapie; *Luise Reddemann*: Annäherung an einige psychoanalytische und buddhistische Perspektiven, in: Dies. (Hg.): Kontexte von Achtsamkeit in der Psychotherapie, Stuttgart [2]2017, 9–18; *Rose/Walach*: Die historischen Wurzeln der Achtsamkeitsmeditation; *Sylvia Wetzel*: Aufmerksamkeit, Achtsamkeit, Erwachen – buddhistische Perspektiven, in: Luise Reddemann (Hg.): Kontexte von Achtsamkeit in der Psychotherapie, Stuttgart [2]2017, 42–54.

Innerhalb der psychologisch-psychotherapeutischen Forschungs- und Praxisfelder haben sich die wissenschaftlichen Publikationen zum Thema Achtsamkeit in den letzten zehn Jahren mehr als verzehnfacht.[9] Achtsamkeit avanciert zu einer bewährten therapeutischen Größe, die auch für die klinische Forschung operationalisiert wird.[10] Die Möglichkeiten, Achtsamkeitsübungen in psychotherapeutischen Kontexten zu integrieren, sind vielfältig und können im Zuge einer zunehmend Schulen-übergreifenden, integrativen Ausrichtung von Psychotherapie in alle verschiedenen therapeutischen Richtungen Eingang finden.[11]

Im verhaltenstherapeutischen Ansatz der Mindfulness-Based Stress Reduction (MBSR) sind die Achtsamkeitsübungen von ihrem weltanschaulichen Hintergrund gelöst und in ein eigenes therapeutisches Programm eingebunden.[12] MBSR wurde vor allem für Patient*innen mit chronischen somatischen Erkrankungen entwickelt, dann auf psychische Erkrankungen ausgeweitet. Zur Verringerung des Rückfallrisikos bei spezifischen psychischen Erkrankungen wurde die MBSR um kognitiv-verhaltenstherapeutische Elemente zur Mindfulness-Based Cognitive Therapy (MBCT) ergänzt.[13]

Während bei achtsamkeitsbasierten Verfahren Achtsamkeit als das entscheidende Therapieprinzip fungiert, gilt sie in achtsamkeitsinformierten Verfahren neben weiteren Therapieelementen als zentral: so beim dialektisch-behavioralen Therapieansatz (DBT) oder der Akzeptanz- und Commitment-Therapie (ACT), der es um eine Förderung der Erfahrungsfähigkeit durch Steigerung der Akzeptanz innerer Erfahrungen und um eine Unterstützung eines für die Patient*innen als subjektiv bedeutsam erachteten wertorientierten Lebens geht. Ferner lassen sich in weiteren therapeutischen Ansätzen Elemente identifizieren, die dem Prinzip der Achtsamkeit entsprechen: In der psychodynamisch-imaginativen Trauma-Therapie (PITT) dienen Achtsamkeitsübungen dazu, Selbstheilungsprozesse zu fördern, Dissoziationen zu vermeiden und traumatische Erfahrungen in die Identität zu integrieren. In psychodynamischen Ansätzen lässt sich generell zumindest implizit die Bedeutung von Achtsamkeit, etwa in Form gleichschwebender Aufmerksamkeit im Sinne eines Zuhörens ohne Wertung oder Priorisierung, ausmachen.[14] In der Schematherapie dient Achtsamkeit der gezielten Lenkung von Aufmerksamkeit wie einer inneren Distanznahme und Akzeptanz

---

9 Vgl. *Michalak* et al.: Achtsamkeitspraxis und ihre Bedeutung in der Psychotherapie.

10 Vgl. *Zeno Kupper/Claudia Bergomi*: Achtsam nach Achtsamkeit fragen. Fragebogen für Klinik und Forschung, in: PiD 18 (2017), 31–35.

11 Vgl. Thomas Heidenreich/Johannes Michalak (Hgg.): Achtsamkeit und Akzeptanz in der Psychotherapie. Ein Handbuch, Tübingen ^{3}2009; *Michalak* et al.: Achtsamkeitspraxis und ihre Bedeutung in der Psychotherapie.

12 Vgl. *Michalak* et al.: Achtsamkeit.

13 Vgl. *Zindel V. Segal/J. Mark G. Williams/John D. Teasdale*: Mindfulness-Based Cognitive Therapy for Depression, New York ^{2}2012.

14 Vgl. *Luise Reddemann*: Mitgefühl, Trauma und Achtsamkeit in psychodynamischen Therapien, Stuttgart 2016; *Kai Rugenstein/Antje Gumz*: Achtsamkeit in der psychodynamischen Therapie. Integration und Prinzipien, in: PiD 18 (2017), 78–82.

von Stimuli und Mustern, um sich gegenüber tiefgreifenden Erlebens- und Verhaltensmustern oder chronischen Belastungen verhalten zu können.[15] Bei systemischen Ansätzen lässt sich Achtsamkeit als Methode und Haltung identifizieren.[16] Analoges gilt bei existenziellen, humanistischen und körperorientiert-emotionsfokussierten Verfahren.[17]

In einer schulübergreifenden systematischen Betrachtung von psychologisch-psychotherapeutischer Forschung und Praxis kann Achtsamkeit drei verschiedene Funktionen haben:

– als *therapeutisches Prinzip*, das störungsspezifisch indiziert ist oder zur Unterstützung weiterer therapeutischer Prozesse herangezogen wird,
– als *theoretisches Konstrukt bzw. Element eines Ansatzes*, das zwar unterschiedlich benannt werden kann, sich aber in seiner Wirkweise und Funktion mit Achtsamkeit assoziieren lässt, sowie
– als *therapeutisches Konzept*, das sich in konkrete therapeutische Programme, Einstellungen und Verhaltensweisen umsetzen lässt.

Im Sinne einer spezifischen therapeutischen Rationalität kann sich Achtsamkeit darüber hinaus auch auf unterschiedliche Phänomene und Praktiken beziehen:[18]

– auf praktische Übungen mit spezifischen Zielen,
– auf eine spezifische Form der Aufmerksamkeitslenkung und Wahrnehmung sowie
– auf eine therapeutische und/oder spezifische Haltung gegenüber den Patient*innen.

Eine wissenschaftliche Beschäftigung mit Achtsamkeit hat das erkenntnistheoretische Problem zu beachten, dass subjektive Erfahrungen bei praktizierter Achtsamkeit durch sprachliche Abstraktion, die auf allgemeinen Begriffen basiert, nur bedingt erfasst werden können. Die Erfahrungen werden durch sprachliche Deutungen unvermeidlich konzeptionell gefärbt. Ihre lebensweltliche Einbettung wird zudem in wissenschaftlichen bzw. therapeutischen Überzeugungen und Absichten modifiziert. Es besteht daher eine bleibende Spannung zwischen Achtsamkeitserfahrungen und Achtsamkeit als reflektiertem

---

15 Vgl. *Eckhard Roediger*: Achtsamkeit, der „innere Zeuge" und die Schemamodifikation – Aus der Arbeit einer psychosomatischen Akutstation, in: Thomas Heidenreich/Johannes Michalak (Hgg.): Achtsamkeit und Akzeptanz in der Psychotherapie. Ein Handbuch, Tübingen [3]2009, 699–726; *Eckhard Roediger*: Achtsamkeit und Schematherapie, in: Luise Reddemann (Hg.): Kontexte von Achtsamkeit in der Psychotherapie, Stuttgart [2]2017, 72–89.

16 Vgl. *Corina Aguilar-Raab*: Systemische Aspekte der Achtsamkeit, in: PiD 18 (2017), 83–88.

17 Vgl. *Karin Bundschuh-Müller*: „Es ist was es ist sagt die Liebe ..." – Achtsamkeit und Akzeptanz in der Personenzentrierten und Experientiellen Psychotherapie, in: Thomas Heidenreich/Johannes Michalak (Hgg.): Achtsamkeit und Akzeptanz in der Psychotherapie. Ein Handbuch, Tübingen [3]2009, 423–476; *Alexander Noyon*: Achtsamkeit und Akzeptanz in der existenziellen Psychotherapie, in: Thomas Heidenreich/Johannes Michalak (Hgg.): Achtsamkeit und Akzeptanz in der Psychotherapie. Ein Handbuch, Tübingen [3]2009, 397–421; *Klaus Renn*: Focusing. Psychotherapie innerer Achtsamkeit, in: Luise Reddemann (Hg.): Kontexte von Achtsamkeit in der Psychotherapie, Stuttgart [2]2017, 90–107.

18 Vgl. *Weiss* et al.: Das Achtsamkeitsbuch.

Konzept bzw. wissenschaftlichem Konstrukt. Im psychotherapeutischen Kontext führt dies zu der Forderung, dass Therapeut*innen, die mit achtsamkeitsbasierten Verfahren arbeiten, selbst ausreichend Erfahrung mit Achtsamkeitspraktiken haben sollen.[19]

Um den lebensweltlichen Erfahrungen und unterschiedlichen Verwendungsweisen Rechnung zu tragen, lässt sich die Kategorie der Achtsamkeit als „Dachbegriff" bzw. „umbrella term" verstehen, der verschiedene Konzepte mit gemeinsamen Strukturelementen umfasst. Diese Regularität rechtfertigt es, die Praktiken und Konzepte unter eine Kategorie zu subsumieren. Demnach lässt sich *Achtsamkeit als ein intrapersonales Resonanzphänomen, als offene, nicht-bewertende, beobachtend-teilhabende Bewusstheit für die jeweiligen augenblicklichen Erlebnisse im Sinne von Bewusstseinsinhalten, also Phänomenen,* umschreiben.

Im psychologisch-psychotherapeutischen Kontext lassen sich dabei fünf Wirkweisen herausarbeiten, die bei der Behandlung spezifischer Störungen, der Modifikation von Erlebens- und Verhaltensmustern sowie zur Verbesserung der Lebensqualität ohne pathologischen Hintergrund und zur Förderung von Mitgefühl dienen können.[20] Achtsamkeitsbasierte Verfahren können ...

1. ... die Aufmerksamkeit dahingehend schulen, dass sie die mentale Konzentration auf das Erleben im Hier und Jetzt fördern.
2. ... die Präsenz und den ganzheitlichen Kontakt mit dem jeweiligen Augenblick, dem Hier und Jetzt fördern, indem sie mittels einer spezifischen Form der Wahrnehmung die Vielfalt und Vielschichtigkeit des je gegenwärtigen Augenblicks durch eine nicht-wertende, neugierige und perzeptiv-offene Einstellung den Erlebnisinhalten gegenüber bewusstmachen.
3. ... den mentalen Modus modifizieren bzw. transformieren, indem man von einem analytisch-konzeptionellen, funktionalen und wertenden diskrepanz- und differenzbasierten Doing-Modus (Tun) auf einen erfahrungsoffenen, ganzheitlich-wahrnehmenden Being-Modus (Sein) übergeht.
4. ... die metakognitive Fähigkeit der Desidentifikation fördern, indem sie Gedanken, sprachliche Repräsentationen und Wertungen als mentale Ereignisse bewusstmachen und damit die mentalen Prozesse schwächen, die die Kognitionen mit den Erfahrungen selbst identifizieren.
5. ... im prophylaktischen bzw. präventiven Sinne frühzeitig dysfunktionale kognitive Prozesse aufspüren helfen, um krankheitsbedingende mentale Dynamiken zu unterbrechen, bevor diese sich pathologisch manifestieren.

Diese Wirkweisen, die sich wechselseitig beeinflussen, lassen sich auch als „Metastruktur"[21] achtsamkeitsbasierter Verfahren bestimmen. Ihr wohnt das sinn-

19 Vgl. *Michalak* et al.: Achtsamkeit, 27f.
20 Vgl. *Michalak* et al.: Achtsamkeit, 21.
21 *Michalak* et al.: Achtsamkeit, 21.

verheißende Potenzial einer gegenwartsbezogenen therapeutischen Übungspraxis inne, das gerade in diesem Potenzial über sich hinaus auf die implizite existenzielle und spirituelle Dimension der Übungspraxis verweist.

3. Ein mehrdimensionales Modell von Achtsamkeit

Achtsamkeit wird nicht nur zur Behandlung psychischer, psychosomatischer oder chronischer Erkrankungen herangezogen, sondern vermag auch in anderen Lebenssituationen die Lebensqualität und Handlungsfähigkeit zu fördern.[22] Insofern Lebenskrisen als existenzielle Herausforderungen zu verstehen sind, die nicht *per se* zu pathologisieren, klinisch zu diagnostizieren oder zu medikalisieren sind, lassen sie sich auch nicht vollumfänglich therapeutisieren oder pathologisch erklären.[23] Aufgrund ihres lebensweltlichen Überschusses als spezifische Form eines Selbst- und Weltverhältnisses kann Achtsamkeit als transdiagnostische und nicht-pathologisierende Praxis für einen bestimmten Modus der Lebensführung und des Umgangs mit Krisen stehen. Um zu erhellen, inwiefern Achtsamkeit resilienzförderlich im Umgang mit Krisen ist, ist es hilfreich, folgende Dimensionen von Achtsamkeit zu unterscheiden und weiter zu untersuchen:

Relationale Dimension

Achtsamkeit kann als eine spezifische Form von Aufmerksamkeit und Wahrnehmung begriffen werden,[24] die sich mit einem besonderen Selbst- und Weltverhältnis von der alltäglichen Aufmerksamkeit unterscheidet und gezielt habitualisiert werden kann. Sie stellt eine Vermittlung von Subjektivität mit vorwissenschaftlichen lebensweltlichen Erfahrungen dar.

---

22 Vgl. *Michalak* et al.: Achtsamkeit; *Weiss* et al.: Das Achtsamkeitsbuch.

23 Dies lässt sich durch eine philosophisch-phänomenologische Analyse erhellen, die bestimmte Krisenphänomene zu unterscheiden vermag (vgl. hierzu in diesem Band den Beitrag von *Thiemo Breyer/Anna Janhsen*: Empathie als Desiderat in der Gesundheitsversorgung, 37–57).

24 Vgl. *Gerd Haeffner*: In der Gegenwart leben, Stuttgart/Berlin/Köln 1996; *Bernhard Waldenfels*: Phänomenologie der Aufmerksamkeit, Frankfurt a. M. 2004.

Temporale Dimension

Im Unterschied zu fragmentierten Zeiterfahrungen, oberflächlichen bzw. resonanzschwachen Selbst- und Weltverhältnissen[25] oder gegenwartsbezogener Abwesenheit durch ein primär vergangenheits- oder zukunftsorientiertes Bewusstsein ist Achtsamkeit präsentisch auf das gegenwärtige Bewusstsein im Erlebnisstrom ausgerichtet und lässt sich phänomenal durch die Erfahrung der Präsenzausdehnung und Zeitkontinuierung beschreiben.[26]

Ethisch-existenzielle Dimension

Im Unterschied zu Entfremdungsdynamiken, wie sie durch Prozesse sozialer Beschleunigung,[27] einer Ökonomisierung des Selbst[28] oder durch eine subjektzentrierte Egozentrik forciert werden, zielt Achtsamkeit auf ein sorgsames resonanzfähiges Subjekt- und Weltverhältnis ab. Das achtsame Subjekt kann sich von Anderen und Anderem betreffen lassen und dazu in eine Beziehung treten, selbst bei existenziellen Krisen. Der*die bzw. das Andere oder der*die bzw. das Fremde, das auch im Selbstverhältnis des leiblichen Selbst[29] in Erscheinung treten kann, wird dabei weder abgespalten, ignoriert oder der eigenen Aneignung untergeordnet,[30] sondern als eigenständig und primär vorausgesetzt.

Normative Dimension

Im Begriff der Achtsamkeit bildet sich durch Achtung[31] oder Respekt eine zumindest implizite Anerkennungsstruktur ab. Das in der Achtsamkeit realisierte affirmative Verhältnis kann sich responsiv[32] auf sich selbst in Leiblichkeit beziehen, aber auch auf andere Menschen, was sich dann als Empathie realisieren und in solidarischem Handeln weiter entfalten kann, oder auf kontingente Ereignisse des Lebenslaufes oder die eigene, in die Welt eingebettete Existenz.

---

25 Vgl. *Hartmut Rosa*: Beschleunigung und Entfremdung, Frankfurt a. M. 2013.

26 Vgl. *Haeffner*: In der Gegenwart leben.

27 Vgl. *Hartmut Rosa*: Beschleunigung. Die Veränderung der Zeitstrukturen in der Moderne, Frankfurt a. M. 2005; *Hartmut Rosa*: Beschleunigung und Entfremdung.

28 Vgl. *Ulrich Bröckling*: Das unternehmerische Selbst, Frankfurt a. M. 2007.

29 Vgl. *Gernot Böhme*: Ethik leiblicher Existenz, Frankfurt a. M. 2008; *Waldenfels*: Phänomenologie der Aufmerksamkeit.

30 Vgl. *Bernhard Waldenfels*: Topographie des Fremden, Frankfurt a. M. 1997.

31 Vgl. *Waldenfels*: Phänomenologie der Aufmerksamkeit.

32 Vgl. *Martin Schneider/Markus Vogt*: Responsible resilience. Rekonstruktion der Normativität von Resilienz auf Basis einer responsiven Ethik, in: GAiA 26/S1 (2017), 174–181.

Spirituell-sinnerschließende Dimension

Achtsamkeitspraktiken entstammen ursprünglich spirituellen Traditionen, die je nach Kontext von ihren spirituellen Hintergrundannahmen losgelöst und therapeutisch in möglichst weltanschaulich neutralen Handlungszusammenhängen zur Geltung kommen sollen.[33] Dabei sollen die Differenzen zur amerikanischen Kultur mit ihrem weitgehend unbefangenen und pragmatischen Umgang mit Religiosität und Spiritualität im therapeutischen Kontext nicht verschwiegen werden.[34] Gleichwohl verbinden sich mit Achtsamkeit Sinnimplikationen bzw. Sinnpräsuppositionen sowie spezifische Annahmen über Menschenbilder und Weltbilder, die unreflektiert und unthematisiert bleiben können.[35] Das Bemühen, die explizite spirituelle Einbindung von Achtsamkeit auszuklammern, bedeutet jedoch nicht, ohne deren spirituell-sinnerschließende Dimension auskommen zu können. Die therapeutische Funktion von Achtsamkeit steht damit in einem impliziten Verweisungszusammenhang von spiritueller A-Funktionalität, wenn sie therapeutisch wirksam sein soll. Dies zeigt etwa die symbolische Formung von Achtsamkeitsübungen als Ritual mit seiner grenzziehenden, strukturierenden und orientierenden Funktion.[36]

Praktisch-einübende Dimension

Psychotherapeutische Achtsamkeitsübungen stellen von ihrer Entstehung her Adaptationen der buddhistischen Psychologie und anderer fernöstlich-religiöser Praktiken dar,[37] um die Heilung von psychischen Störungen oder psychologisch die Bewältigung von Krisen zu unterstützen.[38]

33 Vgl. *Kabat-Zinn*: Im Alltag Ruhe finden; *Alexander Noyon/Thomas Heidenreich*: Existenzielle Perspektiven in Psychotherapie und Beratung, Weinheim 2012.

34 Vgl. *Michael Utsch/Raphael M. Bonelli/Samuel Pfeifer*: Psychotherapie und Spiritualität, Berlin/Heidelberg 2014; *Michael Utsch/Ulrike Anderssen-Reuster/Eckhard Frick* et al.: Empfehlungen zum Umgang mit Religiosität und Spiritualität in Psychiatrie und Psychotherapie. Positionspapier der Deutschen Gesellschaft für Psychiatrie und Psychotherapie, Psychosomatik und Nervenheilkunde (DGPPN), in: Spiritual Care 6 (2017), 141–146.

35 Vgl. *Simon Peng-Keller*: Spirituell und therapeutisch kodierte Achtsamkeitspraxis, in: Psychotherapie im Dialog 18 (2017), 103–105.

36 Vgl. *Thea Boldt*: Auf dem Weg in eine achtsame Gesellschaft. Zum Phänomen der Kulturverschränkung am Beispiel der Verbreitung des Buddhismus im Westen, in: Hans-Georg Soeffner/Thea Boldt (Hgg.): Fragiler Pluralismus, Wiesbaden 2014, 89–122; *Hans-Georg Soeffner*: Symbolische Formung. Eine Soziologie des Symbols und des Rituals, Weilerswist 2010.

37 Vgl. *Loden Sherab Dagyab Rinpoche*: Achtsamkeit in Bezug auf die eigenen Konzepte als wichtiger Teil des spirituellen Weges im tibetischen Buddhismus, in: Thomas Heidenreich/Johannes Michalak (Hgg.): Achtsamkeit und Akzeptanz in der Psychotherapie. Ein Handbuch, Tübingen [3]2009, 55–68.

38 Vgl. Thomas Heidenreich/Johannes Michalak (Hgg.): Achtsamkeit und Akzeptanz in der Psychotherapie. Ein Handbuch, Tübingen [3]2009; *Michalak* et al.: Achtsamkeit üben.

Ungeachtet dieses weltanschaulich-religiösen Hintergrundes, der auch Anschlussmöglichkeiten an die Tradition westlicher Mystik erlaubt,[39] lässt sich Achtsamkeit als eine graduelle Fähigkeit verstehen, die man punktuell als Technik einsetzen, vertiefter einüben (Askese im ursprünglichen Sinne), als Haltung für die eigene Lebensführung ausbilden oder gar als generellen Lebensgrundsatz für eine achtsame Lebensform sich aneignen kann. Im nicht-therapeutischen Sinn stellt Achtsamkeit dann eine Übungspraxis dar, die der Persönlichkeitsbildung und der Selbstformung dient und im Kontext einer Vorstellung von gelingendem bzw. erfülltem Leben steht.

Psychologisch-therapeutische Dimension

Im psychologisch-therapeutischen Kontext dienen Achtsamkeitstechniken nicht nur der heilenden Unterstützung bei der Behandlung von somatischen, psychosomatischen oder psychischen Erkrankungen. Sie dienen auch dazu, sich gegen Unerwartetes zu wappnen, die seelische Widerstandsfähigkeit zu stärken und angesichts von Traumatischem und Bedrohlichem, selbst wenn diese unvorhersehbar sind, Resilienz zu fördern. Es besteht jedoch die Gefahr, dass in unterschiedlichen Kontexten Achtsamkeit als Ideal eines autonomen und leidbewältigungskompetenten Selbst stilisiert wird, das der Subjektivierungsfigur des ganz auf sich allein gestellten unternehmerischen Selbst entspricht,[40] oder dass die existenzielle Leidproblematik psychologisiert, erklärt und rationalisiert[41] und damit von ihrer existenziellen Bedrängnis abstrahiert wird. Achtsamkeitspraktiken können also je nach Intention, Verwendungszusammenhang und Interpretationsrahmen ambivalent sein und bedürfen daher der kritischen Reflexion. In welcher Hinsicht kann Achtsamkeit dann aber bei Lebenskrisen hilfreich sein?

4. Achtsamkeit und Lebenskrisen

Achtsamkeit wohnt das Potenzial inne, Resilienz im Umgang mit Lebenskrisen zu fördern. Dies vermag eine Analyse der paradoxalen Struktur von Achtsamkeit zu zeigen. Denn Achtsamkeit kann Entscheidungs- und Handlungsspielräume

---

39 Vgl. *Hildegund Keul*: Vulnerabilität und Resilienz, in: MThZ 67 (2016), 224–233; *Peng-Keller*: Spirituell und therapeutisch kodierte Achtsamkeitspraxis; *Rose/Walach*: Die historischen Wurzeln der Achtsamkeitsmeditation.

40 Vgl. *Bröckling*: Das unternehmerische Selbst; *Bröckling*: Resilienz. Belastbar, flexibel, widerstandsfähig.

41 Vgl. *Eva Illouz*: Die Errettung der modernen Seele, Frankfurt a. M. 2011.

eröffnen, die inneren Turbulenzen, lähmende Blockaden oder resignative Ohnmacht zu überwinden helfen, wie es bei Ambiguitäts- und Negativitätserfahrungen im Zusammenhang mit Lebenskrisen oft der Fall ist. Das Freiheitsspielräume eröffnende Potenzial von Achtsamkeit korreliert mit einem Verständnis von Resilienz als Freiheit in der Krise. Die Freiheitsspielräume, die sich durch Achtsamkeit auftun können, lassen sich durch die paradoxale Dynamik von Achtsamkeit erhellen. Diese Paradoxalität zeigt sich

– *zeitanalytisch* als Spannungsverhältnis zwischen Präsenzausdehnung einerseits und zukunftsoffener Präsenz andererseits: Durch ihren fokussierten Gegenwartsbezug weitet Achtsamkeit das Zeiterleben der Gegenwart und realisiert zugleich eine offene Haltung gegenüber dem, was vor einem liegt.
– *identitätstheoretisch* als Spannungsverhältnis zwischen identifikatorischer Desidentifikation einerseits und entidentifizierender Authentifikation andererseits: In der Achtsamkeit tritt man in eine innere Distanz zu den Erlebnissen, die man zugleich als die eigenen Erlebnisse anerkennt.
– *handlungstheoretisch* als Spannungsverhältnis zwischen intendierter Absichtslosigkeit einerseits und absichtsloser Intentionalität andererseits: Achtsamkeit bedeutet, bewusst nichts zu wollen oder zu erreichen und zugleich eine Ausrichtung auf das, was man erlebt, ohne damit etwas Bestimmtes zu intendieren.
– *ethisch* als Spannungsverhältnis zwischen nicht-wertender und affirmativer Offenheit: Achtsamkeit bewertet nicht die Erlebnisinhalte, zugleich öffnet sie sich diesen und bejaht sie als solche.
– *sinnanalytisch* als Spannungsverhältnis zwischen sinnantizipativ unverfügbarer Hoffnungsstruktur einerseits und Anwesenheit von Sinn durch Nicht-Begreifbarkeit von Sinn andererseits: Achtsamkeit lässt sich nur praktizieren, wenn zumindest implizit damit die Hoffnung verbunden wird, dass sich in der Erfahrung von Achtsamkeit Sinnerfahrungen auftun, die man zugleich nicht aktiv herstellen und begrifflich fassen kann.

Die verschiedenen Dynamiken von Achtsamkeit heben unterschiedliche Modi im Umgang mit sich selbst und der Welt hervor. Sie lassen sich auch auf den Umgang mit Krisen hin auslegen. Dabei werden Krisen als dynamische und ambivalente Ereignisse und Prozesse verstanden, die den*die Einzelne*n in seinem*ihrem Selbst- und Weltverhältnis grundlegend herausfordern.[42] Achtsamkeit umfasst aktive („ich praktiziere Achtsamkeit"), passive („es trifft mich") und medio-passive („ich lasse zu") Existenzmodi, die im Sinne von Gestalten, Aushalten und Empfangen auch wechselseitig sich bedingende Bearbeitungsweisen von Krisen darstellen.[43]

---

42 S. hierzu in diesem Band den Beitrag von *Thiemo Breyer/Anna Janhsen*, Empathie als Desiderat in der Gesundheitsversorgung, 37–57.

43 S. hierzu auch *Jochen Sautermeister:* Christliche Spiritualität als Lebenskunst zwischen Empfangen, Aushalten und Gestalten, in: Wort und Antwort 59 (2018), 11–18. Dies lässt sich am Beispiel

Achtsamkeit kann dementsprechend zum Grundzug einer Lebensform werden, wonach Sich-betreffen-lassen-Können, Sich-aussetzen-Können, Aushalten-Können etc. konkrete Fähigkeiten des Gestaltens, des Zulassens oder des Loslassens sind. Diese Modi sind explizit oder implizit in Prozesse der Selbstvergewisserung im Horizont des Lebensganzen eingebunden, sodass Achtsamkeit eine sinn- und transzendenzorientierte Dimension innewohnt.

Unter Bezugnahme auf die Kategorie der Krise als Irritation des Selbst- und Weltbezugs sowie des Zeit- und Sinnbezugs[44] lässt sich herausarbeiten, wie Achtsamkeit strukturell anschlussfähig an Krisenerfahrungen und deren Bewältigung ist. Der Diskontinuitätserfahrung von fragmentierter Zeit begegnet die Erfahrung von Präsenzausdehnung und Zeitkontinuierung in der Achtsamkeit. Der Erfahrung von Angst und Ohnmacht als Irritation der eigenen Identität begegnet die Erfahrung von Souveränität als aktiv-passive und medio-passive Existenzweise in praktizierter Achtsamkeit. Der Erfahrung von Orientierungslosigkeit und der Irritation von bewährten Handlungsmustern begegnet die Orientierungsstruktur von Achtsamkeit und die Zurückhaltung von Wertung. Der Erfahrung einer Infragestellung von Sinn begegnet die mit Achtsamkeit verbundene nicht thematische bzw. artikulierte Sinnhoffnung und deren spirituelle Grundierung. Spezifische Artikulationen von Achtsamkeit, Achtsamkeitsübungen und Achtsamkeitserfahrungen lassen sich dabei als potenziell sinnproduktiv verstehen und können neue Sichtweisen und Lebensperspektiven eröffnen.[45] Der Artikulation von Achtsamkeit wohnt eine Strukturierungsleistung inne, die auf etwas verweist, das sie nicht selbst ist. Durch die sprachliche Verweisung hebt sie diese Sinndimensionen erst auf eine bestimmte Weise ins Bewusstsein und macht Angebote, diese mit Achtsamkeitserlebnissen zu Erfahrungen zu verknüpfen.

Wenn man Achtsamkeit somit nicht nur als therapeutische Intervention betrachtet, sondern als Haltung einer bewussten Lebensform, die eingeübt wird, dann kann Achtsamkeit als eine spezifische Haltung, Praxis und Technik von Identitätsarbeit[46] und sogar als spirituelle Subjektivierungspraxis im weiten Sinne ausgedeutet werden. Achtsamkeit vermag somit eine Freiheit in der Krise

---

biblischer Texte, etwa der Klagepsalmen, oder an der christliche Rede von Kreuz und Auferstehung theologisch illustrieren (Vgl. hierzu in diesem Band die Beiträge von *Judith Gärtner/Mirja Petersen*: Klagen, beten, das Leben beweinen, 79–95 und *Katharina Opalka*: Was man erzählen kann, wenn man an seine Grenzen kommt, 97–115).

44 Vgl. *Thiemo Breyer*: Selbstsorge und Fürsorge zwischen Vulnerabilität und Resilienz, in: Cornelia Richter (Hg.): Ohnmacht und Angst aushalten. Kritik der Resilienz in Theologie und Philosophie, Stuttgart 2017, 119–132.

45 Denn als Ausdrucksformen von Achtsamkeit können sie die für Achtsamkeit charakteristischen Qualitäten eines eingenommenen Selbst- und Weltverhältnisses so zur Sprache bringen, dass sich darin Differenzierungen und Verknüpfungen herausbilden, die die Wahrnehmungserlebnisse als spezifische Qualität von Sinnerzeugung äußern (Vgl. *Ernst Cassirer*: Philosophie der symbolischen Formen. Dritter Teil, Darmstadt 1982).

46 Vgl. *Jochen Sautermeister*: Identität und Authentizität. Studien zur normativen Logik personaler Orientierung, Freiburg/Basel/Wien 2013.

zu eröffnen, die kreative, realitätsgerechte und ambiguitätstolerante Umgangsformen mit existenziellen Herausforderungen zu entwickeln erlaubt.[47] So kann Achtsamkeit zur Förderung von Resilienz beitragen, die als ein spezifischer Aspekt von Identitätsarbeitsfähigkeit betrachtet werden kann.[48] Darunter lässt sich die Fähigkeit von Menschen verstehen, ihre Erfahrungen der inneren und äußeren Welt, zwischen der subjektiven Innenwelt und den sozialen Anforderungen und Erwartungsmustern „in einen für sie sinnhaften Zusammenhang [zu; J.S.] bringen“[49]. Diese Konstruktionsleistungen lassen sich mit Heiner Keupp als „Identitätsarbeit“[50] bezeichnen und sind immer in der Lebensgeschichte eines Menschen eingebettet.

5. Achtsamkeit und Resilienz im Horizont von Identität und Biografie

Achtsamkeit und Resilienz lassen sich im Kontext von Identitätsbildung und Identitätsarbeit näher beleuchten. Dabei stellt sich die Frage, wie ein sinnvolles, Lebenschancen eröffnendes, gutes Leben unter den Vorzeichen von Vulnerabilität ermöglicht werden kann. Existenzielle Krisenerfahrungen sind hier eine besondere Herausforderung für Identität und Identitätsbildung, die stets interaktionell geschehen.[51] Identität ist durch soziokulturell vermittelte Selbst- und Be-

---

47 Das lässt sich im psychotherapeutischen Handlungsfeld beobachten und zeigt sich besonders eindringlich angesichts schwerer Krankheit oder des bevorstehenden Todes etwa im palliativmedizinischen Kontext (vgl. hierzu in diesem Band den Beitrag von *Peusquens/Maus/ Radbruch*: Die Pfeile des wütenden Geschicks ertragen, 163–181).

48 Vgl. *Jochen Sautermeister*: Wenn Krankheit zum Makel wird. Theologisch-ethische Reflexionen zur Stigmatisierung psychischer Erkrankungen, in: StZ 234 (2016), 525–536; *Jochen Sautermeister*: Selbstgestaltung und Sinnsuche unter fragilen Bedingungen. Moralpsychologische und ethische Anmerkungen zum Verhältnis von Resilienz und Identität, in: Maria Karidi/Martin Schneider/Rebecca Gutwald (Hgg.): Resilienz. Interdisziplinäre Perspektiven zu Wandel und Transformation, Wiesbaden 2018, 127–140.

49 *Heiner Keupp/Thomas Ahbe/Wolfgang Gmür* et al.: Identitätskonstruktionen, Reinbek bei Hamburg 2006, 9; S. hierzu grundlegend: *Sautermeister*: Identität und Authentizität, 216–267.

50 *Keupp* et al.: Identitätskonstruktionen, 9.

51 Vgl. *Sautermeister*: Identität und Authentizität, mit theoretischer Bezugnahme auf *Werner Bohleber*: Psychoanalyse, Adoleszenz und das Problem der Identität, in: Psyche 53 (1999), 507–529; *Gerfried W. Hunold*: Identitätstheorie. Die sittliche Struktur des Individuellen im Sozialen, in: Anselm Hertz/Wilhelm Korff/Trutz Rendtorff et al. (Hgg.): Handbuch der christlichen Ethik 1, Freiburg i.Br. 1978, 177–195; *Gerfried W. Hunold*: Identität, in: Jean-Pierre Wils/Dietmar Mieth (Hgg.): Grundbegriffe der christlichen Ethik, Paderborn/München/Wien et al. 1992, 31–44; *Keupp* et al.: Identitätskonstruktionen; *Henning Luther*: Religion und Alltag, Stuttgart 1992; *Jürgen Straub*: Personale und kollektive Identität, in: Aleida Assmann/Heidrun Friese (Hgg.): Identitäten, Frankfurt a. M. 1998, 73–104.

ziehungsbilder geprägt, durch nicht-bewusste psychische Dynamiken beeinflusst und von sozialer Anerkennung abhängig. Unter Berücksichtigung zentraler biografischer, psychosozialer und soziokultureller Bedingungen lassen sich die Voraussetzungen und Erfordernisse reflektieren, die Identitätsarbeit im gestaltenden Umgang mit sich selbst, auch im Umgang mit Krisen, zu fördern vermögen – aber auch wo destruktives Verhalten vorliegt oder ungerechte Bedingungen herrschen bzw. forciert werden.

Die ethisch-existenzielle Grundfrage nach gelingendem Leben lässt sich demnach als Frage nach der Möglichkeit und Fähigkeit zur Identitätsarbeit reformulieren. Identität und Biografie stellen konzeptionelle Rahmenkategorien dar, die für ein praktisch-normatives Verständnis von Resilienz und Achtsamkeit unhintergehbar sind, indem sie wissenschaftliche Erfahrungen aufbrechen und in den lebensgeschichtlich-lebensweltlichen Horizont einspielen. Identität und Biografie präfigurieren den je individuellen Gestaltungs- und Erfahrungsraum dessen, was eine Person als authentisch, als stimmig-sinnvoll erleben oder im Rahmen alltäglicher, reflexiver oder therapeutischer Identitätsarbeit und Identitätsbildung als stimmig-sinnvoll authentifizieren kann[52] – auch hinsichtlich ihres Umgangs mit Krisen, Begrenzung, Verletzung und Endlichkeit. Und die je konkreten individuellen Möglichkeiten von Resilienz sind dabei bedingt durch die Determinanten und Konditionierungen ihrer je individuell-situativen Realisierung in der Lebensgeschichte einer Person.

In interdisziplinärer Kooperation lässt sich eruieren, was diese Einsichten für Resilienzerwartungen, -narrative und -praktiken und ihre Angemessenheit für Individuen in konkreten Situationen bedeutet. Resilienz lässt sich dabei als eine vulnerabilitätsbewusste und krisensensible Perspektive für Identitätsbildung und Identitätsarbeitsfähigkeit ausdeuten, die offen für die Kraft von Religion und Spiritualität ist. Resilienzerwartungen, -narrative und -praktiken lassen sich aus theologisch-ethischer Sicht dann problematisieren, wenn sie die existenziellen Bedingungen und die biografischen Unbeliebigkeiten eines Menschen theoretisch wie auch praktisch nicht adäquat erfassen. Vor allem die theologisch-anthropologische Einsicht in die konstitutionelle Verletzbarkeit, Zerbrechlichkeit, Relationalität und Endlichkeit des Menschen ist dabei im Resilienzdiskurs sowie bei Achtsamkeit in Anschlag zu bringen.[53] Wenngleich das unangenehm, bedrohlich oder fremd sein mag, sind dies die existenziellen Bedingungen, die in Lebenskrisen besonders bedrängend zum Vorschein kommen, aber auch im günstigen Fall Impulse für eine persönliche Weiterentwicklung und Reifung geben können. Mit Hans-Christoph Koller lassen sich Bildungsprozesse im Sinne von Transformationsprozessen individueller Welt- und Selbstverhältnisse interpretieren, die durch Krisenerfahrungen ausgelöst und durch

52 Vgl. *Sautermeister*: Identität und Authentizität.

53 Vgl. *Jochen Sautermeister*: Resilienz zwischen Selbstoptimierung und Identitätsbildung, in: MThZ 67 (2016), 209–223.; *Martin Schneider/Markus Vogt*: Glaube, Hoffnung, Liebe als Resilienzfaktoren, in: MThZ 67 (2016), 195–208.

eine spezifische Form von Krisenbewältigung gefördert werden können.[54] Achtsamkeit kann dabei innere Freiheitsspielräume im Ausgesetzt-Sein gegenüber dem irritierenden Fremden eröffnen, die es erlauben, durch eine Herabsetzung oder gar Ausschaltung von strengen Rationalitäts- und Effizienzkriterien[55] kreative, realitätsgerechte Umgangsformen mit Krisen zu entwickeln. In diesen Freiräumen können neue Sichtweisen und Handlungsszenarien ins Bewusstsein treten und neue Figuren bzw. Artikulationen des Selbst- und Weltverhältnisses aufscheinen und wirksam werden. Achtsamkeit stellt dann eine Haltung und Praxis dar, die solche Transformationsprozesse begünstigt, indem sie als eine spezifische Form ganzheitlicher Wahrnehmung mit einer offenen Haltung der Akzeptanz sich für solche Räume der inneren Transformation und Verarbeitung sowie eine Hoffnung auf Zukunft zu eröffnen vermag, in der sich die Kraft von Religion und Spiritualität im Umgang mit Krisen zeigen kann.

Literaturverzeichnis

Aguilar-Raab, Corina: Systemische Aspekte der Achtsamkeit, in: PiD 18 (2017), 83–88.

Bohleber, Werner: Psychoanalyse, Adoleszenz und das Problem der Identität, in: Psyche 53 (1999), 507–529.

Böhme, Gernot: Ethik leiblicher Existenz, Frankfurt a. M. 2008.

Boldt, Thea: Auf dem Weg in eine achtsame Gesellschaft. Zum Phänomen der Kulturverschränkung am Beispiel der Verbreitung des Buddhismus im Westen, in: Hans-Georg Soeffner/Thea Boldt (Hgg.): Fragiler Pluralismus, Wiesbaden 2014, 89–122.

Breyer, Thiemo: Selbstsorge und Fürsorge zwischen Vulnerabilität und Resilienz, in: Cornelia Richter (Hg.): Ohnmacht und Angst aushalten. Kritik der Resilienz in Theologie und Philosophie, Stuttgart 2017, 119–132.

Bröckling, Ulrich: Resilienz: Belastbar, flexibel, widerstandsfähig, in: Ders., Gute Hirten führen sanft. Über Menschenregierungskünste, Frankfurt a. M. 2017, 113-139.

Bröckling, Ulrich: Das unternehmerische Selbst, Frankfurt a. M. 2007.

Bundschuh-Müller, Karin: „Es ist was es ist sagt die Liebe ...“ – Achtsamkeit und Akzeptanz in der Personenzentrierten und Experientiellen Psychotherapie, in: Thomas Heidenreich/Johannes Michalak (Hgg.): Achtsamkeit und Akzeptanz in der Psychotherapie. Ein Handbuch, Tübingen ^{3}2009, 423–476.

Cassirer, Ernst: Philosophie der symbolischen Formen. Dritter Teil, Darmstadt 1982.

Collard, Patrizia: Das kleine Buch vom achtsamen Leben, München 2016.

54 Vgl. *Hans-Christoph Koller*: Grundzüge einer Theorie transformatorischer Bildungsprozesse, in: Andrea Liesner/Ingrid Lohmann (Hgg.): Gesellschaftliche Bedingungen von Bildung und Erziehung, Stuttgart 2010, 288–300; *Hans-Christoph Koller*: Bildung anders denken, Stuttgart 2012. S. hierzu auch *Jochen Sautermeister*: Achtsamkeit und Selbstbildung. Theologisch-ethische Anmerkungen zu Selbstkonzept und Identität, in: Jochen Sautermeister/Elisabeth Zwick (Hgg.): Religion und Bildung: Antipoden oder Weggefährten? Diskurse aus historischer, systematischer und praktischer Sicht, Paderborn 2019, 217–232.

55 Vgl. *Koller*: Grundzüge einer Theorie transformatorischer Bildungsprozesse; *Koller*: Bildung anders denken.

Grossman, Paul/Reddemann, Luise: Achtsamkeit: Wahrnehmen ohne Urteilen – oder ein Weg, Ethik in der Psychotherapie zu verkörpern?, in: Psychotherapeut 61 (2016), 222–228.
Haeffner, Gerd: In der Gegenwart leben, Stuttgart/Berlin/Köln 1996.
Heidenreich, Thomas/Michalak, Johannes (Hgg.): Achtsamkeit und Akzeptanz in der Psychotherapie. Ein Handbuch, Tübingen ³2009.
Hunold, Gerfried W.: Identitätstheorie: Die sittliche Struktur des Individuellen im Sozialen, in: Anselm Hertz/Wilhelm Korff/Trutz Rendtorff et al. (Hgg.): Handbuch der christlichen Ethik 1, Freiburg i.Br. 1978, 177–195.
Hunold, Gerfried W.: Identität, in: Jean-Pierre Wils/Dietmar Mieth (Hgg.): Grundbegriffe der christlichen Ethik, Paderborn/München/Wien 1992, 31–44.
Illouz, Eva: Die Errettung der modernen Seele, Frankfurt a. M. 2011.
Kabat-Zinn, Jon: Im Alltag Ruhe finden. Meditationen für ein gelassenes Leben, München 2015.
Keupp, Heiner/Ahbe, Thomas/Gmür, Wolfang: Identitätskonstruktionen, Reinbek bei Hamburg 2006.
Keul, Hildegund: Vulnerabilität und Resilienz, in: MThZ 67 (2016), 224–233.
Koller, Hans-Christoph: Grundzüge einer Theorie transformatorischer Bildungsprozesse, in: Andrea Liesner/Ingrid Lohmann (Hgg.): Gesellschaftliche Bedingungen von Bildung und Erziehung, Stuttgart 2010, 288–300.
Koller, Hans-Christoph: Bildung anders denken, Stuttgart 2012.
Kupper, Zeno/Bergomi, Claudia: Achtsam nach Achtsamkeit fragen. Fragebogen für Klinik und Forschung, in: PiD 18 (2017), 31–35.
Liebsch, Burkard: Lebensform/Lebenskunst, in: Petra Kolmer/Armin G. Wildfeuer (Hgg.): Neues Handbuch philosophischer Grundbegriffe. Bd. 2: Gerechtigkeit – Praxis, Freiburg i.Br. 2011, 1404–1415.
Luther, Henning: Religion und Alltag, Stuttgart 1992.
Michalak, Johannes/ Meibert, Petra/ Heidenreich, Thomas: Achtsamkeit üben. Hilfe bei Stress, Depression, Ängsten und häufigem Grübeln, Göttingen 2018.
Michalak, Johannes/Weidenfeller, Sabine/Heidenreich, Thomas: Achtsamkeitspraxis und ihre Bedeutung in der Psychotherapie. Eine Übersicht, in: PiD 18 (2017), 18–23.
Michalak, Johannes/Heidenreich, Thomas/Williams, J. Mark G.: Achtsamkeit, Göttingen/Bern/Wien et al. 2012.
Noyon, Alexander: Achtsamkeit und Akzeptanz in der existenziellen Psychotherapie, in: Thomas Heidenreich/Johannes Michalak (Hgg.): Achtsamkeit und Akzeptanz in der Psychotherapie. Ein Handbuch, Tübingen ³2009, 397–421.
Noyon, Alexander /Heidenreich, Thomas: Existenzielle Perspektiven in Psychotherapie und Beratung, Weinheim 2012.
Peng-Keller, Simon: Spirituell und therapeutisch kodierte Achtsamkeitspraxis, in: Psychotherapie im Dialog 18 (2017), 103–105.
Reddemann, Luise: Mitgefühl, Trauma und Achtsamkeit in psychodynamischen Therapien, Stuttgart 2016.
Reddemann, Luise: Annäherung an einige psychoanalytische und buddhistische Perspektiven, in: Dies. (Hg.): Kontexte von Achtsamkeit in der Psychotherapie, Stuttgart ²2017, 9–18.
Renn, Klaus: Focusing: Psychotherapie innerer Achtsamkeit, in: Luise Reddemann (Hg.): Kontexte von Achtsamkeit in der Psychotherapie, Stuttgart ²2017, 90–107.
Rinpoche, Loden Sherab Dagyab: Achtsamkeit in Bezug auf die eigenen Konzepte als wichtiger Teil des spirituellen Weges im tibetischen Buddhismus, in: Thomas Heidenreich/Johannes Michalak (Hgg.): Achtsamkeit und Akzeptanz in der Psychotherapie. Ein Handbuch, Tübingen ³2009, 55–68.
Timmerman, Guus/Baart, Andries: Präsentische Praxis und die Theorie der Präsenz, in: E. Conradi/F. Vosman (Hg.), Praxis der Achtsamkeit, Frankfurt a. M./New York 2016, 189-208.
Roediger, Eckhard: Achtsamkeit, der „innere Zeuge" und die Schemamodifikation – Aus der Arbeit einer psychosomatischen Akutstation, in: Thomas Heidenreich/Johannes Michalak (Hgg.): Achtsamkeit und Akzeptanz in der Psychotherapie. Ein Handbuch, Tübingen ³2009, 699–726.

Roediger, Eckhard: Achtsamkeit und Schematherapie, in: Luise Reddemann (Hg.): Kontexte von Achtsamkeit in der Psychotherapie, Stuttgart [2]2017, 72–89.
Rosa, Hartmut: Beschleunigung. Die Veränderung der Zeitstrukturen in der Moderne, Frankfurt a. M. 2005.
Rosa, Hartmut: Beschleunigung und Entfremdung, Frankfurt a. M. 2013.
Rosa, Hartmut: Resonanz. Eine Soziologie der Weltbeziehung, Berlin 2016.
Rosa, Hartmut: Eskalation oder Ausweg? Das Ende der dynamischen Stabilisierung und das Konzept der Resonanz, in: Sven Ellmers/Philip Hogh (Hgg.): Warum Kritik? Begründungsformen kritischer Theorie, Weilerswist 2017, 339–363.
Rosa, Hartmut: „Achtsamkeit löst die Probleme nicht". Online unter: https://ethik-heute.org/achtsamkeit-loest-unsere-probleme-nicht/ (zuletzt abgerufen am 20.01.2020).
Rose, Nina/Walach, Harald: Die historischen Wurzeln der Achtsamkeitsmeditation – Ein Exkurs in Buddhismus und christliche Mystik, in: Thomas Heidenreich/Johannes Michalak (Hgg.): Achtsamkeit und Akzeptanz in der Psychotherapie. Ein Handbuch, Tübingen [3]2009, 27–48.
Rugenstein, Kai/Gumz, Antje: Achtsamkeit in der psychodynamischen Therapie. Integration und Prinzipien, in: PiD 18 (2017), 78–82.
Sautermeister, Jochen: Identität und Authentizität. Studien zur normativen Logik personaler Orientierung, Freiburg/Basel/Wien 2013.
Sautermeister, Jochen: Resilienz zwischen Selbstoptimierung und Identitätsbildung, in: MThZ 67 (2016), 209-223.
Sautermeister, Jochen: Wenn Krankheit zum Makel wird. Theologisch-ethische Reflexionen zur Stigmatisierung psychischer Erkrankungen, in: StZ 234 (2016), 525–536.
Sautermeister, Jochen: Selbstgestaltung und Sinnsuche unter fragilen Bedingungen. Moralpsychologische und ethische Anmerkungen zum Verhältnis von Resilienz und Identität, in: Maria Karidi/Martin Schneider/Rebecca Gutwald (Hgg.): Resilienz. Interdisziplinäre Perspektiven zu Wandel und Transformation, Wiesbaden 2018, 127–140.
Sautermeister, Jochen: Christliche Spiritualität als Lebenskunst zwischen Empfangen, Aushalten und Gestalten, in: Wort und Antwort 59 (2018), 11-18.
Sautermeister, Jochen: Achtsamkeit und Selbstbildung. Theologisch-ethische Anmerkungen zu Selbstkonzept und Identität, in: Jochen Sautermeister/Elisabeth Zwick (Hgg.): Religion und Bildung: Antipoden oder Weggefährten? Diskurse aus historischer, systematischer und praktischer Sicht, Paderborn 2019, 217-232.
Schmidt, Stefan: Achtsamkeit stellt uns anders in die Welt. Online unter: https://ethik-heute.org/achtsamkeit-stellt-uns-anders-in-die-welt/ (zuletzt abgerufen am: 20.01.2020).
Schneider, Martin /Vogt, Markus: Responsible resilience. Rekonstruktion der Normativität von Resilienz auf Basis einer responsiven Ethik, in: GAiA 26/S1 (2017), 174-181.
Schneider, Martin/Vogt, Markus: Glaube, Hoffnung, Liebe als Resilienzfaktoren, in: MThZ 67 (2016), 195–208.
Segal, Zindel V./Williams, J. Mark G./ Teasdale, John D.: Mindfulness-Based Cognitive Therapy for Depression, New York [2]2012.
Soeffner, Hans-Georg: Symbolische Formung. Eine Soziologie des Symbols und des Rituals, Weilerswist 2010.
Straub, Jürgen: Personale und kollektive Identität, in: Aleida Assmann/Heidrun Friese (Hgg.): Identitäten, Frankfurt a. M. 1998, 73–104.
Utsch, Michale/Bonelli, Raphael M./Pfeifer, Samuel: Psychotherapie und Spiritualität, Berlin/Heidelberg 2014.
Utsch, Michael/Anderssen-Reuster, Ulrike/Frick, Eckhard: Empfehlungen zum Umgang mit Religiosität und Spiritualität in Psychiatrie und Psychotherapie. Positionspapier der Deutschen Gesellschaft für Psychiatrie und Psychotherapie, Psychosomatik und Nervenheilkunde (DGPPN), in: Spiritual Care 6 (2017), 141–146.
Waldenfels, Bernhard: Topographie des Fremden, Frankfurt a. M. 1997.
Waldenfels, Bernhard: Phänomenologie der Aufmerksamkeit, Frankfurt a. M. 2004.
Weiss, Halko/Harrer, Michael E./Dietz, Thorsten: Das Achtsamkeitsbuch, Stuttgart 2016.

Wetzel, Sylvia: Aufmerksamkeit, Achtsamkeit, Erwachen – buddhistische Perspektiven, in: Luise Reddemann (Hg.): Kontexte von Achtsamkeit in der Psychotherapie, Stuttgart [2]2017, 42–54.

Klagen, beten, das Leben beweinen – Die Bedeutung der alttestamentlichen Forschung für das interdisziplinäre Gespräch im 21. Jahrhundert[1]

Judith Gärtner und Mirja Petersen

Klagen, beten, das Leben beweinen – das ist im Psalter als literarische Ausdrucksform individueller Lebenskrisen wie in keinem anderen biblischen Buch überliefert. Hier findet sich ein äußerst reichhaltiges und bis in die Gegenwart ungebrochenes attraktives Reservoir in Form und Inhalt, das ganz unterschiedliche Aspekte von Lebenskrisen zur Sprache bringt. Dabei werden die seit Jahrtausenden überlieferten und unsere christliche Tradition bis heute prägenden Sprachbilder in ganz unterschiedlicher Weise in religiösen und spirituellen Vollzügen antizipiert. Die Bandbreite reicht hier von der traditionell gottesdienstlichen Verwendung bis hin zu einem ganz individuellen Gebrauch, der sich wiederum von einem bewussten Zitieren eines Psalms bis hin zu einem erinnerten Ausdruck erstreckt, dessen biblische Herkunft für die Rezipient*innen nicht mehr bewusst ist. In jedem Fall aber zeigt sich an der Verwendung der Psalmen bzw. deren Sprachbilder, dass es sich sowohl um religiöse als auch um spirituelle Ausdrucksformen handelt, die sich im Ineinander von institutioneller Zugehörigkeit und individueller Lebenspraxis in kulturtheoretischer, religionswissenschaftlicher, sozialpsychologischer und metaphysischer Hinsicht beschreiben lassen. Fragt man in diesem Zusammenhang nach den Grenzen des Messbaren und der Kraft von Religion und Spiritualität in Lebenskrisen, dann bieten die Psalmen, und insbesondere die Klagepsalmen (z. B. Ps 6; 38; 69; 88), bis heute einen exemplarischen Referenzpunkt für konkrete religiöse Vorstellungen und Artikulationen an normativen und identitätsstiftenden Narrativen an, an denen sich die Bedeutung von Religion und Spiritualität für Resilienz untersuchen lässt. Gerade weil die Erschließung des Sinnpotentials der Klagepsalmen angewiesen ist auf die historisch-, literatur- und kulturwissenschaftliche Textanalyse wird ihre soziokulturelle Kontextgebundenheit deutlich. Um die Semantisierungen, Vorstellungen, Symbole oder Narrative der Psalmen verstehen zu können, bedarf es der erkenntnistheoretischen Voraussetzung, dass es sich um antike Texte handelt, deren Rezeption von Anfang an nur dann erfasst werden kann, wenn die kultu-

1 Gefördert durch die Deutsche Forschungsgemeinschaft (DFG) – Projektnummer 348851031.

rellen und historischen Bedingungen in der Analyse eine Berücksichtigung finden. Diese grundlegende Erkenntnis der Situativität der Texte hat Auswirkungen auf die Frage nach der Grenze des Messbaren. Zum einen ist deutlich, dass durch historische und literaturwissenschaftliche Analysen das Bedeutungspotential der in den Texten verwendeten Narrative und Vorstellungen erschlossen werden kann. Die Frage aber, wie die jeweils herausgestellten Vorstellungen und Narrative in den antiken Lebenskontexten gewirkt haben könnten, lässt sich heute nicht mehr mit Gewissheit sagen, da uns hierzu zeitgenössische Aussagen fehlen. Damit ist die Grenze des Messbaren sowohl historisch als auch durch den Kulturraum des antiken vorderen Orients begrenzt. Zum anderen werden die folgenden Ausführungen auch zeigen, dass die Narrative der Klagepsalmen menschliche Erfahrungen in Lebenskrisen auf eine Art verdichten, die heute noch abgerufen werden und als gegenwartsrelevant empfunden werden. Denn indem mit der Kraft religiöser und spiritueller Erfahrung die ganze Bandbreite von Aushalten und Gestalten individueller Notlagen aus unterschiedlichen Perspektiven zur Sprache gebracht werden kann, können die Narrative der Psalmen in Rezeption und Transformation in qualitativen Interviews, Gruppendiskussionen etc. methodisch erfasst werden und auf ihre Resilienzrelevanz hin befragt werden.

1. Narrative als Orientierungsleistung in der Krisenerfahrung

Die Fähigkeit, Ohnmacht, Angst und Sorge aushalten zu können, gehört zu den essentiellen Charakteristika von Resilienz. Sie ist ein dynamischer Prozess, in dem Stress und Widrigkeiten bewältigt werden, während zugleich psychische und physische Funktionalität aufrechterhalten und entwickelt wird. Dabei impliziert dieser Prozess eine Ambiguitätstoleranz sowie eine sinnhafte Integration von Negativität – und all das kann sich in individuellen, interpersonalen, sozialen und umweltbezogenen Dynamiken abbilden. In diesem Sinn werden Krisenerfahrungen als dynamische, interagierende und ambivalente Prozesse beschrieben, in denen die Friktionen im Selbst- und Weltverständnis zu dominierenden Lebenserfahrungen werden. In solchen Situationen der „Ausgesetztheit“[2] ist es individuell wie kollektiv wichtig, der Not Ausdruck verleihen zu können. Das kann aktuell, spontan und situationsbezogen geschehen und nur für den Moment gültig sein. Es kann jedoch ebenso gut Ausdruck eines sog. „Resilienznarrativs“ sein. Narrative können zu Resilienznarrativen werden, wenn sie

2 *Thomas Fuchs*: Existenzielle Vulnerabilität. Ansätze zu einer Psychopathologie der Grenzsituationen, in: Sonja Rinofner-Kreidl/Harals A. Wiltsche (Hgg.): Karl Jaspers' Allgemeine Psychopathologie zwischen Wissenschaft, Philosophie und Praxis, Mainz 2008, 95–107.

einerseits tröstenden, stärkenden und unterstützenden Sinn zu stiften vermögen, den wir aus heutiger Perspektive als resilienzförderlich betrachten, oder wenn sie andererseits Erzählmotive bzw. Textschemata beinhalten, die wir sie aus heutiger Sicht als exemplarischen Ausdruck von Resilienzerfahrungen interpretieren können.[3] Resilienznarrative sind auf keine bestimmte Textgattung begrenzt,[4] mit der sie Erfahrungen zum Ausdruck bringen und von der sie als orientierende Schemata rezipiert werden. Ihre Orientierungsleistung liegt dabei zunächst im Zur-Sprache-Bringen des erlebten Leids, durch das Reinterpretationen der Krisenerfahrung vorgenommen werden können. Dadurch kann ein Spannungsfeld von Optionen des Aushaltens bis hin zu Optionen des Gestaltens von Ohnmachtserfahrungen entstehen. Durch dieses Paradox kann das Aushalten der Krise als Gestaltung und die Gestaltung der Krise als Aushalten begriffen werden. Somit bieten sich nach diesen Kriterien vor allem die Klagepsalmen an, weil sich hier einerseits ein Ausdruck dessen findet, was wir heute als „Resilienz“ bezeichnen würden und sie andererseits ein hohes Resilienzförderungspotenzial aufweisen.

Jenseits von positiver Normativität ist daher hermeneutisch zu differenzieren, in welcher Weise die narrativen, zum Teil fiktionalen und hochgradig bildhaften religiösen Texte der antiken Zeit methodisch zu entschlüsseln sein könnten. Eine Entschlüsselung braucht es, um die Texte für die im heutigen Resilienzdiskurs gültigen anthropologischen, situationslogischen und theologischen Entscheidungskriterien ebenso wie für die Perspektive religiöser Selbstverortung und Partizipation fruchtbar zu machen. Auf diese Weise sollen die an den Klagen vollzogenen Beobachtungen für aktuelle Konstellationen in medizinisch-therapeutischen Kontexten, Palliativversorgung, Seelsorge und Spiritual Care ausgewertet werden.

2. Der Begriff „Resilienz“ als hermeneutische Deutungskategorie in der alttestamentlichen Forschung

Zuallererst ist zu berücksichtigen, dass Resilienz kein Begriff der Quellensprachen des Alten Testaments ist. Dennoch hat er in der alttestamentlichen Forschung Einzug gehalten und in den letzten Jahren als Interpretationskategorie für unterschiedliche Phänomene Verwendung gefunden. Insbesondere im US-

---

3 Vgl. zur Narrativitätstheorie ausführlicher in diesem Band den Beitrag von *Katharina Opalka*: Was man erzählen kann, wenn man an seine Grenzen kommt, 97–115.

4 Zu den Narrativen können tradierte und/oder spontane Selbst- und Fremdnarration, meditative und argumentative [Selbst-]Reflexion, Gebete, liturgische Gesänge, mündliche Äußerungen in Gesprächen, Interviews etc. gehören.

amerikanischen Raum hat sich ein Forschungszweig etabliert, der sich mit Traumaforschung, Vulnerabilität und/oder Resilienz beschäftigt.[5]

2.1 Das Exil als kollektives Trauma

Bei dem in der alttestamentlichen Forschung diskutierten Resilienzbegriff geht es zumeist um die Verarbeitung kollektiver Traumata im Zusammenhang mit der Katastrophe des babylonischen Exils (587 v. Chr.) und dem damit einhergehenden Verlust von Tempel und Heimat. Neben den Gewalterfahrungen durch die Eroberung und Verschleppung nach Babylonien brachen durch die Zerstörung des Tempels und durch den Verlust der eigenen Staatlichkeit die bisher tragenden religiösen und sozialen Identitätsmuster weg. Daher geht die Verarbeitung des Exils, wie sie sich in der Literaturwerdung des Alten Testaments niedergeschlagen hat, mit einem starken Transformationsprozess der kollektiven Identität der judäischen Gemeinschaft einher. Resilienz wird in diesem Kontext als das Überwinden der Krise durch literarische Bearbeitung der eigenen Traditionen sowie einer Neuausrichtung der identitätsstiftenden Überlieferungen verstanden.[6] Zugespitzt wird diese These durch David Carr, der die Literaturproduktion des Alten Testaments insgesamt als Verarbeitung von politischen Krisen begreift.[7] Dieser Auffassung liegt letztlich ein funktionales Verständnis von religiöser Literatur als Krisenbewältigungsstrategie zugrunde. In diesem Zusammenhang ist auch auf die Arbeiten von Clemens Sedmak zu verweisen, der Resilienz im Kontext der Ethik in ähnlicher Weise als eine „emergente, innere Kraft zum Guten" beschreibt, die auf „epistemischen Grundakten wie Denken, Glauben, Erinnern"[8] basiert. Letztlich bestimmt er die Resilienzfähigkeit als positiv gesetzte, kognitive und normativ implementierte Bildungsprozesse.[9] Bei diesem Verständnis von Resilienz bleiben allerdings die Prozessualität und die Ambiguität ebenso wie die Definition von Resilienzfaktoren und ihre Entstehung unterbestimmt. Bei der Fokussierung von Klagepsalmen als Resilienznarrative kann dieser Forschungszweig produktiv aufgenommen werden, um die Analyse von Krisenbewältigungsstrategien hermeneutisch und theoretisch im Hinblick auf die textpragmatischen Funktionen der Resilienzfaktoren weiterzuentwickeln.

---

5 Vgl. *David M. Carr*: Holy resilience. The Bible's traumatic origins, New Haven 2014; Eve-Marie Becker/Jan Dochhorn/Else K. Holt (Hgg.): Trauma and Traumatization in Individual and Collective Dimensions. Insights from Biblical Studies and Beyond (SANt 2), Göttingen 2014.

6 Vgl. Peter Dubovský/Dominik Markl/Jean-Pierre Sonnet (Hgg.): The Fall of Jerusalem and the Rise of the Torah, Forschungen zum Alten Testament 107, Tübingen 2016.

7 Vgl. *Carr*: Holy resilience.

8 *Clemens Sedmak*: Innerlichkeit und Kraft. Studie über epistemische Resilienz, Freiburg i. Br. 2013, 2.

9 Vgl. *Sedmak*: Innerlichkeit und Kraft, 42.74.81.83.231f.235.

2.2 *Trauma und Vulnerabilitätsforschung im Alten Testament*

Die alttestamentliche Trauma- und Vulnerabilitätsforschung[10] im engeren Sinn greift auf unterschiedliche in der Psychologie diskutierte Ansätze zur Traumaarbeit zurück, um z. B. die Klagelieder und Psalmen[11] sowie prophetische Texte, wie aus dem Jeremia- oder Ezechielbuch[12], als ein Stück Traumaliteratur ausweisen zu können. In diesem Diskurs über die Traumatisierung und Verarbeitung von Traumata werden sowohl individuelle als auch kollektive Verarbeitungsstrategien beschrieben.[13] Auf Grund des Spannungsfelds zwischen Interpretationskategorien von Trauma und Vulnerabilität aus der Psychologie und antiken Texten stellt sich auf der literarischen Ebene die Frage nach der Beschaffenheit von Traumaliteratur.[14] Denn bei den als Traumaliteratur klassifizierten Texten des Alten Testaments handelt es sich um theologische Reflexionsliteratur, die auf eine zurückliegende Krise reagiert und diese auf der Basis der Überlieferung im Hinblick auf ihre Gegenwartsrelevanz deutet. Diese Transformationsprozesse haben ihre Motivation darin, die aus der Tradition überlieferten Resilienznarrative neu zu verstehen, so dass die Katastrophe einschließlich ihrer kulturellen und politischen Konsequenzen für die Gegenwart aus der Überlieferung heraus plausibilisiert werden kann.

Im Rückgriff auf die alttestamentliche Trauma- und Vulnerabilitätsforschung ist für die Beschäftigung mit den Klagepsalmen als resilienzrelevante Narrative im Alten Testament zu klären, welche literarischen Unterscheidungskriterien zwischen Trauma- und Resilienzliteratur identifiziert werden können. Des Weiteren sind die textimmanenten Faktoren der Traumadeutung und Verarbeitung auf ihre Ambiguitätstoleranz hin in dem Sinn zu befragen, ob sie auf eine Überwindung der Traumata zielen oder aber Ambivalenz zulassen bzw. auf die Offenheit des Ausgangs verweisen.[15]

---

10 Vgl. *Eve-Marie Becker*: „Trauma Studies" and Exegesis. Challenges, Limits and Prospects, in: Dies. et al. (Hgg.): Trauma and Traumatization in Individual and Collective Dimensions. Insights from Biblical Studies and Beyond (SANt 2), Göttingen 2014, 15–29.

11 Vgl. *Carleen Mandolfo*: Psalm 88 and the Holocaust. Lament in search of a divine response, in: BInt 15/2 (2007), 151-170; LeAnn Snow Flesher/Carol Dempsey/Mark Boda (Hgg.): „Why? ... How Long?" Studies on Voice(s) of Lamentation Rooted in Biblical Hebrew Poetry, New York 2014.

12 Vgl. *Ruth Poser*: Das Ezechielbuch als Trauma-Literatur (VT.S 154), Leiden 2012.

13 Vgl. *Becker*: „Trauma Studies" and Exegesis, 15–29.

14 Vgl. *Sedmak*: Innerlichkeit und Kraft.

15 Diesen Fragen wurde u. a. auf der alttestamentlichen Tagung „Zwischen Aushalten und Gestalten: Resilienznarrative im Alten Testament" nachgegangen, zu der vom 30.01.–01.02.2020 Theolog*innen, Judaist*innen, Literaturwissenschaftler*innen und Studierende in Rostock zusammenkamen. Die Ergebnisse werden in einem Tagungsband bei Mohr Siebeck (FAT I) publiziert, der voraussichtlich 2021 erscheinen wird.

3. Die Klage als Ausdrucksform von Angst und Zuversicht

Geht es, wie in der Fragestellung des vorliegenden Bandes thematisiert, vor allem um die Fokussierung individueller Krisenerfahrungen im Alten Testament, wird man vor allem auf die Klagen im Psalter verwiesen, in denen paradigmatisch die individuelle Not zum Thema erhoben wird. Hierzu zählen vor allem die Klagegebete des Einzelnen, wie sie z. B. in Ps 6; Ps 13 oder Ps 22 vorliegen,[16] die enge religionsgeschichtliche Parallelen zur mesopotamischen Klageliteratur aufweisen.[17] Diese Gebete zeichnen sich durch gemeinsame Formelemente, wie eine anrufende Anklage an die Gottheit, Bitten und zum Teil auch durch ein Bekenntnis der Zuversicht aus. Als Gebetstexte inszenieren sie paradigmatisch eine Kommunikationssituation akuter Not, in der das Sprecher-Ich sich hilfesuchend an die Gottheit wendet. Inhaltlich bieten die Klagegebete äußerst vielfältige Ausdruckformen, durch die sie ermöglichen, die Sinnlosigkeit des Erlebten zur Sprache zu bringen.[18] Die Sprache der Klage dabei ist vielschichtig. Sie enthält sowohl die Unmittelbarkeit der Krisenerfahrung durch emotionale Ausdrücke, wie z. B. das Schreien (z. B. Ps 22,3), als auch durch die Not reflektierende Deutungen (Ps 22,5f). Um die Krisenerfahrung in ihrer Dimension als Erfahrung menschlichen Lebens auch interdisziplinär erfassen zu können, bedarf es eines validen Erfahrungsbegriffs, der nur im Zusammenspiel mit moderner Wissenschaftstheorie und Systematischer Theologie zu gewinnen ist. Ausgangspunkt hierfür sind die Arbeiten zur historischen und alttestamentlichen Anthropologie, um das in den Psalmen artikulierte Selbst- und Weltverständnis angemessen erfassen zu können. In diesem Zusammenhang ist vor allem auf die Arbeiten von Bernd Janowski[19] zu verweisen, der in Auseinandersetzung mit den Arbeiten zu

---

16 Vgl. Johannes Schnocks (Hg.): „Wer lässt uns Gutes sehen?“ (Ps 4,7). Internationale Studien zu den Klagen in den Psalmen zum Gedenken an Frank-Lothar Hossfeld (HBS 85), Freiburg 2016; *Johannes Schnocks*: Klagepsalmen jenseits von Gattungsfragen. Theologische und anthropologische Überlegungen, in: Ders. (Hg.): „Wer lässt uns Gutes sehen?“ (Ps 4,7), 15–34.

17 Vgl. *Reinhard Achenbach*: Zum Sitz im Leben mesopotamischer und altisraelitischer Klagegebete. Teil I: Zum rituellen Umgang mit Unheildrohungen in Mesopotamien, in: ZAW 116/3 (2004), 364–378; Ders.: Zum Sitz im Leben mesopotamischer und altisraelitischer Klagegebete. Teil II: Klagegebete des Einzelnen im Psalter, in: ZAW 116/4 (2004), 581–594.

18 Vgl. *Ingo Baldermann*: Art. Psalmen. Seelsorge in der Bibel, in: Christian Möller (Hg.): Geschichte der Seelsorge in Einzelportraits, Bd. 1, Göttingen 1994, 23–34.

19 Vgl. *Bernd Janowski*: „Heile mich, denn ich habe an dir gesündigt!“ (Ps 41,5). Zum Konzept von Krankheit und Heilung im Alten Testament, in: Günther Thomas/Isolde Karle (Hgg.): Krankheitsdeutung in der postsäkularen Gesellschaft. Theologische Ansätze im interdisziplinären Gespräch, Stuttgart 2009, 47–66.

Körperkonzepten und Menschenbildern in ägyptischen[20] und mesopotamischen[21] Überlieferungen den Begriff der konstellativen Anthropologie geprägt hat. Dieser impliziert einen relationalen bzw. konstellativen Personenbegriff, durch den der Mensch in seinen Relationen zum eigenen Leib (Einheit der Person), zum sozialen Umfeld sowie zum religiösen Symbolsystem beschrieben wird. Damit bewegt sich der alttestamentliche Mensch immer in allen drei Kontexten zugleich, dem individuellen, sozialen und religiösen.[22] Diesen von Janowski profilierten vielschichtigen anthropologischen Setzungen liegt ein „ganzheitliches" Menschenbild zugrunde, das eine differenzierte Wahrnehmung des Selbst in seinen leiblichen und sozialen Bezugsgrößen konstitutiv umfasst.[23] Demnach sind die Leibsphäre, die Sozialsphäre und das religiöse Symbolsystem als drei Bereiche zu verstehen, die in ihrem komplexen Zusammenspiel den alttestamentlichen Personenbegriff konstituieren.[24] Insbesondere im Zusammenhang von Krisenerfahrung in den Klagegebeten ist es von entscheidender heuristischer Bedeutung, die anthropologischen Voraussetzungen zu berücksichtigen, um eine Aktualisierung des Selbst- und Weltverständnisses zu erreichen.

Um ein vertiefendes Verständnis der Klagen zu erzielen, ist es in unserer Forschungsarbeit methodisch wichtig, den Zugriff über den Resilienzbegriff als Interpretationskategorie für die Klagegebete kritisch zu profilieren. Das geschieht in drei einem hermeneutischen Zirkel folgenden Schritten. Um die induktiv gewonnenen Resilienznarrative zu systematisieren und das semantische Feld von Aushalten und Gestalten der Not beschreiben zu können, ist der erste Schritt die literarhistorische und religionsgeschichtliche Analyse der Texte. In einem zweiten Schritt sind diese Semantiken dann mit den systematisch-theologischen und phänomenologisch-philosophischen Zugängen zur Resilienz so zu verschränken, dass die in der historischen Arbeit herausgestellten Semantiken abstrahiert und zu einer strukturbeschreibenden Interpretationskategorie transformiert werden können. Um im Sinne der literarhistorischen Analyse ihre

---

20 Vgl. *Jan Assmann*: Konstellative Anthropologie. Zum Bild des Menschen im alten Ägypten, in: Bernd Janowski/Kathrin Liess (Hgg.), Der Mensch im Alten Israel. Neue Forschungen zur alttestamentlichen Anthropologie (HBS 59), Freiburg i. Br. 2009, 95–120.

21 Vgl. *Astrid Nunn*: Körperkonzeption in der altorientalischen Kunst, in: Andreas Wagner (Hg.), Anthropologische Aufbrüche. Alttestamentliche und interdisziplinäre Zugänge zur historischen Anthropologie (FAT 232), Tübingen 2009, 119–150.

22 Vgl. *Bernd Janowski*: Alttestamentliche Anthropologie. Grundfragen – Kontexte – Themenfelder, ThLZ 139 (2014), 535–554, hier 545f.

23 Vgl. *Bernd Janowski*: Der ganze Mensch. Zu den Koordinaten der alttestamentlichen Anthropologie, in: ZThK Kirche 113(1) (2016), 1–28; *Bernd Janowski*: Das Herz – ein Beziehungsorgan. Zum Personverständnis des Alten Testaments, in: Ders./Christoph Schwöbel (Hgg.): Dimensionen der Leiblichkeit. Theologische Zugänge, Neukirchen-Vluyn 2015, 1–45.

24 Vgl. *Janowski*: Alttestamentliche Anthropologie.

Angemessenheit und auch ihren Ertrag für das Verständnis der Psalmen zu prüfen, ist diese ist in einem dritten Schritt wiederum auf die Texte zurück zu beziehen.

3.1 *Klage als Ausdrucksform von Angst*

Die Klage ist stets auf die Gottheit gerichtete Kommunikation.[25] Diese wird als ein „Konfliktgespräch mit Gott"[26] inszeniert, in dem das Sprecher-Ich seine Not zur Sprache bringt. Der Ausgangspunkt der Klage ist der Verlust der bisher tragenden und sinnstiftenden Lebenskoordinaten, der durch körperliche, psychische oder soziale Notsituationen verursacht werden kann.

Durch den Verlust der Lebenskoordinaten erfährt das paradigmatische Sprecher-Ich eine Ausgrenzung aus der Gemeinschaft, was für den alttestamentlichen Menschen das Abgeschnittensein vom Leben bedeutet. Dabei wird ein Todesverständnis vorausgesetzt, das als Sphäre vorgestellt ist und den Bereich des Nichtlebendigen und Lebensverneinenden umfasst. Auf diese Weise wird auch Krankheit bereits als lebensfeindlich und damit als Erfahrung des Todes verstanden. Die einzelnen Bedrängten erfahren die Wirklichkeit des Todes nicht im vollen Ausmaß, sondern in Form leiblicher und seelischer Zerstörung, gemeinschaftlicher Isolation, wehrlosem Ausgeliefertsein etc. Insofern ist die „Lage des Bedrängten [...] mit derjenigen des Toten vergleichbar; sie ist ihr aber nicht gleich."[27] Daher eröffnet die Klage die Option zur narrativen Selbstvergewisserung, die mit der Überwindung der Todessphäre einhergeht.[28]

Darüber hinaus ist personale Identität als konstellative vorgestellt, so dass sich der Einzelne stets auf die Gemeinschaft bezogen versteht. Wenn, wie in den Klagen formuliert, leibliche, psychische oder soziale Not zur Ausgrenzung aus der Gemeinschaft führt, ist dies gleichzusetzen mit dem Verlust des Selbstverständnisses, so dass diese grundlegende Erfahrung der Isolation ebenfalls als eine Todeserfahrung zu beschreiben ist. Diese Situation der sozialen Isolation ist der Ausgangspunkt der Klage. Ihr Ziel ist es, eine Reintegration des paradigmatischen Sprecher-Ichs in das ihn tragende Beziehungsgefüge zu erreichen. Daher

---

25 Vgl. *Manfred Oeming*: „Mein Herz ist durchbohrt in meinem Innern" (Ps 109,22). Krankheit und Leid in alttestamentlicher Sicht, in: Ders. (Hg.): Krankheit und Leid in der Sicht der Religionen, Osnabrück 1994, 5–28.

26 Vgl. *Bernd Janowski*: Konfliktgespräche mit Gott. Eine Anthropologie der Psalmen, Neukirchen-Vluyn 2003.

27 *Christoph Barth*: Die Errettung vom Tode in den individuellen Klage- und Dankliedern des Alten Testaments, 114.

28 Die Frage nach narrativer Selbstvergewisserung ebenso wie die Frage nach der resilienzermöglichenden Funktion der biblischen und christlichen Überlieferung können eine fruchtbare Schnittmenge des systematischen und alttestamentlichen Ansatzes bilden. Vgl. dazu in diesem Band den Beitrag von *Katharina Opalka*, Was man erzählen kann, wenn man an seine Grenzen kommt, 97–115.

wird im Klagen ein Prozess freigesetzt, in dem das Ringen um Lebenssinn als narrative Kohärenz rekonstruiert wird. Dies geschieht vor allem durch die Spannung zwischen den Klagen und der Notschilderung einerseits sowie andererseits dem in der Vergangenheit formulierten Vertrauensbekenntnis, das sich zumeist am Ende des Gebets findet. Auf diese Weise erscheinen die Klageelemente und die Notschilderung als Rückblick auf die Krise.[29]

3.2 *Klage als Ausdrucksform von Zuversicht*

Indem ein Ringen um Sinn und Kohärenz der Lebensgeschichte deutlich wird, wird die Transformation des Sprecher-Ichs im Prozess der Klage durch die Krise hindurch inszeniert.[30] Mit Jochen Schmidt liegt in der Klage das Potential, allein durch die ästhetische Erfahrung des Gebets neue Deutungshorizonte zu generieren, durch die die Fortsetzung der Klage selbst eingeklagt wird.[31] Indem durch dieses Potential der Klage im Ringen um Sinn und Kohärenz ermöglicht wird, bisher fremde Perspektiven auf die eigene Situation einzunehmen, kann im Klagegebet die Ressource zur Reinterpretation der eigenen Notsituation aktiviert werden.

In der Rezeption der Klagepsalmen in seelsorgerlichen und religionsdidaktischen Kontexten eröffnet das Nachbeten der alttestamentlichen Klagegebete daher eine Option des Widerstands gegen die Angst. Sie stellt gerade keine Sprache der Betrachtung und Beschreibung der Angst dar, sondern inszeniert literarisch die Unmittelbarkeit der Not in Form des Schreis, der Verzweiflung, des Ringens.[32] Somit kann die Klage durch den Prozess des Betens und die auf diese Weise gewonnenen neuen Deutungshorizonte ermöglichen, sich produktiv in der Spannung von Aushalten und Gestalten der Not zu bewegen.

3.3 *Angst und Zuversicht zugleich*

Die narrative Selbstdarstellung des paradigmatischen Sprecher-Ichs, wie sie v. a. in den Klagen zum Ausdruck gebracht wird, eröffnet eine identitätsvergewissernde und auch identitätsformende Selbst- und Weltwahrnehmung im Ringen

29 Vgl. *Uwe Rechberger*: Von der Klage zum Lob. Studien zum „Stimmungsumschwung" in den Psalmen (WMANT 133), Neukirchen 2012.

30 Vgl. *Günther Lottes*: Erinnerungskulturen zwischen Psychologie und Kulturwissenschaft, in: Günther Oesterle (Hg.): Erinnerung, Gedächtnis, Wissen. Studien zur kulturwissenschaftlichen Gedächtnisforschung, Göttingen 2005, 163–184.

31 Vgl. *Jochen Schmidt*: Seelische Krankheit und Klage. Vom Denken und Bewältigen des Leidens an der Zeit, in: Michael Roth/Ders. (Hgg.): Gesundheit. Humanwissenschaftliche, historische und theologische Aspekte, Leipzig 2008, 127–147, 144f.

32 Vgl. *Baldermann*: Art. Psalmen.

um die Sinnhaftigkeit des erfahrenen Leids. Dabei wird in den Gebeten ein Spannungsfeld von aktiven, medio-passiven bis hin zu passiven Bearbeitungsformen der Krise sichtbar, in dem sich die Betenden mit ihrer Klage an Gott wenden. Durch die Hinwendung zu Gott können sie ihr Lebensgeschick an ihn als höhere, übergeordnete Instanz abgeben. In diesem Sinn hält die Klage schon allein von ihrer Form her eine Spannung aufrecht, die darin besteht, dass sich das Sprecher-Ich aktiv, und zwar teilweise mit Gott anklagenden und drastisch formulierten Bitten, an Gott wendet und dabei aber zugleich die Grenze seiner Handlungsoptionen anerkennt und sein Lebensgeschick an Gott abgibt. In diesem Akt der Klage bilden Aushalten und Gestalten eine Schnittmenge auf der Grenze, durch die ein resilienzfördernder Umgang mit der Lebenskrise entstehen kann. Zudem durchläuft das Sprecher-Ich im Gebetsprozess im Hinblick auf die Not verschiedene Perspektivwechsel. Diese reichen von der Thematisierung seines körperlichen, psychischen und emotionalen Leids bis hin zum sozialen Leiden, das den Familienkreis sowie globalere politische Strukturen umfassen kann. Sie beinhalten aber auch Erinnerungen an Rettungserfahrungen und bringen lebensbejahende Vertrauensäußerungen zur Sprache. Es ist gerade dieser nicht aufzulösende Spannungsreichtum, der im Beten der Klage ein differenziertes Zur-Sprache-Bringen der Not ermöglicht. Weil im Gebetsprozess auch die Erfahrungen des Negativen in die Lebensgeschichte integriert werden können, bietet die Klage im Offenhalten der Ambivalenzen die Möglichkeit, eine resilienzfördernde Ambiguitätstoleranz auszubilden. Durch das Zur-Sprache-Bringen bleibt die betende Person nicht in der Ohnmacht stehen, sondern gewinnt die Deutungsmacht über die eigene Situation in ihren Ambivalenzen zurück. So kann die Klage zugleich Ausdrucksform von Angst und Zuversicht sein. Messbar ist diese Kraft der Klage in der Reflexion auf die Lebenskrise, wenn Betroffenen beispielsweise danach befragt werden, welche Ausdrucksform (weinen, verstummen, klagen, Wut etc.) ihnen in der Krise geholfen hat.

4. Die Kraft der Klage in Lebenskrisen – die Bedeutung für das interdisziplinäre Gespräch

In besonderer Weise relevant für das interdisziplinäre Gespräch mit der Psychosomatik und Palliativmedizin sind diejenigen Klagepsalmen, in denen individuelles körperliches und psychisches Leiden des paradigmatischen Sprecher-Ichs das zentrale Thema der Klage darstellen.[33] In Betracht kommen insoweit die Klagegebete Ps 6; 38; 69; 88, die zur Gruppe der sog. Krankheitspsalmen gehören.

33 Vgl. *Christopher G. Frechette*: A Healing Function of the Violent Language against Enemies in the Psalms, in: Eve-Marie Becker u. a. (Hgg.): Trauma and Traumatization in Individual and Collective Dimensions. Insights from Biblical Studies and Beyond (SANt 2), Göttingen 2014, 71–84.

Diese Psalmen stechen mit ihrer spezifischen Fokussierung auf das körperliche Gebrechen sowie die seelische Not aus der Gruppe der Klagepsalmen hervor. Sie eigenen sich in besonderer Weise als Prüfstein für Resilienznarrative, da an ihnen zwei Fragen aufgezeigt werden können: Erstens die Frage nach der Prozessualität und Ambiguität von Krise im Aushalten und Gestalten von Ohnmachtserfahrungen und zweitens die Frage nach dem Erschließungspotential der Resilienznarrative, das in der Klage gewonnenen wird.

Ausgangspunkt für die Beschäftigung mit den Klagepsalmen in ihrer besonderen Gestalt als sog. Krankheitspsalmen ist bis heute die Monographie von Klaus Seybold.[34] In seiner Dissertation nimmt Seybold eine Klassifizierung dieser Psalmen durch ihre institutionelle Bezogenheit vor, die dem formgeschichtlichen Zugriff der 1970er Jahre entspricht, und führt damit die Klassifizierung der sog. Krankheitspsalmen ein. Neben den Klagen (Ps 6; 38; 69; 88) zählt er ebenfalls Danklieder (Ps 30; 32), Bitt- bzw. Bußgebete (Ps 51) sowie die weisheitlich geprägten Gebete (Ps 39; 91) zu den Krankheitspsalmen. Für die Frage, wie Resilienz in der Krise entsteht, dürften diese unterschiedlichen Formen in Abgrenzung zur Klage weiterführende Differenzierungen erbringen, da die Perspektive des paradigmatischen Sprecher-Ichs auf die Krise in den unterschiedlichen Gattungen verschieden ist. Während die Danklieder bereits auf die Überwindung der Not zurückblicken und in unterschiedlicher Weise die Krise als Bestandteil des Lebens reflektieren, inszenieren die Klagen zunächst einmal das Aushalten der Not, indem sie das Unerhörte des Leids zur Sprache bringen. Demgegenüber scheint es, dass die Bitt- und Bußgebete eine Mittelstellung einnehmen, da sie das Ende der Krise erbitten, indem sie sowohl versuchen die Ursachen der Krise zu benennen als auch die mit der Krise verbundenen Grenzerfahrungen zu formulieren. Diese Relation von Form und Metaphorik auf der einen Seite und die in der Performanz des Gebets inszenierten Resilienzstrategien auf der anderen Seite, erscheint besonders gewinnbringend, um sowohl die sog. Krankheitspsalmen als Ausdrucksformen von Resilienz beschreiben als auch um Resilienz als Krisenphänomen in seinen unterschiedlichen Facetten verstehen zu können.

Für das interdisziplinäre Gespräch ergeben sich aus dieser Analyse vor allem drei weiterzuverfolgende Aspekte:

(1) Das den Klagen zugrunde liegende konstellative Personverständnis ist in seiner Fokussierung des umfassenden Zusammenspiels von Leib- und Sozialsphäre grundlegend, um Funktion und Bedeutung der Krise sowie ihre Auswirkungen auf das Selbstverständnis des paradigmatischen Ichs im Text analysieren zu können. Auf diese Weise bietet es Anschluss an die in der philosophischen und theologischen Anthropologie diskutierten Konzepte von Empathie[35] und

34 *Klaus Seybold*: Das Gebet des Kranken im Alten Testament. Untersuchungen zur Bestimmung und Zuordnung der Krankheits- und Heilungspsalmen (BWANT 99), Stuttgart 1973.

35 Vgl. in diesem Band den Beitrag von *Thiemo Breyer/Anna Jahnsen*: Empathie als Desiderat in der Gesundheitsversorgung, 37–57.

Achtsamkeit.[36] Insbesondere das mit Konzepten der kognitiven Empathie verbundene vielschichtige Verständnis des Selbst als verkörpertes, intersubjektives und narratives Selbst kann für heutige Beter*innen des Psalms fruchtbare Beschreibungs- und Interpretationsmuster darstellen, indem die Intersubjektivität des Selbst im Hinblick auf die Kommunikationssituation des Gebets zu befragen ist. Empathie verstanden als Medium der Interaktion und der wechselseitigen Verständigung zwischen Menschen kann zudem den im Gebet beschriebenen Perspektivwechsel auf die eigene Not im interdisziplinären Austausch schärfen. Somit ist es gerade der konstellative Personbegriff, der für die interdisziplinäre Zusammenarbeit fruchtbar gemacht werden kann.

(2) Ausgehend vom konstellativen Personbegriff hängt auch die Modifizierung des von Seybold zugrunde gelegten Krankheitsbegriffs zusammen. Seybolds Begriff geht nämlich von Krankheit als ausschließlich körperlichem Leiden bzw. körperlicher Einschränkung aus und berücksichtigt seelische Nöte nahezu gar nicht. Damit wird übergangen, dass Nöte, die die Leibsphäre, die soziale Sphäre sowie das religiöse Symbolsystem betreffen, als unterschiedliche Ausdrucksformen von Krankheit in ihrer Bezogenheit zueinander entfaltet werden können. Dem ist eine Profilierung des Spannungsfelds entgegenzusetzen, das in den Texten als Ambivalenzerfahrung formuliert wird: Einerseits wird Krankheit als Kontingenz erfahren und andererseits wird die Eigenverantwortung des Einzelnen in seinem Krankheitszustand thematisiert.

Des Weiteren ist der kulturwissenschaftliche Diskurs zum Krankheitsverständnis zu berücksichtigen: In diesem Diskurs werden auch Krankheit und Gesundheit als soziale Konstrukte definiert, deren Plausibilität auf dem Zusammenspiel von deskriptiven und normativen Aspekten beruht.[37] Indem sie den Bezug von Krankheit und sozialer Stigmatisierung analysieren, haben religionsgeschichtliche und alttestamentliche Untersuchungen zu Krankheit[38] den kulturwissenschaftlichen Diskurs aufgenommen. Das Ergebnis zeigt, dass unterschiedliche Krankheitsbilder verschiedene soziale Stigmatisierungen hervorgerufen haben. Während Blinde, Lahme und Taube zu den zu besonders zu schützenden Personengruppen hinzugezählt werden (2 Sam 5,8; Jer 3,7-9), werden Menschen mit Hautkrankheiten stets sozial ausgeschlossen und erfahren religiöse und soziale Stigmatisierungen. Andererseits können Blindheit, Taubheit und andere körperliche und mentale Einschränkungen auch als göttliches Strafhandeln verstanden werden (Dtn 28,27-29). Insbesondere die Bezogenheit von Leibsphäre und Sozialsphäre, wie sie die Krankheitsdeutungen profilieren, stellen den Ausgangspunkt dar, um das ambivalente Spannungsfeld von Krankheit

---

36 Vgl. in diesem Band den Beitrag von *Jochen Sautermeister*, Sinnverheißende Gegenwart?!, 59–77.

37 Vgl. Günther Thomas/Isolde Karle (Hg.): Krankheitsdeutung in der postsäkularen Gesellschaft. Theologische Ansätze im interdisziplinären Gespräch, Stuttgart 2009.

38 Vgl. *Stefan M. Maul*: Die Heilkunst des Alten Orients, Medizinhistorisches Journal 2011, 3–22; *Saul M. Olyan*: Disability in the Hebrew Bible. Interpreting Mental and Physical Differences, Cambridge 2008.

und Leid in den Texten auszuloten. Vor dem Hintergrund dieses modifizierten und erweiterten Krankheitsbegriffs ist in der Einzelanalyse der sog. Krankheitspsalmen jeweils zu prüfen, erstens ob und wie die Krise angemessen als Krankheitserfahrung beschrieben werden kann und zweitens Kohärenz mit der eigenen Lebensgeschichte des betenden Ichs hergestellt wird. Dabei ist gerade die Metaphorik, mit deren Hilfe Kohärenz in den sog. Krankheitspsalmen konstruiert wird, im Gespräch mit der Palliativmedizin und Seelsorge zu schärfen.[39] Zu erörtern sind hier insbesondere die anthropologisch existentiellen Semantiken in ihrer Gegenwartsrelevanz. Zudem kommt der Bedeutung von Spiritualität gesondertes Gewicht zu. Ist diese die konstitutive Voraussetzung der Kommunikationssituation des Gebets, sind ihre Ausdrucksformen im palliativmedizinischen und seelsorgerlichen Kontext überhaupt als resilienzrelevante Faktoren zu eruieren.

(3) Der Bereich der Emotionen und Emotionalität hat im Zuge der anthropologischen Forschung für das Verständnis der alttestamentlichen Überlieferung an Bedeutung gewonnen. Hierbei richtet sich der Fokus zum einen allgemein auf die Frage, wie Emotionen in antiken Texten erfasst werden können und welche Bedeutungsspektren sie eröffnen.[40] Für die hermeneutisch-theoretische Reflexion ist von Bedeutung, dass der Ausdruck von Emotionen über die Verschriftlichung stets reflexiv vermittelt ist. In literarischen Kontexten liegen keine Emotionen unmittelbar vor, sondern nur Beschreibungen von Emotionen, die auf ihre Intentionalität und Funktion innerhalb der Literatur zu untersuchen sind. Zum anderen richtet sich das Interesse auf die Bezogenheit von Emotion und Körper. Dabei geraten sowohl die physisch zum Ausdruck gebrachte Emotion in den Blick als auch anatomischen Idiome, die mit spezifischen Gefühlsäußerungen verbunden werden. Insbesondere diese Verbindung von Emotion und Körperlichkeit ist für die Analyse von Resilienzerfahrung als Aushalten und Gestalten der Not weiterführend, da in der Klage häufig emotionale Ausdrucksformen der Not mit körperlichen Reaktionen verbunden werden. Dadurch wird neben dem körperlichen und psychischen ein metaphorisches Feld eröffnet, das für die Rekonstruktion von Resilienznarrativen und ihrem Erschließungspotential für gegenwärtige Krisenerfahrung in den Psalmen entscheidend sein wird. Für die Frage nach der Gegenwartsrelevanz ist daher zu fragen, inwieweit die durch die jüdisch-christliche Überlieferung geprägten Sprachmuster und Metaphern im

---

39 Vgl. in diesem Band die Beiträge von *Frank Peusquens/Katja Maus/Lukas Radbruch*: Die Pfeile des wütenden Geschicks ertragen, 163–181, und *Eberhard Hauschildt*: Welche Hilfe in der Krise können und wollen „Caretaker" geben, wenn „Spiritualität" gesucht wird?, 145–161.

40 Vgl. *Paul A. Kruger*: Gefühle und Gefühlsäußerungen im Alten Testament. Einige einführende Bemerkungen, in: Bernd Janowski/Kathrin Liess (Hgg.): Der Mensch im Alten Israel. Neue Forschungen zur alttestamentlichen Anthropologie (HBS 59), Freiburg i. Br. 2009, 243–262; *Christine Abart*: Lebensfreude und Gottesjubel. Studien zu physisch erlebter Freude in den Psalmen (WMANT 142), Neukirchen-Vluyn 2015.

Rahmen der Betreuung von Trauernden noch so tragfähig sind, dass sie in aktuellen Sprechakten vorkommen, um einerseits das durch Fragebögen und Interviews erhobene Verständnis von Spiritualität und Transzendenz ausdifferenzieren zu können und um andererseits nach der Gegenwartsrelevanz der biblischen Tradition als eine resilienzfördernde Tradition im Sinne einer Trostquelle oder als eine resilienzverhindernde Überlieferung zu fragen.[41]

Somit ist in einer Gesamtschau die in den sog. Krankheitspsalmen verwendeten Sprachmuster, ihre Vielschichtigkeit und Heterogenität der zum Ausdruck gebrachten Krisenerfahrungen für das interdisziplinäre Gespräch auszuwerten. Dabei sind die erarbeiteten Beschreibungsmuster zum einen durch ihre Semantiken zu differenzieren, in denen ganz unterschiedliche Facetten von Angst, Ohnmacht und Sorge zum Ausdruck gebracht werden. Zu differenzieren sind zum anderen die unterschiedlichen Gattungen, die den einzelnen Krankheitspsalmen zugrunde liegen. Denn dadurch wird die Krise in unterschiedlichen Ausdrucksformen, wie Klage, Dank und Bitte, zur Sprache gebracht, so dass auch die strukturelle Vielfalt bereits unterschiedliche Perspektiven auf die Not eröffnet und die spezifischen Resilienznarrative der Klage profiliert werden können.

5. Die Kraft der Klage in Lebenskrisen – An den Grenzen des Messbaren

Die Überprüfung der Klagepsalmen in ihrer besonderen Gestalt der sog. Krankheitspsalmen als Resilienznarrative liegt an der Grenze des Messbaren. Denn im Gebetsprozess, der selbst dem Messbaren entzogen ist, bleiben die Klagenden auf Gott verwiesen, dem sie ihr Lebensschick anvertrauen. Dadurch können sich sich der betenden Person gerade in der Erfahrung von Ohnmacht und Angst Optionen des Gestaltens und Aushaltens der Krise eröffnen. Weil aber zugleich die Kraft der Klage im individuellen Empfinden liegt, das mittels der Psalmen zum Ausdruck gebracht wird, kann ihre resilienzfördernde Dimension im Rückblick über die Bedeutung der Metaphorik methodisch präzise und damit messbar eruiert werden.

In diesem Sinn finden wie oben dargelegt die Klagen, insbesondere der sog. Krankheitspsalmen, Eingang in das interdisziplinäre Gespräch. Dadurch soll das Verständnis von Resilienz kritisch reflektiert, die Bedeutung von Religion und Spiritualität für Resilienz begrifflich und phänomenologisch präzisiert und die

41 Vgl. in diesem Band den Beitrag *Constantin Klein/Stephan Bethe*: Messbare Ausschnitte des Unermesslichen?, 117–143.

Bestimmung von Resilienzfaktoren entsprechend korrigiert und erweitert werden.

Auf der Basis eines umfassenden Resilienzbegriffs können durch die historischen Kontextualisierungen in den Klagen Transformationsprozesse beschreibbar werden, die auch modernen Rezipient*innen der Psalmen die Erschließung der unterschiedlichen Dimensionen von Not und ihren Bewältigungsstrategien ermöglichen. Denn sie stellen eine spannungsreiche Vielfalt der Gottesbeziehungen und Gotteserfahrungen dar, die es heutigen Menschen erleichtern kann, die Komplexität von Krisenerfahrungen aufzunehmen und zu bearbeiten. Entscheidend für das interdisziplinäre Gespräch ist, dass die in den Psalmen gewonnenen Kategoriebildungen der Resilienznarrative auch für die anderen Disziplinen in Theologie, Philosophie, Psychosomatik, Palliativmedizin und Spiritual Care fruchtbar gemacht werden.

Literaturverzeichnis

Abart, Christine: Lebensfreude und Gottesjubel. Studien zu physisch erlebter Freude in den Psalmen (WMANT 142), Neukirchen-Vluyn 2015.

Achenbach, Reinhard: Zum Sitz im Leben mesopotamischer und altisraelitischer Klagegebete. Teil I: Zum rituellen Umgang mit Unheildrohungen in Mesopotamien, in: ZAW116/3 (2004), 364–378.

Achenbach, Reinhard: Zum Sitz im Leben mesopotamischer und altisraelitischer Klagegebete. Teil II: Klagegebete des Einzelnen im Psalter, in: ZAW 116/4 (2004), 581–594.

Assmann, Jan: Konstellative Anthropologie. Zum Bild des Menschen im alten Ägypten, in: Bernd Janowski/Kathrin Liess (Hgg.), Der Mensch im Alten Israel. Neue Forschungen zur alttestamentlichen Anthropologie (HBS 59), Freiburg i. Br. 2009, 95–120.

Baldermann, Ingo: Art. Psalmen. Seelsorge in der Bibel, in: Christian Möller (Hg.): Geschichte der Seelsorge in Einzelportraits, Bd. 1, Göttingen 1994, 23–34.

Barth, Christoph: Die Errettung vom Tode in den individuellen Klage- und Dankliedern des Alten Testaments, mit zwei Anhängen, einer Bibliographie und Registern neu herausgegeben von Bernd Janowski, Zürich ²1987.

Becker, Eve-Marie: „Trauma Studies" and Exegesis. Challenges, Limits and Prospects, in: Dies. u. a. (Hg.): Trauma and Traumatization in Individual and Collective Dimensions. Insights from Biblical Studies and Beyond (SANt 2), Göttingen 2014, 15–29.

Becker, Eve-Marie/Dochhorn, Jan/Holt, Else K. (Hgg.): Trauma and Traumatization in Individual and Collective Dimensions. Insights from Biblical Studies and Beyond (SANt 2), Göttingen 2014.

Bester, Dörte: Körperbilder in den Psalmen. Studien zu Psalm 22 und verwandten Texten, FAT II 24, Tübingen 2007.

Carr, David M.: Holy resilience. The Bible's traumatic origins, New Haven 2014.

Dietrich, Jan: Trauma and Traumatization in Individual and Collective Dimensions. Insights from Biblical Studies and Beyond, in: Eve-Marie Becker/Jan Dochhorn/Else K. Holt (Hgg.): Trauma and Traumatization in Individual and Collective Dimensions. Insights from Biblical Studies and Beyond (SANt 2), Göttingen 2014, 145–161.

Dubovský, Peter/Markl, Dominik/Sonnet, Jean-Pierre (Hgg.): The Fall of Jerusalem and the Rise of the Torah, Forschungen zum Alten Testament 107, Tübingen 2016.

Flesher, LeAnn Snow/Dempsey, Carol/Boda, Mark (Hgg.): „Why? ...How Long?" Studies on Voice(s) of Lamentation Rooted in Biblical Hebrew Poetry, New York 2014.

Frechette, Christopher G.: A Healing Function of the Violent Language against Enemies in the Psalms, in: Eve-Marie Becker et al. (Hgg.): Trauma and Traumatization in Individual and Collective Dimensions. Insights from Biblical Studies and Beyond (SANt 2), Göttingen 2014, 71–84.

Fuchs, Thomas: Existenzielle Vulnerabilität. Ansätze zu einer Psychopathologie der Grenzsituationen, in: Sonja Rinofner-Kreidl/Harals A. Wiltsche (Hgg.): Karl Jaspers' Allgemeine Psychopathologie zwischen Wissenschaft, Philosophie und Praxis, Mainz 2008, 95–107.

Hartenstein, Friedhelm: Das Angesicht JHWHs. Studien zu seinem höfischen und kultischen Bedeutungshintergrund in den Psalmen und in Exodus 32–34, FAT I 55, Tübingen 2008.

Janowski, Bernd: Konfliktgespräche mit Gott. Eine Anthropologie der Psalmen, Neukirchen-Vluyn 2003.

Janowski, Bernd/Liess, Kathrin (Hgg.): Der Mensch im Alten Israel. Neue Forschungen zur alttestamentlichen Anthropologie (HBS 59), Freiburg i. Br. 2009.

Janowski, Bernd: „Heile mich, denn ich habe an dir gesündigt!" (Ps 41,5). Zum Konzept von Krankheit und Heilung im Alten Testament, in: Günther Thomas/Isolde Karle. (Hgg.): Krankheitsdeutung in der postsäkularen Gesellschaft. Theologische Ansätze im interdisziplinären Gespräch, Stuttgart 2009, 47–66.

Janowski, Bernd: Konstellative Anthropologie. Zum Begriff der Person im Alten Testament, in: Ders. (Hg.): Der ganze Mensch. Zur Anthropologie der Antike und ihrer europäischen Nachgeschichte, Berlin 2012, 109–128.

Janowski, Bernd: Anthropologie des Alten Testaments. Grundfragen - Kontexte - Themenfelder, in: ThLZ 139 (2014), 535–554.

Janowski, Bernd: Das Herz – ein Beziehungsorgan. Zum Personverständnis des Alten Testaments, in: Ders./Christoph Schwöbel (Hgg.): Dimensionen der Leiblichkeit. Theologische Zugänge, Neukirchen-Vluyn 2015, 1–45.

Janowski, Bernd: Der ganze Mensch. Zu den Koordinaten der alttestamentlichen Anthropologie, in: ZThK 113(1) (2016), 1–28

Janowski, Bernd: Wie spricht das Alte Testament von „Personaler Identität? Ein Antwortversuch, in: Eberhard Bons/Karin Finsterbusch (Hgg.): Konstruktionen individueller und kollektiver Identität (I). Altes Israel / Frühjudentum, griechische Antike, Neues Testament / Alte Kirche (BThSt 161), Neukirchen-Vluyn 2016, 31–61.

Jung, Matthias/Bauks, Michaela/Ackermann, Andreas (Hgg.): Dem Körper eingeschrieben. Verkörperung zwischen Leiberleben und kulturellem Sinn, Studien zur Interdisziplinären Anthropologie, Wiesbaden 2016.

Kruger, Paul A.: Gefühle und Gefühlsäußerungen im Alten Testament. Einige einführende Bemerkungen, in: Bernd Janowski/Kathrin Liess (Hgg.): Der Mensch im Alten Israel. Neue Forschungen zur alttestamentlichen Anthropologie (HBS 59), Freiburg i. Br. 2009, 243–262.

Lottes, Günther: Erinnerungskulturen zwischen Psychologie und Kulturwissenschaft, in: Günther Oesterle (Hg.): Erinnerung, Gedächtnis, Wissen. Studien zur kulturwissenschaftlichen Gedächtnisforschung, Göttingen 2005, 163–184.

Mandolfo, Carleen: Psalm 88 and the Holocaust: Lament in search of a divine response, in: BInt 15/2 (2007), 151–170.

Maul, Stefan M.: Die Heilkunst des Alten Orients, Medizinhistorisches Journal 2011, 3–22.

Nunn, Astrid: Körperkonzeption in der altorientalischen Kunst, in: Andreas Wagner. (Hg.), Anthropologische Aufbrüche. Alttestamentliche und interdisziplinäre Zugänge zur historischen Anthropologie (FAT 232), Tübingen 2009, 119–150.

Oeming, Manfred: „Mein Herz ist durchbohrt in meinem Innern" (Ps 109,22). Krankheit und Leid in alttestamentlicher Sicht, in: Ders. (Hg.): Krankheit und Leid in der Sicht der Religionen, Osnabrück 1994, 5–28.

Olyan, Saul M.: Disability in the Hebrew Bible. Interpreting Mental and Physical Differences, Cambridge 2008.

v. Oorschot, Jürgen/Wagner, Andreas (Hgg.): Anthropologie(n) im Alten Testament (VWGTh 45), Leipzig 2015, 171–185.

Otto, Eckart: Magie - Dämonen - göttliche Kräfte. Krankheit und Heilung im Alten Orient und im Alten Testament, in: Werner H. Ritter/Bernhard Wolf (Hgg.): Heilung, Energie, Geist. Heilung zwischen Wissenschaft, Religion und Geschäft (BThS 26), Göttingen 2005, 208–225.

Poser, Ruth: Das Ezechielbuch als Trauma-Literatur (VT.S 154), Leiden 2012.

Rechberger, Uwe: Von der Klage zum Lob. Studien zum „Stimmungsumschwung" in den Psalmen (WMANT 133), Neukirchen 2012.

Schmidt, Jochen: Seelische Krankheit und Klage. Vom Denken und Bewältigen des Leidens an der Zeit, in: Michael Roth/Ders. (Hgg.): Gesundheit. Humanwissenschaftliche, historische und theologische Aspekte, Leipzig 2008, 127–147.

Schnocks, Johannes (Hg.): „Wer lässt uns Gutes sehen?" (Ps 4,7). Internationale Studien zu den Klagen in den Psalmen zum Gedenken an Frank-Lothar Hossfeld (HBS 85), Freiburg 2016.

Schnocks, Johannes: Klagepsalmen jenseits von Gattungsfragen. Theologische und anthropologische Überlegungen, in: Ders. (Hg.): „Wer lässt uns Gutes sehen?" (Ps 4,7), 15–34.

Sedmak, Clemens: Innerlichkeit und Kraft. Studie über epistemische Resilienz, Freiburg i. Br. 2013.

Seybold, Klaus: Das Gebet des Kranken im Alten Testament: Untersuchungen zur Bestimmung und Zuordnung der Krankheits- und Heilungspsalmen (BWANT 99), Stuttgart 1973.

Thomas, Günther/Karle, Isolde (Hg.): Krankheitsdeutung in der postsäkularen Gesellschaft. Theologische Ansätze im interdisziplinären Gespräch, Stuttgart 2009.

Zernecke, Anna E.: Gott und Mensch in Klagegebeten aus Israel und Mesopotamien. Die Handerhebungsgebete Ištar 10 und Ištar 2 und die Klagepsalmen Ps 38 und Ps 22 im Vergleich, AOAT 387, Münster 2011.

Was man erzählen kann, wenn man an seine Grenzen kommt. Zur Bedeutung der Narrativität im Resilienzdiskurs[1]

Katharina Opalka

1. Narrativität im Resilienzdiskurs

„Wovon kann man erzählen?" Diese Frage hat sich als eine interdisziplinär verbindende Problemstellung unter dem Begriff der Narrativität erwiesen. Das Erzählen taucht in unserer Forschungsgruppe in unterschiedlichen Ausprägungen an unterschiedlichen Stellen im interdisziplinären Arbeiten auf: In den Anamnesegesprächen der Psycholog*innen und Mediziner*innen, in den Texten der religiösen Traditionen und in der Art und Weise, wie „Resilienz" in den entsprechenden Diskursen narrativ verarbeitet wird. Um einen Überblick darüber zu geben, wie Narrative als Erzählungen und als diejenigen Verdichtungen, die unser Erzählen prägen, im Resilienzdiskurs und für die inter- und transdisziplinäre Projektausrichtung nutzbar gemacht werden können, wird im Folgenden in einem ersten Teil der narrativitätstheoretische Diskurs dargelegt, wie er für die Resilienzforschung relevant ist:[2] Was kann spezifisch unter einem „Resilienznar-

1 Gefördert durch die Deutsche Forschungsgemeinschaft (DFG) – Projektnummer 348851031.

2 Dass das Narrativ ein Konzept ist, das sich auf dieser Schnittstelle für inter- und transdisziplinäre Diskurse eignet, wird aus der Perspektive der Literaturwissenschaften selbst reflektiert, so besonders im Rückgriff auf Norbert Meuter in den Arbeiten von Vera und Ansgar Nünning sowie Alexandra Strohmaier: Vgl. *Norbert Meuter*: Geschichten erzählen, Geschichten analysieren. Das narrativistische Paradigma der Kulturwissenschaften, in: Friedrich Jaeger et al. (Hgg.), Handbuch der Kulturwissenschaften, Stuttgart 2011, 140–155, hier: 140; vgl. auch *Ansgar Nünning*: Narrativist Approaches and Narratological Concepts for the Study of Culture, in: Birgit Neumann/Ansgar Nünning (Hgg.), Travelling Concepts for the Study of Culture, Berlin/Boston 2012, 145–184; vgl. für einen Überblick über die transdisziplinären Felder der Narratologie: Alexandra Strohmaier (Hg.), Kultur – Wissen – Narration. Perspektiven transdisziplinärer Erzählforschung für die Kulturwissenschaften, Berlin 2013; darin besonders: *Ansgar Nünning*: Wie Erzählungen Kulturen erzeugen. Prämissen, Konzepte und Perspektiven für eine kulturwissenschaftliche Narratologie, 15–35. Bei Nünning und Nünning zeigt sich, dass es dabei im Wesentlichen um perspektivische Verschiebungen geht: In Vera Nünning/Ansgar Nünning (Hgg.): Handbuch Erzähltheorie transgenerisch, intermedial, interdisziplinär, Trier 2002 verweisen die Autor*innen, von der literaturwissenschaftlichen Perspektive ausgehend, auf die weiteren interdisziplinären Anwendungsgebiete. In Ansgar Nünning/Vera Nünning (Hgg.): Neue Ansätze

rativ" verstanden werden? Diese Fragestellung kann in zwei Richtungen differenziert werden: Welche Texte kommen erstens als Narrative *von* Resilienz in Frage? Welche Narrative können zweitens Resilienz-relevant eingespielt werden, z. B. *für* Erfahrungen, in denen man an seine Grenzen kommt? „Grenzen" meint hier nicht die Grenzen des empirisch Messbaren, sondern Grenzen haben vielmehr einen existentiellen Bezug, dessen vielfältige Ausdifferenzierungen sich erst anhand der Betrachtung konkreter Phänomenbestände und ihrer Narrative erschließt: In krisenhaften Erfahrungen kann es scheinen, als ob man an die Grenze des eigentlich Ertragbaren gekommen ist. Wo es in solch einer krisenhaften Erfahrung aber auch darüber hinaus um spirituelle Inhalte metaphysischer Art geht, werden erkenntnistheoretische Grenzen relevant. Alle diese Erfahrungen können an die Grenzen des Erzählbaren kommen, weil sie sich kaum noch versprachlichen lassen. An dieser Stelle kommt die Betrachtung besonders solcher Narrative in den Blick, die mit diesen Grenzen umgehen und dort weitererzählen, wo die Erzählung – scheinbar – an ihren Abbruch kommt.

Deswegen dient aus systematisch-theologischer Perspektive das Narrativ „Kreuz" als Erschließungszusammenhang für eine erste Annährung aus dem christlich-biblischen Traditionsbestand dafür, was „Resilienznarrative" sein könnten. Durch die Perspektivierung als Resilienznarrativ kommt gleichzeitig das „Kreuz" noch einmal neu in den Blick – schon allein deshalb, weil es in der Perspektivierung auf situative Grenzerfahrungen erschlossen wird. Das gilt besonders da, wo das Kreuz selbst „grenz-wertig" ist und die Distanzierungsmechanismen auf der Ebene (theologischer) Reflexion nicht (sofort) greifen können. Das kann z. B. für die Brutalität des geschundenen Körpers am Kreuz gelten, wie sie sich in Kruzifix-Darstellungen zeigt.

In den beiden folgenden Teilen des Aufsatzes werden deswegen exemplarische Aspekte des Narrativs „Kreuz" ausschnittsweise fokussiert. Für die erste Problemstellung, welche Texte im Rahmen des Narrativs „Kreuz" als Erzählung *von* Resilienz in Frage kommen, wird der Verlassenheitsruf Jesu am Kreuz in Mk 15,34 profiliert: Die Interpretationen des Rufes „Mein Gott, mein Gott, wozu/warum hast du mich verlassen?" zeigen eine Vielzahl divergenter Möglichkeiten auf, wie und mit welchen intertextuellen und existentialen Kontexten das Narrativ des Kreuzes aufgeladen sein kann. Die zweite Problemstellung, wie das Narrativ „Kreuz" *für* Resilienz relevant und situativ wirksam werden kann, wird anhand einer sehr spezifischen, kontextuell gebundenen, religiös-rituellen Praxis thematisiert: In dem Gebet am Kreuz am Freitagabend in Taizé kommen biblische Narrationen, die in den kurzen Gesängen enthaltenen Narrative, sich situativ ergebende und narrative Erwartungshaltungen zum Gebet, Rituale in den divergenten Prägungen einer Vielzahl von Traditionszusammenhängen sowie das materielle Objekt der

in der Erzähltheorie, Trier 2002 nehmen die Autor*innen von vornherein eine eher funktional orientierte kulturwissenschaftliche Perspektive ein.

Kreuzikone zusammen. Im individuellen Gebet am Kreuz können reflexiv zu erschließende Kreuzesnarrative auch auf nicht-reflexive Weise angeeignet werden, sodass individuelle, situativ gebundene Grenzerfahrungen verarbeitet werden können.

2. Das Kreuz als Narrativ

2.1 Was ist ein Narrativ?

Zur Erschließung des Kreuzes als Resilienznarrativ, das inter- und transdisziplinär für grenzwertige Situationen nutzbar gemacht werden kann, wird zunächst eine erste Bestimmung gegeben, welches Verständnis von „Narrativ" der Rede vom Resilienznarrativ zugrunde liegt. Als eine vorläufige Definition können als ein Narrativ all diejenigen Formen von Erzählungen verstanden werden, die in intersubjektiven Kontexten so in Anspruch genommen werden, dass sie im Rahmen bestimmter Genres und Erzählpragmatiken für ein Individuum oder ein Kollektiv Funktion(en), Wirkung(en) und Bedeutung(en) haben. Narrative entstehen nicht im luftleeren Raum, sondern in – narratologisch und kulturwissenschaftlich – bestimmbaren intentionalen oder nicht-intentionalen Kontexten, die auf bestimmte Regelmäßigkeiten hin untersucht werden können. Was als ein Narrativ verstanden wird, ist durch den Diskurszusammenhang und den alltagspragmatischen Gebrauch bestimmt: 1) Erzählungen in ihrer Gesamtstruktur können ebenso als – je spezifisch nach Genre und ihrer Binnenstruktur zu unterscheidende – Narrative untersucht werden (z. B. Hamlet, Harry Potter) wie als fiktionalisierte geschichtliche Ereignisse (in der Geschichtsschreibung eines Landes; die Erzählung, wie ich mich entschieden habe, Theologie zu studieren). Hinzu kommen 2) einzelne funktional werdende (Lebens-)Äußerungen von Individuen („Ich bin ein Pechvogel") wie Kollektiven („Wir sind die Kirche der Freiheit"/„Wir sind eine weltoffene Nation") oder 3) sogenannte „Mini-Narrative" („Europa", „Reich Gottes", „Gerechtigkeit")[3], in denen sich auf wenige Worte oder Sätze verdichtete Erzählungen finden, die wiederum funktional werden können – auch wenn sie in ihrer Bedeutung plural und situativ polyvalent bleiben. „Kreuz" ist zunächst strukturell solch ein „Mini-Narrativ". Es kann darüber hinaus als funktional werdende Lebensäußerungen in Anspruch genommen werden, von säkularisierten Aussprüchen („Jeder hat sein Kreuz zu tragen")

---

3 *Ansgar Nünning*: Wie Erzählungen Kulturen erzeugen. Prämissen, Konzepte und Perspektiven für eine kulturwissenschaftliche Narratologie in: Strohmaier: Kultur – Wissen – Narration, 15–53, hier: 38.

bis hin zu hoch normativen innerkirchlichen und theologischen Selbstbeschreibungen („Kreuzestheologie"[4]). Dieses Mini-Narrativ „Kreuz" ist geprägt durch die Erzählungen vom Kreuz, wie sie primär in den Passionserzählungen zu finden sind und prägt diese wiederum aus funktionaler Perspektive, so dass Narration und Narrativ hier eng ineinander verwoben sind. Welche Passionserzählung oder auch nur welchen Aspekt der Passionserzählung eine Person z. B. im Gebet mit dem „Kreuz" verbindet, wird beeinflussen, wie und auf welche Weise es in einer krisenhaften Lebenssituation funktional werden kann – und ob sich das Kreuz überhaupt erst „vor Augen stellt".[5] Einerseits kann die Lesart der Passionserzählungen dadurch geprägt sein, wie jemand das Mini-Narrativ „Kreuz" in Anspruch nimmt (oder nehmen möchte) und andererseits kann die Auswahl und Lesart diesen Gebrauch ebenso prägen.

Es kann an dieser Stelle die Unterscheidung von eher literaturwissenschaftlichem, narratologischem und kulturwissenschaftlichem Vorgehen eingezogen werden, die nicht trennscharf, aber für die Entschlüsselung der oben beschriebenen komplexen Phänomene weiterführend ist.[6] Eine sehr grobe und schematische Differenzierung zur ersten Einordnung kann folgendermaßen getroffen werden: Ein literaturwissenschaftliches Vorgehen ist eher aus erzähltheoretischer Perspektive auf den Text fokussiert und damit daran interessiert, wie das Narrativ in seinen Strukturen, Gattungen, Erzählpragmatiken und sprachlichen Gestaltungen funktioniert.[7] Demgegenüber fragen kulturwissenschaftliche Per-

---

4 Vgl. *Michael Korthaus*: Kreuzestheologie. Geschichte und Gehalt eines Programmbegriffs in der evangelischen Theologie, Tübingen 2007.

5 Luther nutzt diese Metapher, um zu zeigen, wie das Kreuz Christi in der Todesstunde Trost entfalten kann, indem es auf die dahinter liegende Dimension der Auferstehung verweist, die sich dem (eingeübten) Betrachtenden vor Augen stellt (*Martin Luther*: Ein Sermon von der Bereitung zum Sterben, [1519], übers. v. Thorsten Dietz, in: Martin Luther: Deutsch-deutsche Studienausgabe, Bd. 1, Leipzig 2012, [45–47] 48–73, hier: 55, nach: WA 2, [680] 685–697; WA 2, 688f.) Bei dieser Rede vom Kreuz im Sermon hat Luther vermutlich oft ein materiales „Kruzifix" vor Augen, das dazu dient, den leidenden Christus ganz plastisch in den Blick zu nehmen.

6 Wolfgang Müller-Funk umgeht diese Problematik, indem er zwischen Erzählen, Narrativ/Narration sowie *plot* und *story* differenziert. Diese könnten sinnvoll nur in ihrem Gebrauch definiert werden, insofern sie in je unterschiedlichen Diskursen verortet seien: Das Erzählen in der deutschsprachigen Erzähltheorie und der französischen Philosophie, Narrativ und Narration in (post-)strukturalistischen Analysen und *plot* bzw. *story* schließlich im angelsächsischen Diskurs (vgl. *Wolfgang Müller-Funk*: Die Kultur und ihre Narrative: Eine Einführung, Wien [2]2008, 15).

7 Der Begriff der „Narrativität"/„narrativity" ist dabei selbst mindestens doppeldeutig, wie H. Porter Abbot darlegt: „‚[N]arrativity' is still commonly used in two senses: in a fixed sense as the ‚narrativeness' of narrative and in a scalar sense as the ‚narrativeness' of a narrative, the one applied generally to the concept of narrative, the other applied comparatively to particular narratives" (*H. Porter Abbot*: Narrativity, in: Peter Hühn et al. [Hgg]: the living handbook of narratology, http://www.lhn.uni-hamburg.de/article/narrativity, letzter Zugriff: 10.08.2018, kursiv im Original; das living handbook of narratology bietet einen umfassenden Überblick über die narratologischen Themenkomplexe). Abbot ist zudem Herausgeber der Reihe Narratologia (de Gruyter), die maßgeblich für die neueren deutschsprachigen narratologischen Ansätze ist.

spektiven eher danach, wie im Rahmen des menschlichen Bezuges auf die Wirklichkeit Narrative in bestimmten Kontexten eine Funktion und eine Wirkung haben (können).[8]

Diese Differenzierung spiegelt sich wiederum in der Theoriebildung in der Unterscheidung zwischen den strukturalistischen Formen der Narratologie[9] und poststrukturalistischen Ansätzen wider.[10] Poststrukturalistisch wird die Aufgabe der Erzähltheorie darin verstanden „nach den Funktionen zu fragen, die Erzählungen bzw. das ‚narrative Schema' in Kulturen [...] erfüllen"[11]. In dieser Perspektive können nun nicht mehr nur literarische Texte in den Blick kommen, sondern jegliche Formen von Wirklichkeitserzählungen.[12] Ansgar Nünning sieht es als Konsens der Narrativitätstheorien an, „dass das Narrative nicht bloß eine literarische Form, sondern ein kognitiver Modus der Selbst- und Wirklichkeitserfahrung sowie der kulturellen und sozialen Wirklichkeitskonstruktion ist"[13]. Schon in dieser schematischen Differenzierung, die der Komplexität der einzelnen Forschungsarbeiten nicht gerecht wird, zeigt sich, warum die hermeneutische Frage nach der Bedeutung des Textes, die weder von seinem Inhalt noch von seiner Funktion abstrahieren kann, für die Reflexion dieser Schnittstelle relevant ist.

2.2 Resilienznarrative

Das Narrativ hat als Leitbegriff für das Resilienzprojekt – das hier exemplarisch für den Umgang mit Narrativen im interdisziplinären Arbeiten stehen kann – in diesem Sinne eine komplexe, verbindende Funktion: Anhand der Beschäftigung mit dem Narrativ kann das Interesse an Erzählungen und deren hermeneutische

---

8 *Albrecht Koschorke*: Wahrheit und Erfindung. Grundzüge einer Allgemeinen Erzähltheorie, Frankfurt a. M. ^{4}2017, 10.

9 Vgl. für einen Überblick *Nünning*: Erzählungen, 34; sowie *Wolf Schmid*: Elemente der Narratologie, Berlin/New York ^{2}2008; die grundlegende Unterscheidung zwischen „histoire", „récit", „narration" geht auf Gérard Genette zurück (*Gérard Genette*: Die Erzählung [Discourses du récit, 1972], München ^{2}1998), aufbauend auf der von ihm erst getroffen Unterscheidung von „discourse" („Wie" der Erzählung) und „histoire" („Was" der Erzählung). Die Strukturen der Erzählung sind auf einen weiten Bereich übertragbar, wie es z. B. Claude Lévi-Strauss für die Mythenerzählungen gezeigt hat (vgl. *Claude Lévi-Strauss*: Myth and Meaning, Toronto 1978) und Roland Barthes für diejenigen Medien, die über den engen Bereich des Textes hinausgehen (vgl. *Roland Barthes*: Rhetorik des Bildes [Rhétorique de l'image], in: Ders.: Der entgegenkommende und der stumpfe Sinn, Frankfurt am Main 2005).

10 Vgl. *Nünning*: Erzählungen, 32.

11 *Nünning*: Erzählungen, 34; mit Bezug auf *Norbert Meuter*: Geschichten erzählen, Geschichten analysieren, 145.

12 Vgl. Christian Klein/Matías Martinez (Hgg.): Wirklichkeitserzählungen: Felder, Formen und Funktionen nicht-literarischen Erzählens, Stuttgart/Weimar 2009.

13 *Nünning*: Erzählungen, 33.

Reflexion mit dem Bewusstsein für funktionale (und möglicherweise operationalisierbare) Phänomene verbunden werden. Grundsätzlich ermöglicht die Kategorie des Narrativs eine Erfassung von Dynamiken zwischen Intention, Wirkung, Funktion und Bedeutung von Texten und Äußerungen in ihren jeweiligen Kontexten und unter Berücksichtigung der Rezipient*innen. Das hier in Anspruch genommene, funktionale Verständnis von Narrativ(en) geht auf die folgenden Formulierungen von Norman Ächtler zurück:

> „Narrative sind sinnstiftende und die Erfahrung systematisierende Erzählmotive bzw. Textschemata, die sich in Texten im weitesten Sinne zum Ausdruck bringen und als intersubjektiv orientierende Schemata rezipiert werden."[14]

Ächtler bestimmt die Funktion des Narrativs weiter dahingehend, dass Narrative Sinn stiften, Erfahrungen systematisieren und Kohärenz in der kollektiven oder individuellen Identitätsbildung generieren.[15] Doch schon für das Narrativ „Kreuz" zeigt sich auf der Ebene der Erzählung, dass dieses nicht nur von den sinnstiftenden, sondern ebenso von den – scheinbar oder wirklich – verstörenden Momenten lebt, die in ihrem funktionalen Gehalt zunächst gehoben werden müssen und (narrativer) Interpretation bedürfen. In diesem Sinne ist auch Galen Strawsons prominent formulierte Kritik am Narrativitätsdiskurs zu verstehen, wie er sie 2004 in „On Narrativity" zum Ausdruck bringt: Das Narrativ als funktional identitätsstiftend gedacht kann dazu verleiten, Erfahrungen von Abgründigkeit und Scheitern nicht zu thematisieren und sie vorschnell im Rahmen einer kohärenten Lebenserzählung zu nivellieren und aufzulösen.[16] Strawsons grundlegende Kritik ist, dass insbesondere die biographische Narrativitätsforschung implizit ein normatives Verständnis des biographischen Lebens hat: Wenn das eigene Leben narrativ diachron und kohärent erzählt werden kann, dann sollte es auch so erzählt werden. Das bringt jedoch eine zusätzliche Belastung für diejenigen, die ihr Leben gerade nur episodisch und nicht kohärent erzählen können.[17] Was Strawson auf der Ebene der Gestaltung von Erzählungen

---

14 *Normann Ächtler*: Was ist ein Narrativ? Begriffsgeschichtliche Überlegungen anlässlich der aktuellen Europa-Debatte, in: Kultur-Poetik 1472, 2014, 244–268, hier: 247.

15 Laut Ächtler sei ein Narrativ „eine komplexere intentionale und evaluative, in sich sinnvoll geschlossene [...] narrative Einheit, von zeitweilig überindividueller identifikatorischer Relevanz, deren spezifische Konfiguration diskursiven Formationen innerhalb eines bestimmten Zeit-Raums eine konsistente Aussagestruktur und eine legitimatorische wie sinnstiftende Teleologie verleiht" (*Ächtler*, Narrativ, 258).

16 Vgl. *Galen Strawson*: Against Narrativity, in: Ratio XVII (2004), 428–452.

17 Aus religionspädagogischer Perspektive in einem anderen Diskursrahmen spiegelt das die Kritik Henning Luthers am Identitätsbegriff (vgl. *Henning Luther*: Identität und Fragment: Praktisch-theologische Überlegungen zur Unabschließbarkeit von Bildungsprozessen, in: Ders.: Religion und Alltag: Bausteine zu einer Praktischen Theologie des Subjekts, Stuttgart 1992, 160–182). Stattdessen schlägt Luther vor, Identität als Fragment zu verstehen, die notwendigerweise unabgeschlossen bleiben muss, wenn sie Phänomene wie Liebe, Trauer und Hoffnung integrieren will (*Luther*: Identität, 170). Die Kohärenz einer Lebenserzählung würde sich mit Luther gerade in ihrem fragmentarischen Charakter erweisen.

einfordert, macht Koschorke auf der Ebene der funktionalen Wirkung des Narrativs ebenfalls programmatisch: Koschorke führt aus, dass „das Erzählen ebensogut [sic!] in den Dienst des Abbaus von Sinnbezügen gestellt werden [kann] [...]. In einer Vielzahl von Erzählungen wird Kontingenz keineswegs gebannt, sondern geradezu heraufbeschworen."[18] Es bedarf deswegen einer Theorie „des Unscharfen, nicht Systematisierbaren, der losen Enden und Ränder, des Formlosen und Informellen"[19]. Im Einklang mit der Gesamtausrichtung des Resilienzprojektes wird dieser kritische Narrativitätsbegriff aufgenommen, der die Funktionalität des Narrativs nicht nur in seinen sinnstiftenden, sondern auch in seinen sinnentziehenden Elementen sieht.

Für die Frage danach, was ein „Resilienznarrativ" in interdisziplinärer Perspektive ausmacht, ist in diesem Sinne zunächst festzuhalten, dass keine absoluten Kriterien oder eine feste Klasse an Narrativen bestimmt werden können, die zur „Resilienz" führen – was auch daran liegt, dass sich im Zusammenspiel von unserer Forschungsperspektive und der Bearbeitung der Narrative der Resilienzbegriff erst schärft. Vielmehr können derzeit nur annährungsweise, unter Einbeziehung von Situativität und Kontext solche Narrative diskutiert werden, die Resilienz-relevantes Potential haben könnten. Es lässt sich nicht abschließend eingrenzen, ob und auf welche Art und Weise Narrative so angeeignet werden können, dass sie letztlich z. B. zu einer resilienten Haltung führen. Das lässt sich exemplarisch am Narrativ „Kreuz" zeigen: Das „Kreuz" ist – auf den ersten Blick – derart von Sinnentzug geprägt, dass die Kategorie der Resilienz nicht angemessen erscheinen mag. In der Rezeption der Narrationen vom Kreuz sowie der Praxen im Umgang mit dem „Kreuz" zeigt sich jedoch, dass diese in vielfältigen Hinsichten Resilienz-relevant werden können. Im Folgenden werden dazu ausschnittartig die Rezeption der Erzählung vom Verlassenheitsruf Jesu am Kreuz sowie die Praxis des Gebets am Kreuz in Taizé in den Blick genommen, um zu zeigen, unter welchen Aspekten das Narrativ „Kreuz" zum interdisziplinären Resilienzdiskurs beitragen kann.

3. Der Verlassenheitsruf Jesu am Kreuz als Narrativ *von* Resilienz

Inwieweit kann nun das Narrativ „Kreuz" als ein Narrativ *von* Resilienz verstanden werden, das von Resilienz-relevanten Phänomenen erzählt? Das „Kreuz" kann auf seinen narrativen Gehalt hin befragt werden, so dass die dahinterliegenden Erzählungen, wie z. B. die Passionsberichte der Evangelien, in den Blick

18 *Koschorke*: Wahrheit, 11.
19 *Koschorke*: Wahrheit, 25.

rücken. Das geschieht in einer inter- und transdisziplinären Hinsicht, um diese Texte in ihrer Komplexität als Erzählungen von krisenhaften Situationen für andere krisenhaften Situationen, wie etwa in der Palliativversorgung, zu erschließen. Die Passionserzählungen kommen (scheinbar) immer wieder an den Moment, an dem angesichts des Todes erwartet werden könnte, dass die Erzählung abbricht.[20] Als narrativ gestaltete und intertextuell verweisende Erzählungen thematisieren sie jedoch – ähnlich wie die Klagepsalmen – genau diese Krise in der Möglichkeit des Erzählens.[21] In dem Verlassenheitsruf Jesu am Kreuz in Mk 15,34 (par. Mt 27,46) wird das auf der Ebene der Erzählung wie in der Rezeption selbst-reflexiv: „Mein Gott, mein Gott, warum/wozu hast du mich verlassen?" transzendiert in seiner existentiellen Dringlichkeit den Rahmen der Erzählung. In diesem Sinne kann Mk 15,34 genau solch ein Text sein, der von der Verarbeitung einer krisenhaften Erfahrung erzählt und wiederum funktional für Lebenskrisen werden kann, indem er z. B. als ein Angebot entfaltet wird, mit dem der Verlust letzter Sicherheiten zum Ausdruck gebracht werden kann.[22] Eine detaillierte Betrachtung der Rezeption von Mk 15,34 zeigt jedoch schon auf, inwiefern der Text in diesem Prozess nicht auf eine Funktion hin reduziert werden kann.[23] Für die Differenzen in der Rezeption von Mk 15,34 ist besonders die Interpretation der intertextuellen Verweise zu Ps 22 ausschlaggebend: Auf der einen Seite kann der Ruf als ein existentiell bedrängter Ausdruck höchster Verlassenheit gedeutet werden, in dem sich die Abgründigkeit des menschlichen Lebens wie des Gottesgedankens zeigt. Auf der anderen Seite kann die Hoffnung auf eine Überwindung dieser existentiellen Bedrohung stark gemacht werden, in welcher der Dank für die geschehene Rettung schon mitschwingt.[24] Rudolf Bult-

---

20 Zur Möglichkeit der Rede vom Tod und angesichts des Todes, vgl. *Dorothea Ugi*: Den Tod vor Augen. Systematisch-theologische Blicke auf thanatologische Themen, (MThS) Leipzig 2021 (zur Drucklegung vorbereitet).

21 Zur Interpretation von Ps 22 im Rahmen der Resilienz, vgl: *Judith Gärtner*: Lebensstark aus der Klage. Traditionen der Hebräischen Bibel in der Perspektive von Resilienz am Beispiel von Ps 22, in: PTh 51 (2016), 75–81.

22 Vgl. *Cornelia Richter*: Trauer zwischen Gebetsnot und „Nötigung" ins Gebet: Eine Skizze situativer Lebenshermeneutik, in: Simon Peng-Keller (Hg.): Gebet als Resonanzereignis. Annährungen im Horizont von Spiritual Care, Neukirchen-Vluyn 2017, 177–192.

23 Die Kreuzigungsszene muss dabei nicht notwendigerweise vom Verlassenheitsruf her erschlossen werden. Jochen Flebbe schlägt für den Resilienzdiskurs vor, diese aus der Perspektive von Mk 15,39 dem Bekenntnis des Hauptmannes zu bearbeiten, in dem sich das „so" des Todes Jesu profiliert, vgl. *Jochen Flebbe*: „Ich glaube – hilf meinem Unglauben." Strukturen antithetischer Krisenbewältigung im Neuen Testament, in: Cornelia Richter (Hg.): Ohnmacht und Angst aushalten. Kritik der Resilienz in Theologie und Philosophie, (RuG 1) Stuttgart 2017, 47–69, hier: 52f.

24 Eine Übersicht über einige relevante Interpretationen des Verlassenheitsrufes in protestantischen Dogmatiken des 19. und 20. Jahrhunderts sowie bei Hans Urs von Balthasar findet sich bei *Benjamin Dahlke*: Psalm 22 in der Passion Jesu. Zur neueren Auslegungsgeschichte, in: Ephemerides Theologicae Lovanienses 93/2017, 199–237. Dahlke endet mit der Problemstellung,

mann geht in seiner hermeneutisch-exegetisch orientierten Rezeption des Verlassenheitsrufes davon aus, dass Jesus am Kreuz die Krise nicht überwinde, sondern existentiell verzweifelt an das Ende und den Abbruch der Erzählungen gekommen sei. In die Markuspassion wäre so, mit Bultmann, die Hoffnungsperspektive höchstens nachträglich eingezeichnet.[25]

Das umgekehrte Bild ergibt sich, wenn der Verlassenheitsruf unter Einbeziehung des sog. Stimmungsumschwungs in den Klagepsalmen interpretiert wird:[26] Mk gehe davon aus, dass für die Rezipient*innen der intertextuelle Verweis auf Ps 22 so klar erkennbar sei, dass sie diesen im Verlassenheitsruf ergänzen können. Somit sei das Ende von Psalm 22 – das Lob für die erfahrene Rettung – schon in dem Verlassenheitsruf implizit enthalten.[27] Jesu verweise an diesem Punkt also schon – für diejenigen, die mit dem Psalm vertraut sind – auf die Hoffnungsperspektive der Auferstehung und die Überwindung der existentiell lebensbedrohlichen Situation. Ebenso kann in dieser Hinsicht die Anrufung Gottes im Aussprechen der Gottverlassenheit als ein Modus der Überwindung gedeutet und darin eine Form von Hoffnung aufgezeigt werden.[28]

---

dass diese Interpretationen des Verlassenheitsrufes weniger etwas über den Ruf selber aussagen, sondern vielmehr die Grundlinien theologischen Denkens bei diesen Autoren aufzeigen (vgl. *Dahlke*: Psalm 22, 236).

25 *Rudolf Bultmann*: Das Verhältnis der urchristlichen Christusbotschaft zum historischen Jesus, [3]1962, 12; *Theodor Gut*: Der Schrei der Gottverlassenheit. Fragen an die Theologie, Zürich 1994. In diesem Sinne interpretiert auch Monika Fander unter dieser Passage paradigmatisch das Markusevangelium als eine Verarbeitung von traumatischen Kriegserfahrungen: „Angesichts eines solchen Kriegstraumas [der Zerstörung des Tempels, KO] ist die Erstarrung und die Verzweiflung normal und nachvollziehbar. [...] Jede vorschnelle tröstliche Antwort trüge wohl kaum, sie hätte nur die Wirkung einer Narkose“ (*Monika Fander*: „Mein Gott, mein Gott, warum hast du mich verlassen?“ (Mk 15,34). (Kriegs-)Traumatisierung als Thema des Markusevangeliums, in: Elisabeth Moltmann-Wendel/Renate Kirchhoff (Hgg.): Christologie im Lebensbezug, Göttingen 2005, 116–156, hier: 136). Diese Deutung versteht Fander, in Einbeziehung der in Mk 1 entfalteten Hoffnungsperspektive, als eine Vorlage für die Reflexion auf den Umgang mit Traumaerfahrungen in der feministischen Theologie, die mit Paradoxien arbeiten kann: „Von daher ist seine [Markus', KO] Theologie kein Rezeptbuch für positives Denken, mit Tipps, wie man möglichst schnell aus einer Krise herauskommt. Denn für viele Traumatisierte ist Gott tot und bleibt es auch“ (*Fander*, Mein Gott, 155).

26 Vgl. zu einer kritischen Betrachtung des Stimmungsumschwungs als Wende: *Uwe Rechberger*: Von der Klage zum Lob. Studien zum „Stimmungsumschwung“ in den Psalmen, (WMANT 133) Neukirchen-Vluyn 2012.

27 Diese Interpretation geht zurück auf *Hartmut Gese*: Psalm 22 und das Neue Testament. Der älteste Bericht vom Tode Jesu und die Entstehung des Herrenmahles, in: Ders.: Vom Sinai zum Zion. Alttestamentliche Beiträge zur biblischen Theologie, Tübingen [3]1990, 180–201, hier: 193ff. In diesem Sinne interpretiert Holly J. Carrey die gesamte Passionserzählung ausgehend von den intertextuellen Verweisen als *passion-resurrection narrative* (vgl. *Holly J. Carrey*: Jesus' Cry from the Cross. Towards a First Century Understanding of the Intertextual Relationship between Psalm 22 and the Narrative of Marks's Gospel, London/New York 2009).

28 Das zeigt sich exemplarisch in einem der Spitzensätze Albrecht Ritschls, in dem dieser in ungewöhnlich eindrücklichem Tonfall für die paradoxe Anwesenheit Gottes im Verlassenheitsruf plädiert: „Denn wer Gott als seinen Gott anruft, der ist nicht von Gott fern und dem ist auch Gott nicht fern; ein solcher unterliegt also in diesem Augenblick nicht dem göttlichen Zorn“

Der Zusammenhang von Verzweiflung und Hoffnung verweist auf die komplexe Dynamik, in der Kreuz und Auferstehung stehen, die hier nur einmal kurz angerissen werden soll. Es geht bei den Narrativen „Kreuz“ und „Auferstehung“ im Rahmen des Resilienzdiskurses nicht um binäre Strukturen, für die nach Modi der Kongruenz, der Überwindung oder der Aufhebung gesucht wird. Die narrative Betrachtungsweise erlaubt es vielmehr, Kreuz und Auferstehung schon als in sich selbst polyvalente, auf vielfältige Narrationen verweisende Narrative zu sehen, die in unterschiedliche Weise aufeinander bezogen sein können oder miteinander verwoben sind und darin die Fülle menschlicher Lebenserfahrung – nicht nur, aber auch an den Grenzen menschlicher Erfahrung – ausdrücken können. Es gibt nicht eine (möglicherweise gar normierend bestimmte) Weise, wie sich Kreuz und Auferstehung zueinander verhalten und in Beziehung gesetzt werden können, sondern multiperspektivische Bezugnahmen, die anhand konkreter Erzählungen von Kreuz und Auferstehung sowie situativer Umgänge mit Kreuz und Auferstehung gehoben werden können.

Anhand des Vorschlages von Bernd Janowski zur Interpretation der Psalmen im Markusevangelium kann noch einmal gezeigt werden, wie komplex und mit impliziten Verweisen existentielle Verlassenheit und Hoffnung auch in der Rezeption verwoben sind. Janowski schlägt vor, dass die intertextuelle Bezugnahme auf Ps 22 im Markusevangelium so komponiert ist, dass die einzelnen verweisenden Elemente von Ps 22 gegenläufig szenisch angeordnet sind und in das Mk-Evangelium eingespielt werden.[29] In dieser szenisch inszenierten Zuspitzung auf den Verlassenheitsschrei kann die Erfahrung der Abwesenheit Gottes ernst genommen werden, ohne dass sie sofort in einer Hoffnungsperspektive aufgelöst wird: „Im Kreuzigungsbericht gibt es keinen ‚verborgenen Lichtglanz‘, alles ist Finsternis und Schweigen Gottes“[30]. Es ist auffallend, dass Janowski nun nicht bei dieser Deutung bleibt, sondern den Satz fortführt: „– so scheint es jedenfalls.“[31] Hintergründig kann Janowski annehmen, dass über das Motiv der kosmischen Finsternis (Mk 15,33) und des Zerreißen des Tempelvorhanges (Mk 15,38) die Präsenz Gottes auch in Mk 15,34 angedeutet wird.[32] Janowski zielt also ebenfalls auf die Hoffnungsperspektive ab.[33] Diese liegt jedoch nicht auf der vordergründigen Ebene der intertextuellen Interpretation. Vielmehr ist diese Hoffnungsperspektive in der narrativen Kontextualisierung und den intertextuellen

---

(*Albrecht Ritschl*: Die christliche Lehre von der Rechtfertigung und Versöhnung: Bd II – Der biblische Stoff der Lehre, Bonn ³1889, 156).

29 *Bernd Janowski*: „Mein Gott, mein Gott, wozu hast du mich verlassen?“, in: ZThK 116 (2019), 371–401, hier: 396.

30 *Janowski*: Mein Gott, 397, unter Verweis auf *Ulrich Luz*: Das Evangelium nach Matthäus, (EKK I/4), Göttingen 2002, 347.

31 *Janowski*: Mein Gott, 397.

32 *Janowski*: Mein Gott, 397.

33 Vgl. *Janowski*: Mein Gott, 399, in der Aufnahme von *Martin Ebner*: Klage und Auferweckungshoffnung im Neuen Testament, (JBTh 16) Neukirchen-Vluyn 2001, 73–87, hier: 79.

Verweisen derart voraussetzungsreich eingezeichnet, dass für die Rezipient*innen auch die Möglichkeit besteht, den Verlassenheitsruf als „Finsternis und Schweigen" zu deuten.

In den Rezeptionen des Verlassenheitsrufes zeigen sich – jenseits von exegetischen Entscheidungen – Verarbeitungsmechanismen krisenhafter Erfahrungen auf der Ebene von literarisch konstruierten Narrationen. Der Verlassenheitsruf kann somit, über die Rezeption der Passionserzählungen hinausgehend, exemplarisch dafür stehen, wie grundlegend uneindeutig die Bestimmung dessen ist, was dann doch erzählt wird, wenn eigentlich schon nicht mehr erzählt werden kann. Das kann auch für Formen von Verlassenheitsrufen vermutet werden, wie sie z. B. im Krankenzimmer vorkommen können und für die ebenfalls das Bewusstsein dieser Komplexität offengehalten werden muss. Dort, wo diese Narrationen sich z. B. in Mini-Narrativen verdichtet finden und in Praxen oder ritualisierte Praxisformationen übertragen werden, kann demnach mit mindestens dieser Komplexität gerechnet werden: Wenn im Gebet das Narrativ „Kreuz" aufgerufen wird, dann kann damit schon nur im Ausschnitt des Verlassenheitsrufes existentielle Verzweiflung bis hin zu doch hintergründig mitlaufender Hoffnung impliziert sein.

4. Das Gebet am Kreuz als ritualisiertes Narrativ für Resilienz

Wie kann nun das Narrativ des Kreuzes, dessen Narrativität am Rande des Erzählbaren steht, eine Wirkung entfalten, so dass das Kreuz ein *für* Resilienz relevantes Narrativ wird? Um die Frage nach der Wirkung von Narrativen zu thematisieren, wird ein weiterer Referenzrahmen in den Diskurs eingeführt, nämlich ritualtheoretische Überlegungen. Als Untersuchung von kollektiv geformten Narrativen, die in kollektiven Ritualen zu einer individuellen Aneignung beitragen können, kann die Kombination von Narrativitäts- und Ritualtheorie in funktionaler Perspektive für den inter- und transdisziplinären Diskurs nutzbar gemacht werden.[34] Die Kombination von Narrativitäts- und Ritualtheorie ge-

34 Die Möglichkeit der kollektiven Bezugnahme auf Narrative, die sich ebenso kollektiv als wirksam erweisen, wird im Wesentlichen prominent vertreten von Aleida und Jan Assmann und unter dem Paradigma der Erinnerung entfaltet, vgl. *Jan Assmann*: Das kulturelle Gedächtnis: Schrift, Erinnerung und politische Identität in frühen Hochkulturen, München 1997. Im Anschluss an die geschichtstheoretischen Überlegungen von Hayden White bewegt sich das im Diskurs, inwiefern Geschichtsschreibung nicht objektiv ist, sondern sich vielmehr narrativ konstruiert: Die Geschichte einer kollektiven Größe (einer Stammesgruppe, einer Nation, der globalen Weltgemeinschaft) ist immer schon die Erzählung dieser Geschichte (vgl. *Hayden White*: Die Bedeutung der Form. Erzählstrukturen in der Geschichtsschreibung, Frankfurt a. M. 1990

schieht in den funktional-kulturwissenschaftlich ausgerichteten Diskursen bisher selten, wie an der explorativen Gestalt des 2013 erschienenen Sammelbandes von Vera Nünning, Jan Rupp und Gregor Ahn „Ritual and Narrative“ erkennbar wird.[35] Die theoriebildenden Beiträge fokussieren im Wesentlichen die Ähnlichkeiten und Differenzen von narrativen Strukturen und ritualtheoretisch zu erschließenden Abläufen.[36] Dieses Vorgehen wird auch deshalb gewählt, um die behauptete Inkompatibilität von Narrativen und Ritualen zu überwinden: Diese werde, so Vera und Ansgar Nünning, deswegen angenommen, da Rituale auf Wiederholung und Affirmation zielten, während Narrationen immer auch ein innovativer Charakter zukäme.[37] Zudem greife die Ritualforschung Narrativitätstheorien auch deshalb nicht auf, da ihre historische Genese in der Differenzierung von Mythen und Ritual in religionswissenschaftlicher Perspektive gründet.[38]

Für dieses im Wesentlichen vergleichende Vorgehen der Struktur von Narrativen und Ritualen in ihren gegenseitigen Bezugnahmen gibt es im Diskurs einen Vorläufer, der trotz der Kürze seines Werkes für die Frage nach Resilienznarrativen fruchtbar gemacht werden kann. Der Literaturwissenschaftler Langdon Elsbree setzt 1991 programmatisch „Ritual Passages and Narrative Structures“ zueinander in Beziehung.[39] Elsbrees Absicht ist es, anhand der vermuteten Homologie von Ritualen und der Struktur von Narrativen einen Umgang mit Erfahrungen von Tod und Lebensende zu finden.[40] Dafür nimmt Elsbree an, dass ritualisierte Formen, z. B. im Theater, Menschen darin einüben mit dem Ende von Geschichten umzugehen und – ebenso relevant – dieses Ende zu antizipie-

---

(engl. The Content of the Form. Narrative Discourse and Historical Representation, Baltimore/London 1987).

35 Vera Nünning/Jan Rupp/Gregor Ahn (Hgg.): Ritual and Narrative. Theoretical Explorations and Historical Case Studies, Bielefeld 2013; vgl. explizit: *Vera Nünning/Ansgar Nünning*: On the Narrativity of Rituals. Interfaces between Narratives and Rituals and their Potential for Ritual Studies, in: Nünning/Rupp/Ahn, Ritual, 51–75, hier: 52.

36 Die funktionale Äquivalenz sehen A. und V. Nünning für Rituale und Narrative in einer Ordnungsfunktion, Komplexitätsreduktion und Identitätsbildung wie Identitätsmarkierung (vgl. *Nünning/Nünning*: Narrativity, 65–68). Vgl. *Vera Nünning/Jan Rupp*: Ritual and Narrative: An Introduction, in: Dies./Ahn: Ritual, 1–24; *Marie-Laure Ryan*: Ritual Studies and Narratology. What Can They Do For Each Other, in: Nünning/Rupp/Ahn: Ritual, 27–49. Eine aktuelle Ausnahme, in der die zeitliche Dimension fokussiert wird, ist *Andrew McKinnon*: Ritual, narrative and time: Bridging between Durkheim and Ricœur, in: Journal of Classical Sociology 18, 2018, 215–230.

37 Vgl. „[F]or while rituals are usually characterized by the tendency to be repetititve, affirmative and constructive [...], narrations in general and literary genres in particular can, to a greater degree, be innovative and function as a revisionist counter-discourse or a culture-critical meta discourse" (*V. Nünning/A. Nünning*: Narrativity, 59).

38 Vgl. *Catherine Bell*: Ritual. Perspectives and Dimension, New York/Oxford 1997, 3–22; vgl. *Robert A. Segal*: Myth and Ritual, in: Jens Kreinath/Jan Snoek/Michael Stausberg: Theorizing Rituals. Issues, Topics, Approaches, Concepts, Leiden/Boston 2006, 101–121.

39 Vgl. *Langdon Elsbree*: Ritual Passages and Narrative Structures, New York u. a. 1991.

40 Vgl. *Elsbree*: Ritual Passages, 165.

ren, um so zu einer *closure* zu finden. Es bedürfe eines erzählerischen Abschlusses, um sich sowohl auf Neues einzulassen und die vorherige Episode in weitere Erzählungen zu integrieren als auch mit dem Abbruch von Erzählungen umzugehen.[41] Die homologische Beziehung zwischen Narrativität und Ritual ist daran anschließend für Elsbree mit einer Hoffnungsperspektive verbunden: „This relationship is the human propensity for closure as the grounds of hope."[42] Was man erzählen kann, wenn man an seine Grenzen und die Grenzen der Erzählung kommt, wird bei Elsbree im Rückgriff auf literarische Texte, wie Virginia Woolfs „Moments of Being", sehr eindeutig beantwortet: Man könne von liminalen, ritualisierten Erfahrungen von Stille („silence") erzählen.[43] Die Stille als notwendiges Ritual („silence understood as an entailed ritual")[44] ist dabei ebenso Praxis wie Narrativ, was Elsbree *en passant* in der Aufzählung von literarischen Werken aufzeigt, die „Stille" in ihrem Titel haben, obwohl sie mit Worten, d. h. dem Gegenteil von Stille, operieren.[45]

Diese Überlegungen Elsbrees können aufgenommen und für den interdisziplinären Diskurs um Resilienznarrative differenziert werden. Elsbree analysiert literarische Versatzstücke, um daran die Frage nach der Ritualität von Narrativen zu diskutieren. Im Folgenden wird nun umgekehrt eine ritualisierte religiöse Praxis mit ihren narrativen Einbettungen in den Blick genommen. Dies geschieht in Aufnahme eines von Vera und Ansgar Nünning benannten Forschungsdesiderates: „[N]amely the narrative structures of rituals, the function of narrations as elements of rituals, and the perspectivity or multi-perspectivity of rituals."[46] Die Analyse der Verbindung von Narrativ und Ritual wird im Rahmen des Forschungsprojektes aus funktionaler Perspektive vor allen Dingen in der Frage liegen, wie und in welchen Formen implizite und explizite Narrative in Ritualen wirksam werden können. Das kann für das Narrativ „Kreuz" exemplarisch am Beispiel der ritualisierten Praxis des „Gebets am Kreuz" in der ökumenischen Communauté de Taizé untersucht werden. Obwohl diese Praxis durch Elemente von Stille und dem Schweigen der Partizipierenden geprägt ist, lassen sich darin eine Vielzahl von impliziten Narrativen finden, die auf ganz unterschiedlichen Ebenen manifest werden und hier in ihrer komplexen Verweisstruktur nur ausblickartig thematisiert werden können.[47]

---

41 Vgl. *Elsbree*: Ritual Passages, 172.

42 *Elsbree*: Ritual Passages, 165.

43 Vgl. *Elsbree*: Ritual Passages, 169.

44 *Elsbree*: Ritual Passages, 169.

45 Vgl. *Elsbree*: Ritual Passages, 169.

46 *Nünning/Nünning:* Narrativity, 70.

47 In diesem Sinne deutet der mit der Communauté befreundete Philosoph Paul Ricœur die Liturgie als implizite Form der Theologie: „Die Sprache, die ihr in Taizé verliehen wird, ist nicht die der Philosophie, nicht einmal die der Theologie, sondern die der Liturgie. Für mich ist Liturgie nicht einfach ein Tun, sie ist ein Gedanke. In der Liturgie liegt eine verborgene, verschwiegene Theologie" (*Paul Ricœur:* Die Güte bricht sich Bahn, in: www.taize.fr/de_article1118.html, 27.05.2005).

Das Gebet am Kreuz ist in die ritualisierte Praxis des dreimal täglich stattfindenden Gebetes der Communauté de Taizé eingebettet, an der neben den Brüdern der Communauté auch vorwiegend Jugendliche und jungen Erwachsene teilnehmen, die Taizé für eine Woche besuchen. Die Praxis des Gebetes ist somit schon in ihrer Anlage eng an die (selbstdeutenden) Narrative der Communauté gebunden,[48] sowie an diejenigen Narrative, mit denen das Verhältnis von Gemeinschaft und Jugendlichen kommuniziert wird (so insbesondere Gastfreundschaft, Pilgerweg des Vertrauens etc.).[49] Am Freitagabend, gegen Ende des Abendgebets legen die Brüder der Communauté eine Kreuz-Ikone in die Mitte der Versöhnungskirche. Zunächst beten, begleitet von den Gesängen der Besuchenden, die Brüder in kniender Haltung um das Kreuz. Danach können die Jugendlichen in kleinen Gruppen, weiterhin begleitet von den Gesängen, zur Kreuzikone kommen, sich davor knien und die Ikone mit Stirn oder Hand berühren.

Während des Gebets am Kreuz können nun sehr verschiedene implizite Narrative relevant werden. Das ist zunächst der Verweis auf die Passion, der in der bildhaften Materialität der Kreuzesikone präsent ist: Die Ikone ist in Anlehnung an russisch-orthodoxe Kreuzesdarstellungen von einem Bruder gestaltet worden und zeigt die Kreuzigungsszene nach dem Johannesevangelium mit Maria und Johannes, die Jesus zur Seite stehen.[50] Neben diesem – materiell-taktilen – Verweis auf eine der Passionserzählungen können diese im Verlauf des Abendgebetes auch explizit in der Lesung zur Sprache kommen. Das hat folgende Konsequenz: Das kollektiv vollzogene Ritual des Gebets am Kreuz, das ohne die gemeinschaftliche Rahmung nicht stattfinden könnte, ist über die unterschiedliche individuelle Aneignung von Narrativen hoch situativ. Die individuelle Kombination der impliziten Narrative im Ritual ist zudem schon durch die Interpretation der intertextuellen Verweise vielfältig, die vom jeweiligen Kenntnisstand

---

48 Diese sind in verdichteter und poetischer Form durch den Gründer der Communauté, Frère Roger, in der „Regel von Taizé" zusammengefasst, vgl. *Frère Roger*: Die Grundlagen der ökumenischen Communauté von Taizé, Freiburg/Basel/Wien 2011. Die Betrachtung der impliziten Narrative in den Praxen der Communauté de Taizé ermöglicht es, Formen von Theologiebildung zu finden, die über die expliziten Theologien z. B. in den Schriften Frère Rogers oder den Veröffentlichungen der Communauté hinausgehen (zu diesen vgl. *Gottfried Hammann*: Did Brother Roger have a theology?, in: Communauté de Taizé: Brother Roger's Contribution to Theological thought. Acts of the International Colloquium Taizé, August 31 – September 5, 2015, Taizé 2016; sowie die weiteren Beiträge und die Anlage des Kolloquiums und Sammelbandes). Die theologische Dimension in Taizé wäre dementsprechend eher als „doing theology" zu verstehen, vgl. zu diesem Konzept: *Matthew Ryan Robinson*, Introduction. „What does Theology Do?" as a Transcultural Research Perspective. A „Model of" a „Model for" Theological Research, in: Ders./Inja Inderst (Hgg.): What Does Theology Do, Actually? Observing Theology and the Transcultural, Leipzig 2020, 19–42.

49 Vgl. *Frère Alois*: Pilger des Vertrauens. Taizé und der gemeinsame Weg in der Welt, Freiburg/Basel/Wien 2015.

50 Eine Abbildung der Ikone findet sich in: *Communauté de Taizé*: Frère Eric, de Taizé. Artiste de l'ombre et de la lumière, Taizé 2015, 92.

der am Kreuz Betenden abhängen: Wenn die Kreuzigungsszene auf der Kreuzikone angeregt durch eine Bibeleinführung oder einen Liedvers im Sinne der markinischen Passionserzählung verstanden wird, dann kann die narrative Komplexität des Verlassenheitsrufs im Ritual präsent werden. Zudem sind diese Narrative – in auf einzelne Verse reduzierten Auszügen – in den begleitenden Gesängen enthalten, die in mehr oder weniger deutender Weise und in poetischer Formulierung auf Passion und Leiden Bezug nehmen können, es aber auch während des Gebetes am Kreuz nicht zwingend müssen. Das kann z. B. der die Kraft des Kreuzes betonende, anbetende Gesang „Crucem tuam adoramus, Domine" sein, der stärker die hoffnungsvoll-begleitende Funktion Christi ausdeutende Liedvers „Meine Hoffnung und meine Freude, meine Stärke mein Licht, Christus meine Zuversicht, auf dich vertrau' ich und fürcht' mich nicht" oder das in poetischer Weise um Beistand in krisenhaften Erfahrungen bittende „Dans nos obscurités" („Im Dunkel unser Nacht, entzünde das Feuer, das nie mehr erlischt"). Es wird – so die These – für die individuelle Verarbeitung von existentiellen Lebenserfahrungen einen Unterschied machen, von welchem Liedvers das eigene Gebet am Kreuz begleitet wird.

Zudem können die Jugendlichen in ihrem je eigenen Erfahrungshorizont mit unterschiedlichen Erwartungen an das Kreuz gehen: In den Bibeleinführungen am Freitagmorgen wird in der offiziellen Sprachregelung deutlich die Freiwilligkeit dieser Geste betont und diese als eine Möglichkeit des Gebetes gekennzeichnet, die sich besonders dafür eigne, existentielle Lebensfragen oder die Sorgen um andere individuell in der Stille vorzubringen.[51] Es wird im Normalfall betont, dass keine spezifische Erfahrung gemacht werden muss und eine besondere spirituelle Erfahrung nicht garantiert werden kann. Gleichzeitig können die Jugendlichen aber z. B. Erfahrungsberichte anderer Jugendlicher kennen, für die das Gebet am Kreuz in der Artikulation einer existentiell bedrohlichen Krise Erleichterung gebracht hat, so dass sich die Erwartungshaltung verfestigt, ebenfalls diese Erfahrung machen zu wollen – was nun motivierend wie demotivierend wirken kann. Auch hier gilt, dass die mit den Erwartungshaltungen verbundenen Narrative von Glaubenspraxen das eigene Gebet beeinflussen werden, ebenso wie der Grad der Vertrautheit mit einem solchen Gebet am Kreuz oder dem Umgang mit Kreuzigungsdarstellungen, der je nach konfessioneller Anbindung sehr unterschiedlich ausfällt.

Es wird im Rahmen des Projektes weiterhin untersucht werden, wie die Interpretation der Narrative für das Ritual und die eigenen Erfahrungen mit den Narrativen im Ritual in Wechselwirkung stehen: Die Vorerfahrungen und die zur Verfügung stehenden Narrative beeinflussen nicht nur die Art und Weise, wie das „Kreuz" in der Gebetspraxis funktional relevant oder performant werden

51 Zur Selbstdeutung des Gebetes durch den jetzigen Prior der Communauté, vgl. *Frère Alois/Marco Roncalli*: Taizé heute, Freiburg/Basel/Wien 2014, 99–111; vgl. *Frère Richard*: Das gemeinsame Gebet in Taizé. Ein Erfahrungsbericht, in: Communio 37, 2008, 616–624.

kann, sondern auch die Möglichkeiten, die am Kreuz gemachten Erfahrungen zu reflektieren und diese wiederum zu versprachlichen. Ganz grundsätzlich kann für spirituelle Erfahrungen angenommen werden, dass sich diese aus erkenntnistheoretischen Gründen nie vollständig versprachlichen lassen. An dieser Grenze des Erzählbaren kann auf Formen von provisorischen Formulierungen zurückgegriffen werden, die sich an bereits bekannte Narrative anlehnen und die situativ Sinnhaftigkeit und Relevanz beanspruchen.[52] Es kann deswegen vermutet werden, dass diejenigen Jugendlichen in Taizé, die aus verschiedenen Gründen nicht auf Narrative der eigenen Tradition zurückgreifen können, ihre Erfahrungen am Kreuz im Rahmen der in Taizé präsenten Narrative und Narrationen versprachlichen werden.

5. Was man erzählen kann

Wovon man erzählen kann, wenn man an seine Grenzen gekommen ist, kann nicht auf ein Narrativ reduziert werden. Die Hoffnungsperspektive des Kreuzes kann darin enthalten sein, dass man erzählen kann – und trotzdem muss diese Erzählung nicht selbst eine Erzählung von Hoffnung sein. Das Erzählen vom Kreuz kann und darf an seine Grenzen und auch an die Grenzen dessen kommen, was eindeutig als Verzweiflung oder Hoffnung interpretiert werden kann. Das Narrativ vom Kreuz erfordert – wie exemplarisch am Verlassenheitsruf gezeigt wurde – in seiner Komplexität eine sorgfältige Analyse, die dadurch ergänzt werden muss, wie das Kreuz z. B. in spirituellen Praxen je situativ funktional und performant werden kann.[53] Das gilt nicht nur, weil die impliziten Narrative in vielfältiger Weise und situativ unterschiedlich aufgenommen werden können – wie anhand des Ausblicks der für Taizé vorgeschlagenen Untersuchung gezeigt wurde. Vielmehr werden auch die verschiedenen existentiellen Grenzen in den Narrativen selbst je unterschiedlich thematisiert und können in den Praxen unterschiedlich funktional relevant werden: Das gilt zunächst für die krisenhaften Erfahrungen, die selbst nicht als klar abgrenzbares Problemfeld mit scharfen

52 Einen ähnlichen Vorschlag machen auch Nünning und Rupp: „Apart from the actual performance of ritual, there is an additional performative quality to both rituals and narratives, in the sense that they picture possible alternatives to the narrative's or ritual's referential context and thereby develop a transformative potential" (*Nünning/Rupp*: Ritual, 15). Vgl. zu dieser performanztheoretischen Theoriebildung die Vorarbeiten der Autorin in ihrer Dissertation: *Katharina Opalka*: „Das Geheimnis des religiösen Menschen vor sich selbst". Überlegungen zu Funktionalität und Performanz der Demut anhand einer Relecture Albrecht Ritschl, Diss. Univ. Bonn, Tübingen in Vorbereitung.

53 V. und A. Nünning verweisen darauf, dass die Analyse der multiperspektivischen Struktur von Narrativen sinnvoll angepasst werden kann, um Rituale und rituelle Erzählungen multi-perspektivisch zu erschließen (vgl. *Nünning/Nünning*: Narrativity, 64).

Umrissen auftreten und deren Versprachlichung den Rückgriff auf andere Narrative erfordert (wie es schon für den Rückgriff auf Psalm 22 im Verlassenheitsruf gilt). Des Weiteren gilt das für diejenigen möglicherweise resilienzrelevanten Erfahrungen in spirituellen Praxen, wie dem Gebet, in denen sich z. B. Trost oder Hoffnung performant einstellen und die weder erkenntnistheoretisch erfasst noch reflexiv vollständig zum Ausdruck gebracht werden können, sich jedoch mit den zur Verfügungen stehenden Narrativen versprachlichen lassen. Dazu müssen allerdings solche Narrative überhaupt erst zur Verfügung stehen, da sonst der Rückgriff auf diese und damit auch die Möglichkeiten zur Artikulation an ihre Grenzen kommen. Die Problematik der existentiellen Grenzerfahrungen kann durch die Analyse des Umgangs mit Narrativen nicht aufgelöst werden, dennoch bleibt zu untersuchen, inwiefern diese Narrative – durchaus auch in Formen impliziter und expliziter Einübung in den Praxen – dazu beitragen können, sich diesen Grenzen anzunähern.

Literaturverzeichnis

Abbot, H. Porter: Narrativity, in: Peter Hühn et al. (Hgg): the living handbook of narratology, http://www.lhn.uni-hamburg.de/article/narrativity, letzter Zugriff: 10.08.2018.

Ächtler, Normann: Was ist ein Narrativ? Begriffsgeschichtliche Überlegungen anlässlich der aktuellen Europa-Debatte, in: Kultur-Poetik 1472, 2014, 244-268.

Assmann, Jan: Das kulturelle Gedächtnis. Schrift, Erinnerung und politische Identität in frühen Hochkulturen, München 1997.

Barthes, Roland: Rhetorik des Bildes [Rhétorique de l'image], in: Ders.: Der entgegenkommende und der stumpfe Sinn, Frankfurt am Main 2005.

Bell, Catherine: Ritual. Perspectives and Dimension, New York/Oxford 1997.

Bultmann, Rudolf: Das Verhältnis der urchristlichen Christusbotschaft zum historischen Jesus, ^{3}1962.

Buth, Randal: The Riddle of Jesus' Cry from the Cross. The Meaning of ηλι ηλι λαμα σαβαχθανι (Matthew 27:46) and the Literary Function of ελωι ελωι λειμα σαβαχθανι (Mark 15:34), in: Randal Buth/R. Steven Notley (Hgg.), The Language Environment of First Century Judaea. Jerusalem Studies in the Synoptic Gospel, vol. 2, Leiden/Boston 2014, 395-421.

Carr, David: Time, Narrative and History, Bloomington 1986.

Carrey, Holly J.: Jesus' Cry from the Cross. Towards a First Century Understanding of the Intertextual Relationship between Psalm 22 and the Narrative of Marks's Gospel, London/New York 2009.

Communauté de Taizé: Frère Eric, de Taizé. Artiste de l'ombre et de la lumière, Taizé 2015.

Dahlke, Benjamin: Psalm 22 in der Passion Jesu. Zur neueren Auslegungsgeschichte, in: Ephemerides Theologicae Lovanienses 93/2017, 199-237.

Ebner, Martin: Klage und Auferweckungshoffnung im Neuen Testament, (JBTh 16) Neukirchen-Vluyn 2001, 73-87.

Elsbree, Langdon: Ritual Passages and Narrative Structures, New York u. a. 1991.

Fander, Monika: „Mein Gott, mein Gott, warum hast du mich verlassen?" (Mk 15,34). (Kriegs-)Traumatisierung als Thema des Markusevangeliums, in: Elisabeth Moltmann-Wendel/Renate Kirchhoff (Hgg.), Christologie im Lebensbezug, Göttingen 2005, 116-156.

Flebbe, Jochen: „Ich glaube – hilf meinem Unglauben." Strukturen antithetischer Krisenbewältigung im Neuen Testament, in: Cornelia Richter (Hg.), Ohnmacht und Angst aushalten. Kritik der Resilienz in Theologie und Philosophie, (RuG 1) Stuttgart 2017, 47-69, hier: 52f.

Frère Alois/Roncalli, Marco: Taizé heute, Freiburg/Basel/Wien 2014, 99-111.
Frère Alois: Pilger des Vertrauens. Taizé und der gemeinsame Weg in der Welt, Freiburg/Basel/Wien 2015.
Frère Richard: Das gemeinsame Gebet in Taizé. Ein Erfahrungsbericht, in: Communio 37, 2008, 616-624.
Frère Roger: Die Grundlagen der Communauté von Taizé, Freiburg/Basel/Wien 2011.
Gärtner, Judith: Lebensstark aus der Klage. Traditionen der Hebräischen Bibel in der Perspektive von Resilienz am Beispiel von Ps 22, in: PTh 51 (2016), 75-81.
Genette, Gérard: Die Erzählung [Discourses du récit, 1972], München [2]1998.
Gese, Hartmut: Psalm 22 und das Neue Testament. Der älteste Bericht vom Tode Jesu und die Entstehung des Herrenmahles, in: Ders.: Vom Sinai zum Zion. Alttestamentliche Beiträge zur biblischen Theologie, Tübingen [3]1990, 180-201.
Gut, Theodor: Der Schrei der Gottverlassenheit. Fragen an die Theologie, Zürich 1994.
Hammann, Gottfried: Did Brother Roger have a theology, in: Communauté de Taize: Brother Roger's Contribution to Theological thought. Acts oft he International Colloquium Taizé, August 31 – September 5, 2015, Taizé 2016, 17-28.
Heinrichs, Hans-Jürgen: Lesarten der Wirklichkeit in Geschichte, Kunst und Wissenschaft, Hamburg 1996.
Janowski, Bernd: „Mein Gott, mein Gott, wozu hast du mich verlassen?“, in: ZThK 116, 2019, 371-401.
Klein, Christian/Martinez, Matías (Hgg.): Wirklichkeitserzählungen. Felder, Formen und Funktionen nicht-literarischen Erzählens, Stuttgart/Weimar 2009.
Korthaus, Michael: Kreuzestheologie. Geschichte und Gehalt eines Programmbegriffs in der evangelischen Theologie, Tübingen 2007.
Koschorke, Albrecht: Wahrheit und Erfindung. Grundzüge einer Allgemeinen Erzähltheorie, Frankfurt a. M. [4]2017.
Lévi-Strauss, Claude: Myth and Meaning, Toronto 1978.
Luther, Henning: Identität und Fragment. Praktisch-theologische Überlegungen zur Unabschließbarkeit von Bildungsprozessen, in: Ders.: Religion und Alltag: Bausteine zu einer Praktischen Theologie des Subjekts, Stuttgart 1992, 160-182.
Luther, Martin: Ein Sermon von der Bereitung zum Sterben, [1519], übers. v. Thorsten Dietz in: Martin Luther, Deutsch-deutsche Studienausgabe Bd. 1, Leipzig 2012, [45-47] 48-73/WA 2, [680] 685-697.
Luz, Ulrich: Das Evangelium nach Matthäus, (EKK I/4), Göttingen 2002.
McKinnon, Andrew: Ritual, narrative and time. Bridging between Durkheim and Ricoeur, in: Journal of Classical Sociology 18, 2018, 215-230.
Meuter, Norbert: Geschichten erzählen, Geschichten analysieren. Das narrativistische Paradigma der Kulturwissenschaften, in: Friedrich Jaeger et al. (Hgg.), Handbuch der Kulturwissenschaften, Stuttgart 2011, 140-155.
Mink, Louis O.: Everyman His or Her own Annalist, 777-783.
Müller-Funk, Wolfgang: Die Kultur und ihre Narrative. Eine Einführung, Wien [2]2008.
Nünning, Ansgar/Nünning, Vera (Hgg.), Neue Ansätze in der Erzähltheorie, Trier 2002.
Nünning, Ansgar: Narrativist Approaches and Narratological Concepts for the Study of Culture, in: Birgit Neumann/Ansgar Nünning (Hgg.), Travelling Concepts for the Study of Culture, Berlin/Boston 2012, 145-184.
Nünning, Ansgar: Wie Erzählungen Kulturen erzeugen. Prämissen, Konzepte und Perspektiven für eine kulturwissenschaftliche Narratologie, in: Alexandra Strohmaier (Hg.), Kultur – Wissen – Narration. Perspektiven transdisziplinärer Erzählforschung für die Kulturwissenschaften, Berlin 2013, 15-35.
Nünning, Vera/Nünning, Ansgar (Hgg.): Handbuch Erzähltheorie transgenerisch, intermedial, interdisziplinär, Trier 2002.
Nünning, Vera/Nünning, Ansgar: On the Narrativity of Rituals. Interfaces between Narratives and Rituals and their Potential for Ritual Studien, in: Vera Nünning/Jan Rupp/Gregor Ahn: Ritual and Narrative. Theoretical Explorations and Historical Case Studies, Bielefeld 2013, 51-75.

Nünning, Vera/Rupp, Jan/Ahn, Gregor: Ritual and Narrative. Theoretical Explorations and Historical Case Studies, Bielefeld 2013.

Nünning, Vera/Rupp, Jan: Ritual and Narrative. An Introduction, in: Vera Nünning/Jan Rupp/Gregor Ahn: Ritual and Narrative. Theoretical Explorations and Historical Case Studies, Bielefeld 2013, 1-24.

Opalka, Katharina: „Das Geheimnis des religiösen Menschen vor sich selbst". Überlegungen zu Funktionalität und Performanz der Demut anhand einer Relecture Albrecht Ritschl, Diss. Univ. Bonn, eingereicht 2019.

Rechberger, Uwe: Von der Klage zum Lob. Studien zum „Stimmungsumschwung" in den Psalmen, (WMANT 133) Neukirchen-Vluyn 2012.

Richter, Cornelia: Trauer zwischen Gebetsnot und „Nötigung" ins Gebet. Eine Skizze situativer Lebenshermeneutik, in: Simon Peng-Keller (Hg.), Gebet als Resonanzereignis. Annährungen im Horizont von Spiritual Care, Neukirchen-Vluyn 2017, 177-192.

Ricoeur, Paul: Die Güte bricht sich Bahn, in: https://www.taize.fr/de_article1118.html, 27.05.2005).

Ritschl, Albrecht: Die christliche Lehre von der Rechtfertigung und Versöhnung, Bd II – Der biblische Stoff der Lehre, Bonn ^{3}1889.

Robinson, Matthew Ryan: Introduction. „What does Theology Do?" as a Transcultural Research Perspective. A „Model of" a „Model for" Theological Research, in: Ders./Inja Inderst (Hgg.): What Does Theology Do, Actually? Observing Theology and the Transcultural, Leipzig 2020, 19-42

Rüsen, Jörn: History. Narration, Interpretation, Orientation, New York/Oxford 2005.

Ryan, Marie-Laure: Ritual Studies and Narratology. What Can They Do For Each Other in: Vera Nünning/Jan Rupp/Gregor Ahn: Ritual and Narrative. Theoretical Explorations and Historical Case Studies, Bielefeld 2013, 27-49.

Schmid, Wolf: Elemente der Narratologie, Berlin/New York ^{2}2008.

Schmidt, Jochen: Klage. Überlegungen zur Linderung reflexiven Leidens, Tübingen 2011.

Segal, Robert A.: Myth and Ritual, in: Jens Kreinath/Jan Snoek/Michael Stausberg (Hgg.): Theorizing Rituals. Issues, Topics, Approaches, Concepts, Leiden/Boston 2006, 101-121.

Strawson, Galen: Against Narrativity, in: Ratio XVII (2004), 428-452.

Strohmaier, Alexandra (Hg.), Kultur – Wissen – Narration. Perspektiven transdisziplinärer Erzählforschung für die Kulturwissenschaften, Berlin 2013.

Ugi, Dorothea: Den Tod vor Augen. Systematisch-theologische Blicke auf thanatologische Themen, (MThS) Leipzig 2020 (zur Drucklegung vorbereitet).

Waldman, Marilyn Robinson: „The Otherwise Unnoteworty Year 711". A Reply to Hayden White, 784-792.

White, Hayden: Die Bedeutung der Form. Erzählstrukturen in der Geschichtsschreibung, Frankfurt a. M. 1990 (engl. The Content of the Form. Narrative Discourse and Historical Representation, Baltimore/London 1987).

Messbare Ausschnitte des Unermesslichen? Wie Spiritualität und spirituelles Wohlbefinden in der sozial- und gesundheitswissenschaftlichen Forschung gemessen werden können[1]

Constantin Klein und Stephan Bethe

1. Was ist Spiritualität?

Was Spiritualität ist, lässt sich nicht ganz einfach angeben und hängt stark davon ab, wen man nach seiner Begriffsbestimmung fragt: Menschen, die sich als spirituell verstehen, oder solche, die das nicht tun, mit Spiritualität befasste Wissenschaftler*innen oder Lai*innen, Repräsentant*innen unterschiedlicher Fachrichtungen und Berufsgruppen.[2] Die kurze Auflistung zeigt bereits, dass über Spiritualität aus unterschiedlichen Perspektiven heraus gesprochen wird. Allein in wissenschaftlichen Diskursen ist Spiritualität ein Thema sowohl in der Theologie, Religionswissenschaft und Philosophie[3] als auch in den Sozial-[4] und Gesundheitswissenschaften.[5]

---

1 Gefördert durch die Deutsche Forschungsgemeinschaft (DFG) – Projektnummer 348851031.

2 Die Bandbreite verschiedener Auffassungen davon, was Spiritualität für Einzelne bedeuten kann, illustrieren Eisenmann und Klein auf Grundlage einer Auswertung von 1.779 persönlichen Definitionen von Spiritualität, die von deutschen und US-amerikanischen Studienteilnehmer*innen erfragt wurden; vgl. *Clemens Eisenmann/Constantin Klein*: Dimensions of "spirituality". The semantics of subjective definitions, in: Heinz Streib/Ralph W. Hood (Hgg.): Semantics and psychology of spirituality. A cross-cultural analysis, Cham 2016, 125–151. Dass damit freilich trotzdem nur die emische, d. h. die „Betroffenenperspektive" auf den „Bedeutungshof" von Spiritualität erfasst wird, diskutieren *Heinz Streib/Constantin Klein*: Operationalisierung von Spiritualität im Vergleich Deutschland – USA, in: Georg Juckel/Knut Hoffmann/Harald Walach (Hgg.): Spirituelle Aspekte in Psychiatrie und Psychotherapie, Lengerich 2018, 251–266.

3 Vgl. z. B. *Corinna Dahlgrün*: Christliche Spiritualität. Formen und Traditionen der Suche nach Gott, Berlin ²2018, 94–108, bzw. *André Comte-Sponville*: L'esprit de l'athéisme. Introduction à une spiritualité sans Dieu, Paris 2006, 215–217.

4 Vgl. z. B. *Pascal Siegers*: Alternative Spiritualitäten. Neue Formen des Glaubens in Europa. Eine empirische Analyse, Frankfurt a. M. 2012, 37–50, sowie *Franz Höllinger/Thomas Tripold:* Ganzheitlich Leben. Das holistische Milieu zwischen neuer Spiritualität und postmoderner Wellness-Kultur, Bielefeld 2012, 25–36.

5 Vgl. z. B. *Anton A. Bucher*: Psychologie der Spiritualität, Weinheim ²2014, 40 u. 69, *Karen E. Steinhauser* et al.: State of the science of spirituality and palliative care research part I: Definitions, measurement, and outcomes, in: Journal of Pain and Symptom Management 54 (2017), 428–440, sowie *Brian J. Zinnbauer/Kenneth I. Pargament*: Religiousness and spirituality, in: Raymond F.

Im vorliegenden Beitrag soll es v. a. um die Perspektive(n) der letztgenannten Fächer[6] gehen, weil dort im Rahmen empirischer Forschung zum Thema Spiritualität immer wieder Versuche unternommen wurden und werden, Spiritualität insbesondere durch Fragebogenskalen zu „messen“. Bemühungen um eine konsensfähige Definition von Spiritualität als Grundlage für ihre „Messung“ werden dabei v. a. in gesundheitsbezogenen Disziplinen wie Medizin, Psychologie oder Pflegewissenschaft angestrengt, weil dort aufgrund einer Verantwortlichkeit für das spirituelle Wohlbefinden von Menschen („spiritual well-being“) und die Sorge darum („spiritual care“) ein Interesse besteht, Art und Ausmaß der Spiritualität bzw. des korrespondierenden spirituellen Wohlbefindens quantifizieren zu können – beispielweise um Behandlungsverläufe zu kontrollieren oder um Erwartungshaltungen bezüglich fachlicher Zuständigkeiten einschätzen zu können.[7] Besonders intensiv wird Spiritualität dabei in der Palliativversorgung[8] und der Psychoonkologie diskutiert.[9]

Im Interesse eines möglichst weitgefassten, integrativen Verständnisses,[10] im klinischen Kontext häufig begründet durch Erfahrungen in der Kommunikation zwischen Caretakern, Patient*innen und Angehörigen, wird Spiritualität dabei oft in einem existenzialistisch-humanistischen Sinne aufgefasst und durch eine Auflistung unterschiedlicher Erfahrungen, Aktivitäten und Bezugsobjekte zu definieren versucht. Beispiele sind die Definitionen von Tanyi – Spiritualität sei „a personal search for meaning and purpose in life, which may or may not be related to religion. It entails connection to self-chosen and/or religious beliefs, values, and practices that give meaning to life, thereby inspiring and motivating

---

Paloutzian/Crystal L. Park (Hgg.): Handbook of the psychology of religion and spirituality, New York 2005, 21–42.

6 Die Begriffe „Sozialwissenschaft“ bzw. „Gesundheitswissenschaft“ sind hier nicht exklusiv i. S. der Disziplinen „Soziologie“ bzw. „Public Health“ gemeint, sondern integrativ zu verstehen als Sammelbezeichnung für eine Reihe wissenschaftlicher Fächer, die sich durch einen verwandten (empirischen) Methoden- und Perspektivenkanon auszeichnen (Soziologie, Psychologie, Politologie u. a. bzw. Medizin, Psychologie, Pflegewissenschaft u. a.).

7 Dass entsprechende sozial- und gesundheitswissenschaftliche Konzeptionen dann auch wieder in die Theologie, insbesondere in die Seelsorgetheorie zurückwirken – um z. B. das Rollenverständnis unterschiedlicher haupt- und ehrenamtlicher Caretaker zu reflektieren –, zeigt der Beitrag in diesem Band von *Hauschildt*: Welche Hilfe in der Krise können und wollen „Caretaker“ geben, wenn „Spiritualität“ gesucht wird?, 145–161.

8 Vgl. *Lucy Selman* et al.: A psychometric evaluation of measures of spirituality validated in culturally diverse palliative care populations, in: Journal of Pain and Symptom Management 42 (2011), 604–622, sowie *Bella Vivat*: Measures of spiritual issues for palliative care patients. A literature review, in: Palliative Medicine 22 (2008), 859–868. Die Bedeutung, die Spiritualität grundsätzlich innerhalb der Palliativmedizin beigemessen wird, illustriert in diesem Band der Beitrag von *Peusquens/Maus/Radbruch*, Die Pfeile des wütenden Geschicks ertragen, 163–181. Dort wird zugleich auch ausgeführt, wie schwierig es (nicht nur im Bereich der Spiritualität) ist, geeignete Indikatoren für Lebensqualität zu identifizieren.

9 Vgl. *Marianne J. Brady* et al.: A case for including spirituality in quality of life measurement in oncology, in: Psycho-Oncology 8 (1999), 417–428.

10 Vgl. *Franz Höllinger/Thomas Tripold*, Ganzheitlich Leben, 35f.

individuals to achieve their optimal being. This connection brings faith, hope, peace, and empowerment"[11] – oder von Selman und Kolleg*innen – „'spirituality' refers to those beliefs, values, and practices that relate to the search for existential meaning, purpose, or transcendence, which may or may not include belief in a higher power."[12]

Im Bereich der Palliativversorgung hat es sowohl in den USA als auch in Europa vor einigen Jahren Konferenzen mit dem Ziel gegeben, eine Konsensdefinition von Spiritualität zu formulieren, die jeweils eng aneinander orientiert sind.[13] Die europäische Version der Definition lautet: „Spirituality is the dynamic dimension of human life that relates to the way persons (individual and community) experience, express and/or seek meaning, purpose and transcendence, and the way they connect to the moment, to self, to others, to nature, to the significant and/or the sacred."[14]

Bei der Benennung von Bezugsobjekten der Verbundenheit (der Moment, das eigene Selbst, Andere, die Natur sowie das Bedeutsame und/oder Heilige) stützen sich die Konsensdefinitionen aus den USA und Europa auf eine ältere Definition, in der nicht Spiritualität, sondern spirituelles Wohlbefinden zu definieren versucht wurde. Sie wurde bereits 1972 in den USA durch die National Interfaith Coalition on Aging (NICA) formuliert, um spirituelles Wohlbefinden als wichtige Dimension in der Fürsorge für eine alternde Gesellschaft herauszustellen. Gemäß der NICA ist spirituelles Wohlbefinden „the affirmation of life in relationship with God, self, community, and environment that nurtures and celebrates wholeness."[15] Das christliche Dreifachgebot der Liebe ist durch die Bezugsobjekte Gott, Selbst, Gemeinschaft und Umwelt in der NICA-Definition noch stärker zu erkennen als in den jüngeren, säkularer formulierten Konsensdefinitionen. Indem die grundlegenden Bestandteile einer Definition von spirituellem Wohlbefinden in eine allgemeine Definition von Spiritualität übernommen wurden, zeigt sich eine Tendenz, die psychosoziale Funktionalität von Spiritualität zu betonen. Dass eine vorwiegend funktionalistische Sicht auf Spiritualität allerdings auch ärztlicher Erfahrung nach in der Gefahr steht, zu kurz zu greifen, illustriert der Beitrag von Peusquens/Maus/Radbruch in diesem Band.

Versucht man die gegenwärtig in Teilen von Medizin, Psychologie und Pflege kursierenden Definitionen zusammenzufassen, so könnte man sagen: Spiritualität wird verstanden als Zugang zu und Suche nach Sinn und Bedeutung im

---

11 *Ruth A. Tanyi*: Towards clarification of the meaning of spirituality, in: Journal of Advanced Nursing 39 (2002), 500–509, hier 506.

12 *Lucy Selman* et al.: A psychometric evaluation, 606.

13 Vgl. *Christina Puchalski* et al.: Improving the quality of spiritual care as a dimension of palliative care. The report of the consensus conference, in: Journal of Palliative Medicine 12 (2009), 885–904 (amerikanische Konsensdefinition) bzw. *Steve Nolan/Philip Saltmarsh/Carlo Leget*: Spiritual care in palliative care. Working towards an EAPC Task Force, in: European Journal of Palliative Care 18 (2011), 86–89 (europäische Konsensdefinition).

14 *Steve Nolan/Philip Saltmarsh/Carlo Leget*: Spiritual care in palliative care, 88.

15 *National Interfaith Coalition on Aging (NICA)*: Spiritual well-being. A definition, Athens 1975, 1.

eigenen Leben auf Grundlage von Erfahrungen, Überzeugungen, Werthaltungen und Praktiken, um sich in Verbundenheit mit der Mit- und Umwelt, dem eigenen Selbst und ggf. einem transzendenten Gegenüber zu erleben, womit (positive) psychosoziale Effekte wie Hoffnung, innerer Frieden und Lebensbejahung einhergehen. In diesem Sinne lässt sich Spiritualität dann auch als mögliche Quelle von Resilienz in Betracht ziehen.

2. Kriterien für sozial- und gesundheitswissenschaftliche Maße von Spiritualität

Seitdem entsprechend integrative Definitionsversuche von Spiritualität vorgestellt wurden, haben sie Rückfragen und Kritiken provoziert, von denen einige der wichtigsten hier kurz genannt werden, insofern sie von Relevanz sind für die Beurteilung von Versuchen, Spiritualität zu messen. Allgemein ist wiederholt die Trennschärfe entsprechender Definitionen kritisch hinterfragt worden:[16] Müssen beispielsweise alle der genannten Definitionskriterien erfüllt werden, damit jemand als spirituell identifiziert werden kann, oder genügt ein einzelnes Kriterium oder eine spezifische Kombination?[17] Worin liegt bei entsprechenden Definitionen noch die spezifische Differenz gegenüber anderen Konzepten wie Weltbild/-sicht/-anschauung oder Sinnfindung/Lebenssinn?[18] Oder umgekehrt: Worin liegt das spezifisch Spirituelle von Sinnfindung, Werthaltungen oder Verbundenheit?[19] Damit soll gar nicht bestritten werden, dass Spiritualität für viele Menschen die Grundlage ihrer Sinnfindung, Werthaltungen oder Verbundenheitsgefühle sein kann. Da Menschen Sinn, Wertorientierung oder Verbundenheitsgefühle jedoch auch dann verspüren können, wenn sie sich selbst nicht als spirituell verstehen oder die entsprechenden Merkmale in einem spirituellen

---

16 Vgl. *Anthony Bash*: Spirituality: The emperor's new clothes?, in: Journal of Clinical Nursing 13 (2004), 11–16, *Ulrike Popp-Baier*: From religion to spirituality – Megatrend in contemporary society or methodological artefact? A contribution to the secularization debate from psychology of religion, in: Journal of Religion in Europe 3 (2009), 1–34, *Pär Salander*: The emperor's new clothes: Spirituality. A concept based on questionable ontology and circular findings, in: Archive for the Psychology of Religion 34 (2012), 17–32.

17 Vgl. die parallele kritische Diskussion substantialer Religionsdefinitionen auf Grundlage von Merkmalskombinationen bei *Detlef Pollack*: Was ist Religion? Probleme der Definition, in: Zeitschrift für Religionswissenschaft 3 (1995), 163–190, hier 170f.

18 Vgl. *Michael Utsch/Constantin Klein*: Religion, Religiosität, Spiritualität. Bestimmungsversuche für komplexe Begriffe, in: Constantin Klein/Hendrik Berth/Friedrich Balck (Hgg.), Gesundheit – Religion – Spiritualität. Konzepte, Befunde und Erklärungsansätze, Weinheim 2011, 25–45, hier v. a. 38f.

19 Vgl. *Anja Visser/Bert Garssen/Ad J. J. M. Vingerhoets*: Existential well-being. Spirituality or well-being?, in: Journal of Nervous and Mental Disease 205 (2017), 234–241.

Licht deuten, lässt sich eben hinterfragen, inwieweit diese Merkmale als trennscharfe Definitionskriterien geeignet sind. Im Blick auf die als Definitionsbestandteil postulierten (einseitig positiven) psychosozialen Effekte von Spiritualität stellt sich außerdem die Frage: Ist jemand, dessen Spiritualität die beschriebenen psychosozialen Funktionen nicht mehr leistet, in der Konsequenz auch nicht mehr spirituell – und gibt es dann überhaupt so etwas wie eine unerfüllte oder dysfunktionale Spiritualität?[20]

Insbesondere die zitierten Definitionen von Tanyi sowie Selman und Kolleg*innen veranschaulichen ferner, dass ein Verständnis von Spiritualität weiter gefasst sein soll als von Religion bzw. Religiosität, um sowohl religiöse als auch nichtreligiöse Überzeugungen miteinschließen zu können. Gelingt es den Spiritualitätsdefinitionen vor dem Hintergrund ähnlich weitgefasster Religionsdefinitionen aber tatsächlich, über die Semantik der Begriffe „Religion" und „Religiosität" hinauszugehen? Für Personen, die mit Definitionen von Spiritualität oder Religion und den zugrundeliegenden Fachdiskursen nicht vertraut sind, ist es in aller Regel nicht möglich, zu identifizieren, ob eine Definition das eine oder das andere bezeichnen soll. Wenn Definitionen von Religion oder Religiosität ihren Erfahrungscharakter hervorheben, wie etwa Schleiermachers Charakterisierung von Religion als „Sinn und Geschmack fürs Unendliche"[21] oder James' Beschreibung von Religiosität als „the feelings, acts, and experiences of individual men in their solitude, so far as they apprehend themselves to stand in relation to whatever they may consider the divine,"[22] dann werden sie nahezu immer für Definitionen von Spiritualität gehalten.[23]

Aus den genannten Kritikpunkten ergibt sich eine Reihe von Schlussfolgerungen für die Messung von Spiritualität in den Sozial- und Gesundheitswissenschaften:

1. Die unterschiedlichen Definitionen charakterisieren Spiritualität anhand mehrerer Merkmale, darum: *Messinstrumente für Spiritualität sollten anteilig mehrere Merkmale unterschiedlicher Spiritualitätsdefinitionen abbilden.*
2. In den Definitionen ist Spiritualität durch eine Konfiguration der Merkmale gekennzeichnet, darum: *Zwischen den verschiedenen Merkmalen sollte ein deutlicher statistischer Zusammenhang bestehen.*
3. Nicht für alle in den Definitionen genannten Merkmale ist zwingend ersichtlich, ob sie als spirituell empfunden werden, darum: *Es sollte ein deutlicher statistischer Zusammenhang zwischen allen betreffenden Merkmalen bzw. Merkmalskonfigurationen und der Selbstbezeichnung als „spirituell" bestehen.*

---

20 Vgl. ebd.

21 *Friedrich D. E. Schleiermacher*: Über die Religion. Reden an die Gebildeten unter ihren Verächtern, in der Ausgabe von Rudolf Otto, Göttingen ^{7}1991, 51.

22 *William James*: The varieties of religious experience. A Study in human nature, New York 1982, 31.

23 Vgl. *Michael Utsch/Constantin Klein*: Religion, Religiosität, Spiritualität, 38f.

4. In den verschiedenen Definitionen kommt – explizit oder implizit durch Integration von Merkmalen der Definition von spirituellem Wohlbefinden – zum Ausdruck, dass Spiritualität durch positive psychosoziale Effekte gekennzeichnet ist, darum: *Es sollten statistische Zusammenhänge zwischen Spiritualitätsmerkmalen und (positivem) psychosozialem Befinden bestehen (das gilt umso mehr, wenn Messinstrumente nicht Spiritualität allgemein, sondern spirituelles Wohlbefinden erfassen sollen – hier sollten Zusammenhänge in deutlichem Umfang sowohl zur spirituellen Selbsteinschätzung als auch zum psychosozialen Befinden bestehen).*
5. In verschiedenen Definitionen wird artikuliert, dass Spiritualität in einem weiter gefassten Rahmen verstanden werden soll als Religion/Religiosität, darum: *Es sollte ermittelt werden, in welcher Beziehung Messinstrumente für Spiritualität dazu stehen, ob sich untersuchte Personen als religiös verstehen, um zu überprüfen, ob durch das entsprechende Messinstrument eher die Spiritualität oder ggf. eher die Religiosität der Betreffenden erfasst wird.*

3. Eine kurze Einführung in die Operationalisierung sozial- und gesundheitswissenschaftlicher Konstrukte

Bevor es im weiteren Verlauf dieses Beitrags darum geht, wie im Rahmen sozial- und gesundheitswissenschaftlicher Forschung versucht worden ist, Spiritualität „messbar" zu machen, und wie entsprechende Versuche auf Grundlage der genannten Kriterien zu beurteilen sind, werden zunächst noch einige zentrale Gedanken und methodische Vorgehensweisen dieser Forschung skizziert. Die verschiedenen Konzepte von Spiritualität werden überwiegend mittels Fragebogenstudien untersucht. Insofern ist die Geschichte der sozial- und gesundheitswissenschaftlichen Suche nach Spiritualität auch durchgängig eine Geschichte von Fragebogenskalen und Messinstrumenten, weswegen in diesem Beitrag später einige Beispiele für entsprechende Instrumente vorgestellt werden. Damit sollte auch unmittelbar deutlich sein, dass sich alle Versuche, Spiritualität zu messen, immer nur auf die menschliche Seite der Spiritualität beziehen können, so wie sie sich in Form von Fragen oder Aussagen in Bezug auf das subjektive spirituelle Erleben und Verhalten formulieren lässt. Die möglicherweise mitgedachte transzendente, „göttliche" Seite von Spiritualität ist empirischer Forschung schlicht nicht zugänglich.[24]

24 Vgl. zur Diskussion um diesen methodischen „Ausschluss der Transzendenz" bzw. eine „Einklammerung des Geltungsanspruchs" im Rahmen empirischer Religionsforschung *Erich Nestler*:

Erkenntnistheoretisch leitend für die Forschung über Fragebögen ist der Konstruktivismus, d. h. „die Welt wird in Form von sozialen Artefakten verstanden und mit Hilfe von Begriffen, die in historisch bestimmten Austauschprozessen zwischen Personen gebildet worden sind."[25] Entsprechende Begriffe können z. B. „Spiritualität", „Wohlbefinden" oder auch „spirituelles Wohlbefinden" sein. Im Rahmen der Forschung zur gesundheitlichen Relevanz von Spiritualität ist dann das Ziel, möglichst geeignete Indikatoren zu finden, die das Konstrukt „Spiritualität" abbilden können und seine Beziehung zum Konstrukt „Wohlbefinden" statistisch überprüfen lassen bzw. aufzuzeigen, dass Merkmale von Spiritualität *und* Wohlbefinden sich sinnvoll innerhalb eines Konstrukts „spirituelles Wohlbefinden" abbilden lassen. In der Fragebogenforschung dienen die entsprechenden Fragen und Aussagen, die sog. „Items", als Indikatoren. Den Prozess der Formulierung von Items zur Abbildung der Konstrukte bezeichnet man als „Operationalisierung".

Um die Operationalisierung möglicher Konstrukte im Rahmen der gesundheitswissenschaftlichen Spiritualitätsforschung zu veranschaulichen, sind in Abb. 1 in den kleinen Kästen links und rechts Aussagen wiedergegeben, die die Items der *Spiritual Well-Being Scale* (SWBS) bilden. Die SWBS ist eines der historisch ältesten Fragebogeninstrumente zur Erfassung von spirituellem Wohlbefinden (und auch eines der ersten, in denen überhaupt ein Konzept von „Spiritualität" zu operationalisieren versucht wurde). Sie wurde erstmals 1982 von Raymond F. Paloutzian und Craig W. Ellison publiziert und seither in mehreren hundert Studien zur Bedeutung von Spiritualität für Gesundheit und Wohlbefinden verwendet.[26]

Wie in Abb. 1 zu sehen ist, besteht die SWBS aus zwei Subskalen: Links sind die zehn Items der Subskala für „religiöses Wohlbefinden" (*Religious Well-Being*/ RWB) wiedergegeben, und rechts die zehn Items der Subskala für existenzielles Wohlbefinden" (*Existential Well-Being*/EWB). Die latenten, d. h. anhand der beob-

Zusammenfassung und Ausblick in theologischer Perspektive, in: Christian Henning/Sebastian Murken/Erich Nestler (Hgg.): Einführung in die Religionspsychologie, Paderborn 2003, 231–245.

25 *Rudolf Bergius*: Art. Konstruktionismus, sozialer, in: Hartmut Häcker/Kurt-Hermann Stapf (Hgg.): Dorsch Psychologisches Wörterbuch, Bern 1998, 456.

26 Vgl. *Raymond F. Paloutzian/Craig W. Ellison*: Loneliness, spiritual well-being and the quality of life, in: Letitia Anne Peplau/Daniel Perlman (Hgg.): Loneliness. A sourcebook of current theory, research and therapy, New York 1982, 224–237, sowie *Raymond F. Paloutzian/Rodger K. Bufford/Ashley J. Wildman*: Spiritual Well-Being Scale. Mental and physical health relationships, in: Mark R. Cobb/Christina M. Puchalski/Bruce Rumbold (Hgg.): Oxford textbook of spirituality in healthcare, Oxford 2012, 353–358.

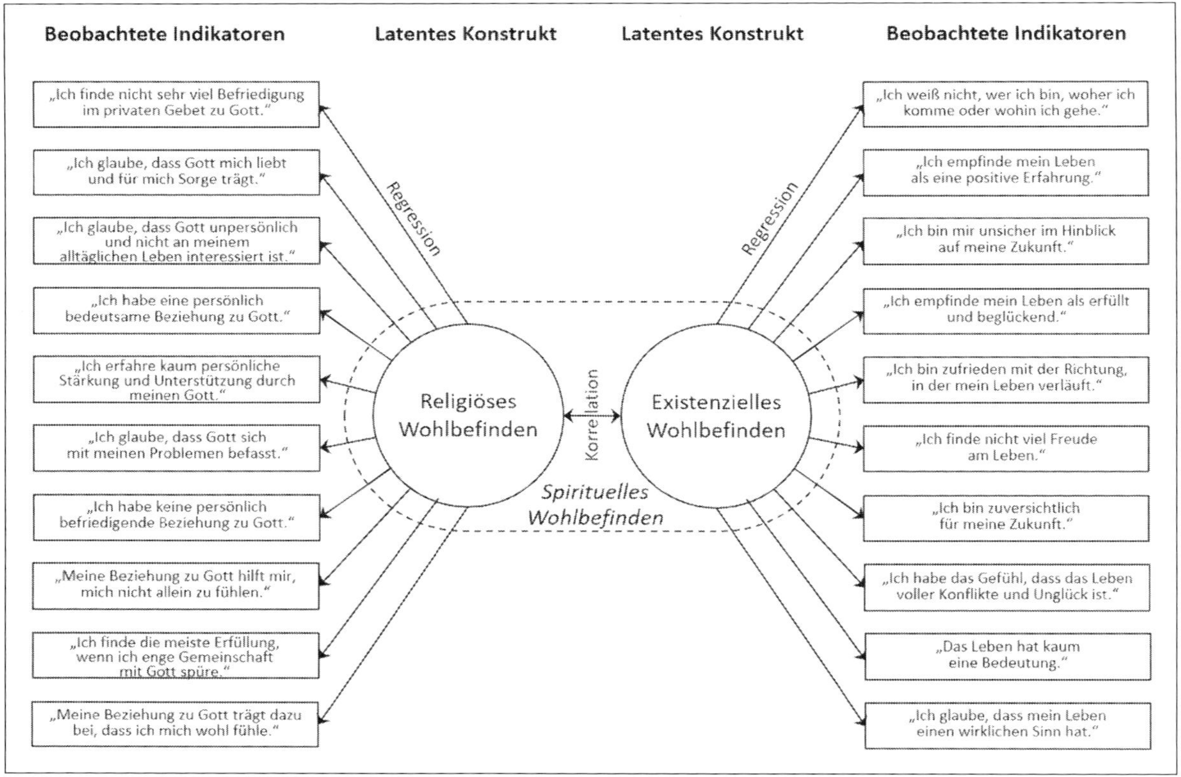

Abb. 1: Operationalisierung der latenten Konstrukte „Religiöses Wohlbefinden" und „Existenzielles Wohlbefinden" über je zehn Items im Rahmen der *Spiritual Well-Being Scale*

achteten Indikatoren erschlossenen Konstrukte „religiöses Wohlbefinden" und „existenzielles Wohlbefinden" sind in Abb. 1, wie in formalisierten Darstellungen entsprechender Forschungsdesigns üblich, kreisförmig dargestellt. Über statistische Verfahren, sog. „Regressionen", ist es möglich, auf Grundlage der mit der Skala erhobenen Daten zu ermitteln, wie gut jeder einzelne Indikator zur Erklärung des gesamten Konstrukts beiträgt. Diese Regressionen sind in Abb. 1, ebenfalls gängigen Konventionen folgend, als Pfeile vom latenten Konstrukt auf die Indikatoren dargestellt. Basierend auf einem sechsstufigen Antwortformat („lehne stark ab" = 1 bis „stimme stark zu" = 6) werden zudem Summenwerte für die beiden Konstrukte berechnet.

So ist es möglich, den statistischen Zusammenhang zwischen beiden, die sog. „Korrelation" („*r*"), zu ermitteln. Ist diese Korrelation positiv, so besteht ein Zusammenhang zwischen den beiden gemessenen Konstrukten, d. h. größeres religiöses Wohlbefinden würde mit größerem existenziellem Wohlbefinden einhergehen – und umgekehrt.[27] Ist die Korrelation hingegen negativ, würde das existenzielle Wohlbefinden mit steigendem religiösem Wohlbefinden sinken. Wenn die Korrelation „0" beträgt, besteht kein systematischer Zusammenhang zwischen den beiden Konstrukten. Diesem Muster entsprechend sind die meisten Studien zu Zusammenhängen zwischen verschiedenen Ausdrucksformen von Spiritualität bzw. auch von Spiritualität mit Gesundheit und Wohlbefinden aufgebaut. Wenn im Folgenden einige Versuche zur sozial- und gesundheitswissenschaftlichen Messung von Spiritualität vorgestellt werden, bedeutet das, dass sie – wie hier am Beispiel von spirituellem Wohlbefinden veranschaulicht – über Fragebogenskalen mit verschiedenen Items gemessen wurden.

4. Drei Beispiele für Skalen, die zur Messung von Spiritualität vorgeschlagen wurden

Auf der Grundlage der bisherigen Ausführungen können nun drei ausgewählte Beispiele für Fragebogenskalen, die für die Messung von Spiritualität vorge-

27 Die gängigen Korrelationskoeffizienten liegen dabei immer zwischen -1.00 und 1.00. Korrelationen von .10 bis .29 (bzw. von -.10 bis -.29) gelten dabei als niedrig, Korrelationen von .30 bis .49 als mittel und Korrelationen ab .50 als hoch; vgl. *Jacob Cohen*: A power primer, in: Psychological Bulletin 112 (1992), 155–159, hier 157. Korrelationen zwischen -.09 und .09 sind unbedeutend. Ab einem Korrelationskoeffizienten von .71 (bzw. -.71) weisen die beiden korrelierten Merkmale bereits mehr geteilte als eigenständige Varianz auf, weswegen dann eher von Teilaspekten eines übergeordneten Merkmals auszugehen ist als von zwei unterscheidbaren Merkmalen. Wenn im weiteren Verlauf dieses Beitrags davon gesprochen wird, dass eine Korrelation „substanziell" ist, ist damit gemeint, dass sie sich inhaltlich interpretieren lässt, weil sie gemäß der hier vorgestellten Taxonomie mindestens niedrig ist.

schlagen und erprobt worden sind, dargestellt werden.[28] Alle der vorgestellten Skalen haben gemeinsam, dass sie ursprünglich gar nicht als Operationalisierungen von Spiritualität entwickelt wurden. Das erste ist die bereits im vorigen Abschnitt eingeführte und in Abb. 1 mit ihren 20 Items wiedergegebene SWBS, die hier einerseits aufgrund ihrer historischen Bedeutung vorgestellt wird, und andererseits, weil sich an ihrem Beispiel gut die Herausforderungen veranschaulichen lassen, die speziell bei der Messung von spirituellem Wohlbefinden zu beachten sind. Die beiden weiteren Skalen – die *Mystizismus-Skala* (M-Skala) sowie die revidierte Skala *Transpersonales Vertrauen* (TPV-8R) – eignen sich, obwohl sie ursprünglich andere Konstrukte operationalisieren sollten, als brauchbare Maße für Spiritualität. Sie unterscheiden sich von der SWBS darin, dass sie nicht spirituelles Wohlbefinden messen sollen, sondern Spiritualität als ein allgemeines Merkmal erfassen können. Eine solche allgemeine Spiritualität bilden sie besser ab als viele andere Skalen, die zwar Spiritualität messen sollen, als Indikatoren aber im Wesentlichen Ausdrucksformen expliziter Religiosität wie Erfahrungen von Gottes Präsenz und Wirken, individuelle religiöse Praktiken wie Beten oder Meditieren oder den Glauben an ein Leben nach dem Tod verwenden.[29]

4.1 *Die Spiritual Well-Being Scale*

Die SWBS wurde ab den späten 1970er Jahren im Anschluss an die Diskussion um die Konzeption von spirituellem Wohlbefinden entwickelt.[30] Durch ihre beiden Subskalen RWB und EWB wird versucht, eine „vertikale“ Dimension des spirituellen Wohlbefindens, die auf die Verbundenheit und Beziehung zu Gott abhebt (RWB), neben einer „horizontalen“ Dimension des spirituellen Wohlbefindens, die auf die Zufriedenheit mit dem eigenen Leben und dessen Sinnhaftigkeit abzielt (EWB), zu erfassen. Während alle zehn Items der RWB-Subskala den Begriff

---

28 Alle drei Skalen werden von *Anton A. Bucher:* Psychologie der Spiritualität, 42–55, neben einigen anderen als Beispiele für Instrumente zur Messung von Spiritualität vorgestellt. Einen Überblick über weitere Skalen zur Messung von Spiritualität und Religiosität in der Gesundheitsforschung geben *Christian Zwingmann/Constantin Klein/Volkmar Höfling*: Messung von Religiosität/Spiritualität im Rahmen der Gesundheitsforschung, in: Klein/Berth/Balck (Hgg.): Gesundheit – Religion – Spiritualität, 65–91, sowie *Christan Zwingmann/Constantin Klein*: Deutschsprachige Fragebögen zur Messung von Religiosität/Spiritualität. Stellenwert, Klassifikation und Auswahlkriterien, in: Spiritual Care 1/3 (2012), 7–21.

29 Vgl. für eine Übersicht und kritische Diskussion entsprechender, originär englischsprachiger Skalen *Constantin Klein* et al.: Spirituality and mysticism, in: Heinz Streib/Ralph W. Hood (Hgg.): Semantics and psychology of spirituality. A cross-cultural analysis, Cham 2016, 165–187, hier 167–169, sowie *Constantin Klein* et al.: Positive adult development and „spirituality“. Psychological well-being, generativity, and emotional stability, in: Streib/Hood (Hgg.): Semantics and psychology of spirituality, 401–436, hier 411–413.

30 Vgl. *Raymond F. Paloutzian/Craig W. Ellison*: Loneliness, spiritual well-being and the quality of life, 224–237.

„Gott" enthalten, sind die zehn Items der EWB-Subskala vollständig frei von religiösem Vokabular. Alle Items sind durch ein sechsstufiges Antwortformat von „lehne stark ab" bis „stimme stark zu" zu bearbeiten.

Seit ihrer Entwicklung wurde und wird die SWBS in zahlreichen Studien eingesetzt und hat sich dabei als „reliabel" erwiesen. Mit Reliabilität wird in der sozial- und gesundheitswissenschaftlichen Forschung die Zuverlässigkeit eines Messinstruments bezeichnet, und sie wird zumeist in Form der sog. „internen Konsistenz" ermittelt, die für gewöhnlich durch den Koeffizienten Cronbachs α angegeben wird.[31] Cronbachs α liegt für die SWBS und ihre beiden Subskalen in den meisten Studien über .80 (EWB) bzw. .90 (RWB und Gesamtskala).[32] RWB und EWB korrelieren je nach Stichprobe zwischen $r = .20$ und .71, wobei die Korrelation beider Subskalen tendenziell umso höher wird, desto religiöser die befragte Stichprobe ist und desto theologisch konservativer die darin vertretenen Denominationen sind. Da die beiden Subskalen also nicht zwingend in einem engeren statistischen Zusammenhang zueinander stehen, ist fraglich, inwieweit sie tatsächlich zwei Dimensionen desselben Merkmals „spirituelles Wohlbefinden" abbilden – oder ob EWB nur dann substanziell mit RWB zusammenhängt, wenn Befragte ihr Leben insgesamt spirituell bzw. religiös deuten. Ebenso lässt sich vor diesem Hintergrund dann problematisieren, wie sinnvoll es ist, beide Subskalen zu einem Summenwert für die Gesamtskala zusammenzufassen.

Wenn die SWBS hier trotz dieser Kritikpunkte vorgestellt wird, so geschieht dies aus zwei Gründen: Erstens ist sie aufgrund ihres langjährigen Gebrauchs eines der verbreitetsten und darum auch schlicht bekanntesten Messinstrumente für Spiritualität bzw. spirituelles Wohlbefinden.[33] Zweitens ist die Problematik,

---

31 Cronbachs α kann prinzipiell Werte zwischen .00 und 1.00 annehmen. Damit eine Skala hinreichend reliabel ist, sollte Cronbachs α mindestens einen Wert um .70 herum erreichen; für eine gute Skala sollte der Wert möglichst über .80 liegen, für eine sehr gute über .90. Die interne Konsistenz wird umso höher, je höher die durchschnittliche Korrelation aller Items einer in sich konsistenten Fragebogenskala ist (was tendenziell leichter wird, desto mehr Items eine Skala umfasst). Neben der internen Konsistenz kann die Reliabilität auch dadurch überprüft werden, dass eine Fragebogenskala derselben Stichprobe in einem gewissen zeitlichen Abstand zweimal vorgegeben und die Korrelation dieser beiden Messungen berechnet wird. Das Ergebnis wird dann als Retest-Reliabilität r_{tt} bezeichnet; vgl. *Karin Schermelleh-Engel/Christina Werner*: Methoden der Reliabilitätsbestimmung, in: Helfried Moosbrugger/Augustin Kelava (Hgg.): Testtheorie und Fragebogenkonstruktion, Heidelberg 2007, 113–133.

32 Vgl. *Raymond F. Paloutzian/Rodger Bufford/Ashley J. Wildman*: Spiritual Well-Being Scale, 353–358.

33 Das spiegelt sich für den deutschsprachigen Kontext darin, dass neben der in Abb. 1 dargestellten eigenen Übersetzung der SWBS zwei weitere deutsche Übersetzungen existieren; vgl. *Anja Mehnert/Uwe Koch*: Religiosität und psychische Befindlichkeit. Überprüfung von Instrumenten zur Erfassung von Religiosität, in: Zeitschrift für Medizinische Psychologie 10 (2001), 171–182 [Wortlaut der Items bei *Arnulf Möller/Swantje Reimann*: Religiöse Einstellung und Zukunftssicht in einer studentischen Untersuchungsgruppe, in: Psychotherapie, Psychosomatik, medizinische Psychologie 54 (2004), 383–386, 385], sowie *Human-Friedrich Unterrainer*: Spiritualität & Sucht: Glaube als Ressource in der Alkoholismustherapie, Saarbrücken 2006, 179. Die hiesige Übersetzung ist allerdings u. W. die einzige, deren Rückübersetzung ins Englische durch einen „native speaker" durch den Skalenautor Raymond F. Paloutzian überprüft und bestätigt wurde.

in einer Gesamtskala zu spirituellem Wohlbefinden einerseits explizit religiöse Aspekte (RWB), andererseits jedoch auch Items, die eine positive psychosoziale Befindlichkeit ohne erkennbar „spirituell" affine Sprache abfragen (EWB), zusammenzufassen, beileibe nicht nur ein Kritikpunkt an der SWBS. Vielmehr teilen nahezu alle anderen Fragebogenskalen, die seither zur Messung von spirituellem Wohlbefinden oder spiritueller Lebensqualität vorgelegt worden sind, diese Problematik.[34] Die SWBS steht deswegen prototypisch für die Herausforderungen, die mit der Messung von spirituellem Wohlbefinden verbunden sind.

4.2 *Die Mystizismus-Skala*

Die *Mystizismus-Skala* (M-Skala) wurde bereits in den 1970er Jahren, noch vor dem Aufkommen zahlreicher Diskurse über Spiritualität, von Ralph W. Hood als Maß für die Untersuchung mystischer Erfahrungen entwickelt.[35] Dazu stützt sich Hood insbesondere auf William James' und Walter Staces Arbeiten zur Phänomenologie mystischer Erfahrungen,[36] von denen er teils auch Formulierungen für die Items seiner Skala entlehnt. Im Anschluss an Stace versucht Hood, acht verschiedene Merkmale mystischer Erfahrungen zu operationalisieren, die im Folgenden jeweils anhand eines Beispielitems illustriert werden: eine Auflösung der Grenzen des eigenen Ichs („Ich habe eine Erfahrung gehabt, als ob etwas Größeres als ich selbst mich aufnehme"), Unaussprechlichkeit, d. h. das Unvermögen, die mystische Erfahrungen adäquat mit Worten beschreiben zu können („Ich habe eine Erfahrung gehabt, die man nicht mit Worten ausdrücken kann"), das Empfinden, während der Erfahrung jedes Gefühl für Raum und Zeit verloren zu haben („Ich habe eine Erfahrung gehabt, bei der es weder Raum noch Zeit gab"), die Wahrnehmung einer Einheit aller Dinge („Ich habe eine Erfahrung gehabt, bei der ich erkannte, dass ich eins mit allem bin"), die Wahrnehmung einer inneren Subjektivität aller Dinge („Ich habe eine Erfahrung gehabt, bei der alle Dinge über Bewusstheit zu verfügen schienen"), eine noetische Qualität, d. h. das Empfinden, dass durch die Erfahrung neue Einsichten in eine tiefere Wahrheit freigesetzt worden sind („Ich habe eine Erfahrung gehabt, bei der mir eine neue Sicht der Wirklichkeit enthüllt wurde"), die Wahrnehmung der Erfahrung als emotional positiv und beglückend („Ich habe eine Erfahrung gehabt, bei der ich

34 Vgl. *Harold G. Koenig*: Concerns about measuring "spirituality" in research, in: Journal of Nervous and Mental Disease 196 (2008), 349–355, sowie *Constantin Klein* et al.: Positive Adult Development, 404–413. Ein weiteres entsprechendes Skalenbeispiel findet sich in diesem Band im Beitrag von *Peusquens/Maus/Radbruch*: Die Pfeile des wütenden Geschicks ertragen, 163–181.

35 Vgl. *Ralph W. Hood*: The construction and preliminary validation of a measure of reported mystical experience, in: Journal for the Scientific Study of Religion 14 (1975), 29–41.

36 Vgl. *William James*: The varieties of religious experience, 379–429, bzw. *Walter T. Stace*: Mysticism and philosophy, London 1960, 41–133.

die Vollkommenheit von allem spürte"), und das Gefühl, etwas ungemein Kostbares erfahren zu haben, das dem Betreffenden deswegen heilig ist („Ich eine Erfahrung gemacht, die ich als geheiligt erkannte"). Jedes der acht Mystizismusmerkmale wird in der M-Skala durch vier Items operationalisiert, so dass die Gesamtskala 32 Items umfasst.[37] Die Items sind durch ein fünfstufiges Antwortformat von „falsch" bzw. „trifft überhaupt nicht zu" bis „wahr" bzw. „trifft voll und ganz zu" zu bearbeiten.

Die M-Skala ist zunächst zur Forschung an christlich dominierten Stichproben in den USA eingesetzt worden, seit dem Jahrtausendwechsel aber auch zunehmend in anderen kulturellen und religiösen Kontexten wie Israel, dem Iran, Indien und China.[38] Über die verschiedenen Anwendungen hinweg hat sich gezeigt, dass sich die acht Merkmale mystischer Erfahrungen anhand ihrer Korrelationsmuster zu drei Subskalen zusammenfassen lassen (wobei die Struktur in den chinesischen Stichproben etwas variiert).[39] Ich-Auflösung, Unaussprechlichkeit sowie Zeit- und Raumlosigkeit bilden eine erste Subskala, die Hood in Anlehnung an Stace als *Introvertierten Mystizismus* bezeichnet, weil der Fokus der Wahrnehmung auf dem eigenen Ich und seiner Entgrenzung liegt.[40] Diese Erfahrungsqualitäten sind Stace zufolge insbesondere charakteristisch für die Mystik theistischer Religionen, in denen der Mystiker seine Verbindung mit der Gottheit erlebt.[41] Die Erfahrungen der Einheit aller Dinge und ihrer inneren Subjektivität bilden eine zweite Subskala, die demgegenüber als *Extrovertierter Mystizismus* bezeichnet wird, weil hier der Fokus der Wahrnehmung nach außen auf die anderen Dinge gerichtet ist. Diese Erfahrungsqualitäten sind nach Stace eher typisch für die Mystik in fernöstlichen religiösen Traditionen, bspw. buddhistischen Meditationserfahrungen.[42] Die drei übrigen Merkmale des Mystizismus (noetische Qualität, positiver Affekt und Heiligkeit) stellen bereits erste, der Erfahrung immanente und noch inhaltsarme Deutungen dar – als einsichtsvoll, wohltuend und wertvoll, weswegen sie sich zu einer dritten Subskala *Interpretation* zusammenfassen lassen.

---

37 Vgl. *Heinz Streib* et al.: Assessing spirituality as individualized experience-oriented religion. The Mysticism Scale and its short form, in: Amy L. Ai/Paul M. Wink/Kevin A. Harris (Hgg.): Assessing spirituality and religion in a diversified world. Beyond the mainstream perspective, New York, im Druck. Mit den hier wiedergegebenen acht Items lässt sich eine reliable Kurzversion der M-Skala bilden (Cronbachs α = .84 für eine amerikanische bzw. .90 für eine deutsche Stichprobe; Retest-Reliabilität r_{tt} = .80 bzw. .85), deren Struktur über die acht Merkmale und drei Subskalen derjenigen der originalen 32-Item-Version entspricht.

38 Vgl. ebd.

39 Die statistischen Verfahren, mit denen auf Grundlage der Korrelationsmuster zwischen den Items die Binnenstruktur einer Skala ermittelt werden kann, sind sog. „explorative" bzw. „konfirmatorische Faktorenanalysen."

40 Vgl. *Ralph W. Hood* et al.: Dimensions of the Mysticism Scale. Confirming the three-factor-structure in the United States and Iran, in: Journal for the Scientific Study of Religion 40 (2001), 691–705, hier 693.

41 Vgl. *Walter T. Stace*: Mysicism and philosophy, 85–111.

42 Vgl. a.a.O., 62–81.

Alle drei Subskalen sowie die Gesamtskala haben sich wiederholt als reliabel erwiesen. In einem aktuellen Überblickskapitel über die M-Skala werden für verschiedene Stichproben interne Konsistenzen von Cronbachs α zwischen .89 und .90 für die Subskalen, zwischen .95 und .97 für die Gesamtskala sowie Retest-Reliabilitäten von r_{tt} zwischen .76 und .84 für die Subskalen und von .84 bis .86 für die Gesamtskala berichtet.[43] Im Zuge einer kulturvergleichenden Studie (Bielefeld-Based Cross-Cultural Study on Spirituality), in deren Rahmen die Semantik von Spiritualität und psychologische Merkmale, die mit der Selbstbeschreibung als „spirituell" einhergehen, in den USA und Deutschland untersucht wurden, konnte die Verteilung der Items auf die drei Subskalen auch für eine deutsche Stichprobe bestätigt werden.[44] Zudem zeigt sich, dass die M-Skala in beiden Ländern in deutlichem Zusammenhang mit der Selbsteinstufung als „spirituell" steht. Insofern erscheint es legitim, sie auch als Maß für Spiritualität – mit besonderem Fokus auf Erfahrungsqualitäten, die oft als spirituell interpretiert werden – zu verwenden. Mit Blick auf die Operationalisierung der M-Skala ist dies auch nicht allzu überraschend, beschreibt sie doch Erfahrungen einer transzendenten Verbundenheit mit etwas Größerem, Ganzen bzw. mit allem, was ist, und misst diesen Erfahrungen den Wert des Heiligen bei.

4.3 Die revidierte Skala „Transpersonales Vertrauen"

Während die M-Skala durch ihren Fokus auf Mystizismus nach Transzendenz*erfahrungen* fragt, erfragt die Skala *Transpersonales Vertrauen* (TPV) Transzendenz*vorstellungen* anhand von Postulaten in Bezug auf die Existenz von und die Verbundenheit mit einer höheren Macht oder einem großen Ganzen. Die TPV-Skala wurde von Wilfried Belschner im Anschluss an Konzepte der Transpersonalen Psychologie entwickelt, um die Bereitschaft zu erfassen, auf eine hilfreiche transzendente Macht zu vertrauen, welche in mehreren Items als „eine höhere Wirklichkeit/ein höheres Wesen/Gott" umschrieben wird.[45] In ihrer ursprünglichen Form umfasst die Skala elf Items und war dazu gedacht, das postulierte Konstrukt des transpersonalen Vertrauens eindimensional abzubilden. Allerdings zeigte sich in einer repräsentativen Umfrage, dass sich die Items sinnvoller zu zwei Subskalen zusammenfassen lassen: Eine Subskala *Transzendente Führung* (TPV-F), d. h. den Glauben an und das Vertrauen auf eine leitende, theistisch gedachte höhere Macht, und eine Subskala *Transzendente Eingebundenheit* (TPV-E), d. h. die Überzeugung, in ein größeres, pan(en)theistisch vorgestelltes Ganzes

43 Vgl. *Heinz Streib* et al.: Assessing spirituality as individualized experience-oriented religion.

44 Vgl. *Constantin Klein* et al.: Spirituality and mysticism, 173–184.

45 Vgl. *Wilfried Belschner*: Die Skala Transpersonales Vertrauen TPV (Transpersonale Arbeitspapiere, Nr. 2), Oldenburg 1999.

(die Welt und/oder den Kosmos) eingebunden zu sein, mit dem man sich verbunden fühlt.[46]

Diese beiden Varianten von Transzendenzvorstellungen lassen sich noch klarer differenzieren und ökonomischer und balancierter erfassen, wenn beide jeweils nur durch vier Items erfasst werden, sodass sich die Gesamtlänge der Skala auf acht Items reduziert, wie sich auf Grundlage eigener Berechnungen zur Reliabilität und Binnenstruktur der Skala (konfirmatorische Faktorenanalysen) gezeigt hat.[47] In dieser revidierten Form der Skala (TPV-8R) wird *Transzendente Führung* durch die vier folgenden Items operationalisiert: 1) „Ich fühle mich mit einer höheren Wirklichkeit/mit einem höheren Wesen/Gott verbunden. Darauf kann ich auch in schweren Zeiten vertrauen." 2) „Ich versuche, mich der Hand Gottes/eines höheren Wesens/einer höheren Wirklichkeit anzuvertrauen." 3) „Wir Menschen können nicht alles bestimmen. Es gibt eine höhere Wirklichkeit/ein höheres Wesen/Gott, dem ich mich anvertrauen kann." 4) „Manchmal habe ich den Eindruck, dass ich in meinem Leben aus einer höheren Einsicht heraus geführt werde." Diese Subskala TPV-F ist mit einer internen Konsistenz von Cronbachs $\alpha = .95$ äußerst reliabel. Deutliche Korrelationen (zwischen $r = .78$ und .82) der Items von TPV-F mit klassischen Religiositätsmaßen in einer früheren Studie sprechen dafür, dass sie im Wesentlichen religionsaffine Transzendenzvorstellungen erfasst.[48]

Die vier Items zur Erfassung von *Transzendenter Eingebundenheit* lauten: 1) „Ich bin Teil eines großen Ganzen, in dem ich geborgen bin." 2) „Ich bin ein Mensch mit Körper und Intellekt. Und ich bin auch untrennbar mit dem Kosmos verbunden." 3) „Es gibt in einem Menschenleben manches Glück oder Unglück, das meine Möglichkeiten des Erklärens und Verstehens übersteigt." 4) „Ich habe schon die Erfahrung gemacht, dass ich mich mit der Welt und dem Kosmos eins fühle." Die Reliabilität dieser Subskala TPV-E ist mit einem Cronbachs α von .82 zufriedenstellend. Darauf, dass insbesondere TPV-E als Maß für (auch nichtreligiöse) Spiritualität geeignet sein könnte, weist eine Korrelation von $r = .58$ mit

---

46 Vgl. *Cornelia Albani* et al.: Psychometrische Überprüfung der Skala „Transpersonales Vertrauen" (TPV) in einer repräsentativen Bevölkerungsstichprobe, in: Transpersonale Psychologie und Psychotherapie 9 (2003), 86–98.

47 Vgl. *Constantin Klein*: Ergebnisbericht zum Forschungsprojekt „Verbreitung und psychologische Konsequenzen von existenziellen Grundfragen und mystischen Erfahrungen in der deutschen Bevölkerung", gefördert durch den Bielefelder Nachwuchsfonds, Bielefeld 2015, 10–12. Dass sich auch mit den drei ausgeschlossenen Items zuzüglich eines weiteren Items eine reliable (Cronbachs α =.87) Kurzskala zur Erfassung von religionsnahen Transzendenzvorstellungen bilden lässt (TPV-4R), wurde kürzlich gezeigt von *Nicola Daniela Hampel* et al.: Psychometrische Überprüfung der Kurzversion der Skala „Transpersonales Vertrauen" in einer deutschlandweiten repräsentativen Bevölkerungsstichprobe, in: Psychotherapie, Psychosomatik, Medizinische Psychologie 70 (2020), 237–245.

48 Vgl. *Constantin Klein/Sonja Gottschling/Christian Zwingmann*: Deutschsprachige Fragebögen zur Messung von Religiosität/Spiritualität. Ein Vergleich ausgewählter Skalen, in: Spiritual Care 1/3 (2012), 22–35, hier 27.

einem Item zu spirituellen Selbsteinstufung hin.[49] Beide Subskalen sind deutlich miteinander korreliert (r = .69), so dass sie sich zu einer reliablen Gesamtskala (Cronbachs α = .92) zusammenfassen lassen. Entgegen dem von Belschner vorgeschlagenen vierstufigen Antwortformat wurde, um die Antwortvarianz bei reduzierter Itemzahl zu erhöhen, in den eigenen Studien mit einem fünfstufigen Antwortformat von „trifft überhaupt nicht zu" bis „trifft voll und ganz zu" gearbeitet, das auch für den weiteren Gebrauch der TPV-8R-Skala empfohlen wird.

5. Ein empirisch gestützter Vergleich der drei Skalen

5.1 Datengrundlage

Im Folgenden werden die drei Fragebogenskalen einem empirischen Vergleich daraufhin unterzogen, wie gut sie den unter 2. formulierten Kriterien genügen.[50] Dazu werden die Daten von sechs Stichproben genutzt, die über einen Zeitraum von 15 Jahren hinweg im Rahmen von fünf Studien erhoben wurden.

1. Stichprobe 1a besteht aus N = 317 Studierenden der Religionspädagogik der Universität Bielefeld und ihren Angehörigen, die im Rahmen einer Studie zur psychometrischen Überprüfung von Fragebogenskalen zur Messung von Weltsichten, Spiritualität und Wohlbefinden, darunter die SWBS, befragt wurden. Demografische Grunddaten zur Stichprobe werden (wie auch zu den folgenden Stichproben) in Tabelle 1 wiedergegeben.

2. Stichprobe 1b umfasst N = 136 Personen aus Stichprobe 1a, die im Rahmen derselben Studie nach einem Zeitintervall von drei Monaten erneut mit denselben Instrumenten, also auch wieder mit der SWBS, befragt wurden, um die Retest-Reliabilität der Skalen zu prüfen.

3. Bei Stichprobe 2 handelt es sich um eine Stichprobe, die N = 957 Angehörige verschiedener weltanschaulicher Gruppen umfasst, die im Rahmen einer Studie zu unterschiedlichen religiösen und nichtreligiösen Weltsichten und unterschiedlichen Dimensionen von Wohlbefinden untersucht wurden.[51]

49 Vgl. *Constantin Klein*: Ergebnisbericht , 12.

50 Das gilt v. a. für die Kriterien 2 bis 5. Dass die Skalen anteilig mehrere mögliche Merkmale von Spiritualität umfassen (Kriterium 1), ist hoffentlich im Zuge der Vorstellung der Skalen bereits erkennbar geworden.

51 Vgl. *Constantin Klein*: Beyond the religion-spirituality antagonism. Measuring interest in existential questions. Paper presented at the Annual Meeting of the Society for the Scientific Study of Religion (SSSR) and the Religious Research Association (RRA), Baltimore, October 31st, 2010.

Dazu gehören *n* = 203 Personen, die sich für Atheismus interessierten bzw. engagierten und über VHS-Kurse sowie atheistische Internetforen akquiriert wurden, *n* = 103 Angehörige der römisch-katholischen Kirche, die sich in ihren Kirchengemeinden engagierten, *n* = 94 Angehörige evangelischer Landeskirchen, die sich aktiv in ihren Gemeinden beteiligten, *n* = 94 Jesus Freaks, d. h. Angehörige einer alternativ-evangelikalen Jugendbewegung, *n* = 49 Personen, die an einem Ausbildungsprogramm in Orgodynamik, einer alternativ-spirituellen Therapierichtung, teilnahmen, *n* = 96 Angehörige verschiedener buddhistischer Traditionen, die in verschiedenen buddhistischen Begegnungs- und Fortbildungszentren rekrutiert wurden, *n* = 95 Angehörige verschiedener (nichtbuddhistischer) Meditationsgruppen sowie *n* = 223 Personen, die im Rahmen der Rekrutierung der vorgenannten Teilstichproben befragt wurden, jedoch nicht die Merkmale der jeweiligen Gruppenzugehörigkeit erfüllten. Auch in dieser Studie kam die SWBS zum Einsatz.

4. Bei Stichprobe 3 handelt es sich um die *n* = 773 Personen umfassende deutsche Teilstichprobe der Bielefeld-Based Cross-Cultural Study on Spirituality.[52] Die Studienteilnehmenden wurden über Diskussionsforen und Plattformen im Internet sowie Interviews und Inserate in Zeitungen und Zeitschriften akquiriert und identifizierten sich mehrheitlich als „eher spirituell als religiös“ (48,77%) oder „gleichermaßen religiös und spirituell“ (18,89%). Im Rahmen dieser Studie wurde erstmals eine durch Barbara Keller vorgenommene deutsche Übersetzung der M-Skala verwendet.

5. Stichprobe 4 ist eine Stichprobe von *n* = 919 Personen, die im Rahmen einer Studie zur Verbreitung und zu psychologischen Konsequenzen existenzieller Grundfragen und mystischer Erfahrungen in der deutschen Bevölkerung mittels verschiedener Fragebogenskalen befragt wurden.[53] Die Befragung wurde durch ein Meinungsforschungsinstitut durchgeführt, das über vorliegende Kontaktdaten Personen zur Teilnahme einlud, die hinsichtlich ihres Alters, ihres Geschlechts, ihres Schulabschlusses und ihres Bundeslands gescreent wurden, um sicherzustellen, dass die Verteilung der genannten demografischen Merkmale im Sinne einer Quotenstichprobe der Verteilung in der Gesamtbevölkerung entsprach. In dieser Studie wurden sowohl die M-Skala als auch die TPV-Skala eingesetzt, und auf Grundlage dieser Daten wurde die revidierte TPV-8R-Skala konstruiert.

---

52 Vgl. *Barbara Keller*: Design, methods, and sample characteristics of the Bielefeld-Based Cross-Cultural Study of „Spirituality“, in: Heinz Streib/Ralph W. Hood (Hgg.): Semantics and psychology of spirituality, 39–51.

53 Vgl. *Constantin Klein*: Ergebnisbericht, 1–8.

Tabelle 1: Demografische Grunddaten der Stichproben

	Stichprobe					
	1a (*N* = 317)	1b (*N* = 136)	2 (*N* = 957)	3 (*N* = 773)	4 (*N* = 919)	5 (*N* = 143)
Alter						
M[a]	29,67	27,80	37,30	43,17	43,34	23,20
SD[b]	13,26	11,85	15,52	14,02	14,33	2,76
Geschlecht (%)						
Männlich	38,80	33,82	43,36	43,21	48,97	26,57
Weiblich	61,20	66,18	56,64	56,79	51,03	73,43
Schulabschluss (%)						
ohne Schulabschluss	3,47	2,95	0,32	0,13	3,48	0,00
Hauptschulabschluss	4,10	3,68	4,01	4,72	38,19	0,00
Realschulabschluss	8,20	6,62	18,59	15,86	25,14	0,00
Fachabitur	10,73	8,82	10,35	14,68	7,62	0,00
Abitur	73,50	77,93	66,73	64,61	25,57	100,00
Religionszugehörigkeit (%)						
Römisch-katholisch	15,46	18,38	18,57	10,66	25,79	14,18
Evangelisch	64,35	64,71	27,70	25,36	31,88	27,66
Andere	9,78	8,82	20,26	15,74	4,46	4,97
Konfessionslos	10,41	8,09	33,47	48,24	37,87	53,19

Anmerkungen: [a] *M* = Mittelwert; [b] *SD* = Standardabweichung

6. Stichprobe 5 umfasst *N* = 143 Studierende der Universität Leipzig, die an zwei Überblicksvorlesungen zur Persönlichkeitspsychologie und zur Religionssoziologie teilnahmen und im Rahmen einer Studie zur psychometrischen Überprüfung verschiedener Fragebogenskalen zur Messung von Religiosität befragt wurden.[54] Für die hier vorgestellten Analysen wurde gegenüber der ursprünglichen Studie, in der die originale TPV-Skala verwendet wurde, die revidierte TPV-8R-Skala mit ihren beiden Subskalen TPV-F und TPV-E neu gebildet.

Um die drei Fragebogenskalen auf dieser Datengrundlage nun einem empirisch gestützten Vergleich zu unterziehen, werden in Tabelle 2 zunächst einige Grunddaten der Skalen und ihrer Subskalen (Anzahl der Items sowie Cronbachs α, Mittelwert und Standardabweichung für die jeweilige Stichprobe) wiedergegeben. Sodann werden die Korrelationen zwischen den Subskalen („Interkorrelationen“) berichtet, um zu prüfen, ob zwischen den Subskalen tatsächlich deutliche Zusammenhänge bestehen. Weiterhin werden Korrelationen mit einzelnen Items zur Messung der persönlichen Religiosität bzw. Spiritualität angegeben, um zu sehen, inwieweit die Skalen und Subskalen mit einem oder beidem kor-

54 Vgl. *Constantin Klein/Sonja Gottschling/Christian Zwingmann*: Deutschsprachige Fragebögen, 23f.

respondieren. Damit kann beurteilt werden, ob die jeweiligen Skalen als Spiritualitätsmaß (innerhalb oder außerhalb von Religiosität) geeignet sind.[55] In der letzten Spalte von Tabelle 2 werden schließlich Korrelationen der Skalen und Subskalen mit Maßen des psychischen Wohlbefindens, von denen in jeder Studie eines vorhanden war, angegeben.[56] Vor diesem Hintergrund lassen sich die Stärken und Schwächen der jeweiligen Skalen diskutieren.

5.2 *Stärken und Schwächen der Spiritual Well-Being Scale*

Wie aus Tabelle 2 ersichtlich ist, erweist sich die SWBS samt ihrer beiden Subskalen auch in den hiesigen Stichproben als gut bis sehr gut reliabel (Cronbachs α zwischen .84 und .97).[57] Die Mittelwerte der EWB-Subskala sind durchgängig höher als diejenigen der RWB-Subskala, was dafür spricht, dass ihre Items im stärker säkularen Kontext Deutschlands im Vergleich zu den RWB-Items zustimmungsfähiger sind. Wohl auch deswegen fallen die Interkorrelationen der beiden Subskalen durchweg niedrig aus (zwischen .19 und .29), sodass nicht davon ausgegangen werden kann, dass sie zwei Dimensionen desselben Merkmals messen.

Dieser Eindruck bestätigt sich beim Blick auf die weiteren Korrelationen: Während RWB zwar durchweg hoch mit der persönlichen Religiosität korreliert (r von .61 bis .69), besteht zu psychischem Wohlbefinden kein Zusammenhang (r zwischen -.11 und .04). Und auch zum Item „Sinn des Lebens ist es, die eigene Spiritualität zu verwirklichen“, das anteilig zur Messung von persönlicher Spiritualität herangezogen wurde, besteht allenfalls ein niedriger Zusammenhang (r zwischen .07 und .17). Zum Item „Man braucht keinen Gott, um spirituell zu sein“, das eine religionsungebundene Spiritualität ausdrücken kann, sind die Korrelationen nachvollziehbarer Weise sogar negativ (r von -.38 bis -.47).

55 Der Wortlaut der Items zur Religiositäts- bzw. Spiritualitätsmessung ist in den Anmerkungen zu Tabelle 2 wiedergegeben.

56 Bei den Maßen des psychischen Wohlbefindens handelte es sich um den Psychological General Well-Being Index in der von Gross vorgestellten 14-Item-Kurzversion, die Psychological Well-Being and Growth Scale in ihrer 42-Item-Version, den WHO-5-Wohlbefindens-Index sowie die Subskala Lebenszufriedenheit des Freiburger Persönlichkeitsinventars; vgl. *Manfred Gross*: Psychometrische Eigenschaften zweier Fragebogen zur Erfassung der psychischen Dimension der Lebensqualität, in: Monika Bullinger/Monika Ludwig/Nicole von Steinbüchel (Hgg.): Lebensqualität bei kardiovaskulären Erkrankungen. Grundlagen, Messverfahren und Ergebnisse, Göttingen 1991, 91–109, *Ursula M. Staudinger/David F. Lopez,/Paul B. Baltes*: The psychometric location of wisdom-related performance: Intelligence, personality, and more?, in: Personality and Social Psychology Bulletin 23 (1997), 1200–1214, *Elmar Brähler* et al: Teststatistische Prüfung und Normierung der deutschen Versionen des EUROHIS-QOL Lebensqualität-Index und des WHO-5 Wohlbefindens-Index, in: Diagnostica 53 (2007), 83–96, sowie *Jochen Fahrenberg/Rainer Hampel/Herbert Selg*: Das Freiburger Persönlichkeitsinventar, Göttingen [7]2001, 42.

57 Die in Stichprobe 1b ermittelten Retest-Reliabilitäten liegen bei r_{tt} = .90 (RWB), .59 (EWB) und .75 (gesamte SWBS).

Tabelle 2: Übersicht über Skalen und Subskalen zur Messung von Spiritualität

Skala	Items	*N*	α	*M*	*SD*	Interkorrelation(en) der Subskalen (*r*)	Korrelationen (*r*) mit... Religiosität	Spiritualität	psych. Wohlbefinden
Spiritual Well-Being Skala (SWBS)	20	317[a]	.89	80,60	18,43	.29***	.61***[g]	.05[i] / -.35***[j]	.17**[l]
		136[b]	.92	81,07	18,76	.19**	.63***[g]	.03[i] / -.39***[j]	.10[l]
		957[c]	.92	81,54	19,51	.25***	.58***[g]	.18***[i] / -.34***[j]	.27***[l]
Religious Well-Being (RWB)	10	317[a]	.92	35,89	13,84		.67***[g]	.07[i] / -.39***[j]	-.06[l]
		136[b]	.97	35,54	15,37	--	.69***[g]	.08[i] / -.47***[j]	-.11[l]
		957[c]	.96	34,65	16,45		.61***[g]	.17***[i] / -.38***[j]	.04[l]
Existential Well-Being (EWB)	10	317[a]	.84	44,71	8,78		.21***[g]	-.01[i] / -.12**[j]	.45***[l]
		136[b]	.86	45,53	8,27	--	.14*[g]	-.07[i] / -.01[j]	.43***[l]
		957[c]	.84	46,90	7,20		.18***[g]	.09***[i] / -.06*[j]	.63***[l]
Mystizismus-Skala (M-Skala)	32	773[d]	.96	114,23	31,83	.77*** bis .79***	.24***[h]	.66***[k]	.14*** bis .29***[m]
		919[e]	.90	87,64	21,27	.56*** bis .68***	.35***[h]	.48***[k]	.10**[n]
Introvertierter Mystizismus	12	773[d]	.92	42,50	13,36	--	.16***[h]	.58***[k]	.10** bis .25***[m]
		919[e]	.71	33,00	8,02		.20***[h]	.39***[k]	-.02[n]
Extrovertierter Mystizismus	8	773[d]	.92	27,29	9,59	--	.18***[h]	.61***[k]	.13*** bis .28***[m]
		919[e]	.82	21,45	7,09		.26***[h]	.40***[k]	.09**[n]
Interpretation	12	773[d]	.90	44,44	11,52	--	.33***[h]	.66***[k]	.14*** bis .30***[m]
		919[e]	.83	33,19	9,45		.43***[h]	.45***[k]	.17***[n]
Transpersonales Vertrauen revidiert (TPV-8R)	8	143[f]	.88	22,10	7,70	.55***	.78***[g]	--	.14*[o]
		919[e]	.92	21,62	8,25	.69***	.68***[h]	.59***[k]	.08**[n]
Transzendente Führung (TPV-F)	4	143[f]	.91	9,50	4,99	--	.82***[g]	--	.10[o]
		919[e]	.95	10,04	4,94		.73***[h]	.50***[k]	.06*[n]
Transzendente Eingebundenheit (TPV-E)	4	143[f]	.77	12,61	3,73	--	.51***[g]	--	.15*[o]
		919[e]	.82	11,58	4,04		.50***[h]	.58***[k]	.09**[n]

Anmerkungen: * *p* (Irrtumswahrscheinlichkeit) ≤ .10; ** *p* ≤ .05; *** *p* < .01; [a] Stichprobe 1a; [b] Stichprobe 1b; [c] Stichprobe 2; [d] Stichprobe 3; [e] Stichprobe 4; [f] Stichprobe 5; [g] Item: „Als wie religiös würden Sie sich bezeichnen?" (sieben Ratingstufen von 1 = gar nicht religiös bis 7 = sehr religiös); [h] Item: „Als wie religiös würden Sie sich selbst bezeichnen?" (fünf Ratingstufen: gar nicht, wenig, mittel, ziemlich, sehr); [i] Item: „Sinn des Lebens ist es, die eigene Spiritualität zu verwirklichen. (vier Ratingstufen: starke Ablehnung, leichte Ablehnung, leichte Zustimmung, starke Zustimmung); [j] Item: „Man braucht keinen Gott, um spirituell zu sein." (vier Ratingstufen: starke Ablehnung, leichte Ablehnung, leichte Zustimmung, starke Zustimmung); [k] Item: „Als wie spirituell würden Sie sich selbst bezeichnen?" (fünf Ratingstufen: gar nicht, wenig, mittel, ziemlich, sehr); [l] Skala: *Psychological General Well-Being Index* (14 Items); [m] Skalen: Subskalen *Autonomy*, *Environmental Mastery*, *Personal Growth*, *Positive Relations*, *Purpose in Life* und *Self-Acceptance* der *Psychological Well-Being and Growth Scale* (42 Items); [n] Skala: *WHO-5-Wohlbefindens-Index* (5 Items); [o] Skala: Subskala *Lebenszufriedenheit* des *Freiburger Persönlichkeitsinventars* (12 Items).

Anders sehen hingegen die Korrelationsmuster für die EWB-Subskala aus: Hier sind die Korrelationen zum Religiositätsitem niedrig (*r* von .14 bis .21) und zu den Spiritualitätsitems weitgehend irrelevant (*r* von -.12 bis .09), während zum psychischen Wohlbefinden mittlere bis hohe Korrelationen bestehen (*r* von .43 bis .63). Als Maß für eine Dimension von Spiritualität eignet sich die EWB-Subskala also nicht; eher artikuliert sie eine (spiritualitätsunabhängige) Facette des Wohlbefindens.

Dass die Gesamtskala mit Religiosität zusammenhängt (*r* zwischen .58 und .63), liegt demnach an der einen Subskala (RWB); dass sie auch leicht mit psychischem Wohlbefinden assoziiert ist (*r* zwischen .10 und .27), liegt hingegen an der anderen (EWB). Mit Spiritualität außerhalb von Religiosität hat sie hingegen wenig zu tun. Auch die Verrechnung beider Subskalen zu einem Gesamtwert ist empirisch nicht gerechtfertigt. Sinnvoller ist es, beide Subskalen als eigenständige Instrumente zu betrachten, von denen das eine dezidiert dazu geeignet ist, religiöses Wohlbefinden i. S. einer befriedigenden Beziehung zu Gott abzufragen (RWB), während das andere existenzielles Wohlbefinden i. S. v. Lebenszufriedenheit und Lebenssinn misst (EWB). Während die EWB-Subskala vermutlich weitgehend unabhängig vom weltanschaulichen Hintergrund Befragter eingesetzt werden kann, erscheint die Verwendung der RWB-Subskala nur sinnvoll, wenn für die überwiegende Zahl einer Untersuchungsgruppe ein Glaube an (einen) Gott vorausgesetzt werden kann.[58]

5.3 *Stärken und Schwächen der Mystizismus-Skala*

Die M-Skala und ihre drei Subskalen weisen durchweg zufriedenstellende und ganz überwiegend hohe bis sehr hohe interne Konsistenzen auf (Cronbachs α von .71 bis .96). Ihre Subskalen sind durchgängig hoch miteinander korreliert (*r* von .56 bis .79), wobei die Korrelationen in der spirituell affinen Stichprobe 3 im Mittel noch höher ausfallen als in der repräsentativeren Stichprobe 4. Das spricht dafür, dass die beschriebenen mystischen Erfahrungsqualitäten von spirituell interessierten und aktiven Personen als „verwandter" empfunden werden, als dies bei Menschen der Fall ist, die nicht zwingend selbst mit mystischen Erfahrungen vertraut sind.

In beiden Stichproben hängen die Subskalen leicht bis mittelgradig mit der religiösen Selbsteinschätzung zusammen (*r* von .16 bis .43), jedoch deutlicher mit der spirituellen Selbsteinstufung (*r* von .39 bis .66), wobei die Korrelationen

---

58 Wie bereits unter 4.1 angedeutet dürfte diese Schlussfolgerung auch für nahezu alle anderen Maße des spirituellen Wohlbefindens oder der spirituellen Lebensqualität zutreffen. Es ist frappierend, dass bisher keines davon einer vergleichbaren Analyse der Zusammenhänge sowohl zu persönlicher Spiritualität als auch zu Religiosität und parallel zu psychischem Wohlbefinden unterzogen worden ist und dabei allen Kriterien genügen konnte – oft werden lediglich Korrelationen zu anderen Spiritualitätsmaßen berichtet (die ähnliche Schwierigkeiten aufweisen).

für die Subskala *Interpretation* jeweils am höchsten ausfallen. Das deutet darauf hin, dass die rudimentäre Interpretation mystischer Erfahrungen am stärksten mit einer spirituellen und ggf. religiösen Weltsicht verbunden ist. Erneut sind die Korrelationsmuster in der spirituell aufgeschlossenen Stichprobe 3 etwas prononcierter als in Stichprobe 4: Während die Korrelationen zur persönlichen Spiritualität im Mittel etwas höher ausfallen (*r* zwischen .58 und .66 bzw. zwischen .39 und .45), sind die Korrelationen zur Religiosität im Mittel etwas niedriger (*r* zwischen .16 und .33 bzw. zwischen .20 und .43). Dasselbe Muster lässt sich auch für die Gesamtskala beobachten. Spirituell Interessierte scheinen demnach in den Formulierungen der M-Skala ihren spirituellen Erfahrungshintergrund tendenziell wiedererkennen zu können, der für eine bevölkerungstypischere Stichprobe ggf. auch religiös erscheinen mag.

Die Korrelationen der M-Skala und ihrer Subskalen zum psychischen Wohlbefinden sind niedrig, in den meisten Fällen aber substanziell (*r* zwischen -.02 und .30). Erneut ergeben sich für die Subskala *Interpretation* die höchsten Korrelationen, und erneut sind die Korrelationen für Stichprobe 3 im Mittel etwas höher. Mystische, spirituell deutbare Erfahrungen korrespondieren demnach stärker mit dem Wohlbefinden bei Personen, für die diese Erfahrungen Quelle oder Ausdruck ihrer eigenen Spiritualität sein mögen.[59] Zusammenfassend lässt sich festhalten, dass die M-Skala den unter 2. formulierten Kriterien für ein Spiritualitätsmaß gut zu entsprechen vermag. Besonders geeignet erscheint sie für Zielgruppen, die sich selbst als spirituell verstehen und einen entsprechenden Erfahrungshintergrund aufweisen.

5.4 *Stärken und Schwächen der revidierten Skala „Transpersonales Vertrauen“*

Auch die internen Konsistenzen der TPV-8R-Skala sowie ihrer beiden Subskalen sind durchgängig zufriedenstellend bis sehr gut (Cronbachs α zwischen .77 und .95). Die beiden Subskalen TPV-F und TPV-E sind deutlich miteinander korreliert (*r* von .55 bis .69), sodass davon ausgegangen werden darf, dass sie sich als verwandte Merkmale verstehen lassen. Sowohl die Gesamtskala als auch die Subskala TPV-F sind sehr deutlich mit der religiösen Selbsteinstufung assoziiert (*r* von .68 bis .82), und auch für die Subskala TPV-E ergeben sich hohe Korrelationen um .50 herum. Allerdings korreliert TPV-E etwas stärker mit der persönlichen Spiritualität (*r* = .58). Auch TPV-F und die Gesamtskala korrelieren deutlich

59 Anteilig mag hier allerdings auch das jeweilige, in den beiden Stichproben verwendete Messinstrument für psychische Gesundheit eine Rolle spielen. Denn während in Stichprobe 4 der knappe, nur fünf Items umfassende WHO-5-Wohlbefindens-Index verwendet wurde, wurde in Stichprobe 3 ein umfangreiches Instrument mit sechs verschiedenen Subskalen, die Psychological Well-Being and Growth Scale, eingesetzt, weswegen hier aufgrund der größeren Varianz der Messung leichter höhere Korrelationen möglich waren.

mit der spirituellen Selbsteinschätzung (*r* von .50 bzw. .59), doch fallen hier die Korrelationen zur persönlichen Religiosität noch höher aus. Insofern stellt TPV-F eher ein Maß für Religiosität (bzw. für religiös gebundene Spiritualität) dar, während TPV-E als Maß für (nicht notwendiger Weise religiöse) Spiritualität gesehen werden kann.[60] Die Gesamtskala lässt sich dann als Maß für religiöse wie auch nichtreligiöse Spiritualität verstehen, wobei im Interesse einer differenzierten Messung eher mit den beiden Subskalen als mit der aufsummierten Gesamtskala gearbeitet werden sollte.

Die Korrelationen zum psychischen Wohlbefinden bzw. zur Lebenszufriedenheit sind niedrig, in der Hälfte der Fälle allerdings substanziell (*r* zwischen .06 und .15). Für TPV-E sind sie tendenziell höher als für TPV-F (*r* zwischen .09 und .15 bzw. zwischen .06 und .10). Demnach korrespondiert die Auffassung, in die Welt bzw. den Kosmos eingebunden zu sein, geringfügig stärker mit dem Wohlbefinden als die Überzeugung, im Leben durch eine höhere Macht begleitet und geführt zu werden. Insgesamt bewegen sich die Korrelationen zum psychischen Wohlbefinden auf einem ähnlichen Niveau wie diejenigen, die für die M-Skala in Stichprobe 4 aus der Allgemeinbevölkerung festgestellt wurden. Insofern lässt sich davon ausgehen, dass zwischen allgemeiner Spiritualität und psychischem Wohlbefinden ein positiver, wenngleich insgesamt niedriger Zusammenhang besteht. Im Vergleich zur M-Skala dürfte sich die TPV-8R-Skala insbesondere für die Untersuchung von Stichproben eignen, in denen sowohl mit religiös(-spirituell)en als auch mit (nicht zwingend religiös-)spirituellen Personen zu rechnen ist. Für die Auswahl mag zudem eine Rolle spielen, ob man eher an Transzendenzerfahrungen (M-Skala) oder -vorstellungen (TPV-8R) der Befragten interessiert ist.

6. Fazit

Zunächst ist noch einmal zu betonen, dass sich der „messbare Ausschnitt des Unermesslichen" auf die menschliche Seite der Spiritualität beschränkt. Doch, und das sind die guten Nachrichten, auf der menschlichen Seite kann es durchaus gelingen. Legt man die unter 2. formulierten Kriterien zugrunde, so liegen mit der M-Skala sowie der TPV-8R-Skala mindestens zwei Messinstrumente in deutscher Sprache vor, die durchaus gut zur sozial- und gesundheitswissenschaftlichen Messung unterschiedlicher Facetten des Konstrukts „Spiritualität" geeignet sind. Für die Messung von spirituellem Wohlbefinden lässt sich das allerdings leider nicht konstatieren; Messinstrumente wie die hier vorgestellte

60 Vgl. zu religiöser und nichtreligiöser Spiritualität in diesem Band auch den Beitrag von *Hauschildt*: Welche Hilfe in der Krise können und wollen „Caretaker" geben, wenn „Spiritualität" gesucht wird?, 145–161.

SWBS kranken daran, dass sie Merkmale von Religiosität empirisch ungerechtfertigter Weise mit Merkmalen positiven psychosozialen Befindens verrechnen. In der Folge lassen sich zwar statistische Zusammenhänge zu anderen Bereichen des Wohlbefindens oder der Gesundheit feststellen, doch sind diese artifiziell dadurch erzeugt, dass gutes psychosoziales Befinden bereits als integraler Bestandteil von spirituellem Wohlbefinden operationalisiert und gemessen wurde.[61] Die Entwicklung seriöserer Instrumente für das spirituelle Wohlbefinden, mit denen eine eigenständige spirituelle Befindensdimension in der Forschung, aber auch in der klinischen Praxis, etwa zur Therapieevaluation und Verlaufskontrolle, zuverlässig gemessen werden könnte, ist derzeit deswegen eine noch offene Aufgabe. Um sie zufriedenstellend lösen zu können, sollten für die zukünftige Instrumentenentwicklung die in diesem Beitrag entwickelten Kriterien herangezogen werden. Besonderes Gewicht sollte dabei darauf gelegt werden, dass ein Maß für spirituelles Wohlbefinden gleichermaßen hoch mit der spirituellen Selbsteinschätzung wie auch mit dem psychosozialen Befinden korrelieren sollte. Dazu könnten beispielsweise in der Operationalisierung Formulierungen gewählt werden, in denen Merkmale von Verbundenheitserfahrungen (M-Skala) oder Transzendenzvorstellungen (TPV-8R) als Quelle von Wohlbefinden benannt werden („Von Guten Mächten wunderbar geborgen...“). Ob es damit gelingt, die persönliche Spiritualität und das spirituelle Wohlbefinden des Einzelnen zufriedenstellend abzubilden, wird allerdings wohl stets im Auge des Betrachtenden liegen – der britische Theologe Michael Wright gebraucht für Spiritualität das Bild eines Diamanten, dessen vielfältige Facetten je nach Betrachtungswinkel variieren mögen.[62]

Literatur

Albani, Cornelia/Bailer, Harald/Blaser, Gerd/Geyer, Michael/Brähler, Elmar/Grulke, Norbert: Psychometrische Überprüfung der Skala „Transpersonales Vertrauen“ (TPV) in einer repräsentativen Bevölkerungsstichprobe, in: Transpersonale Psychologie und Psychotherapie 9 (2003), 86–98.

Bash, Anthony: Spirituality: The emperor’s new clothes? in: Journal of Clinical Nursing 13 (2004), 11–16.

Belschner, Wilfried: Die Skala Transpersonales Vertrauen TPV (Transpersonale Arbeitspapiere, Nr. 2), Oldenburg 1999.

Bergius, Rudolf: Art. Konstruktionismus, sozialer, in: Hartmut Häcker/Kurt-Hermann Stapf (Hgg.), Dorsch Psychologisches Wörterbuch, Bern 1998, 456.

Brady, Marianne J./Peterman, Amy H./Fitchett, George/Mo, May/Cella, David: A case for including spirituality in quality of life measurement in oncology, in: Psycho-Oncology 8 (1999), 417–428.

61 Vgl. *Harold G. Koenig*: Concerns about measuring “spirituality” in research, 350–353.

62 Vgl. *Michael Wright*: Hospice care and model of spirituality, in: European Journal of Palliative Care 11 (2004), 75–78.

Brähler, Elmar/Mühlan, Holger/Albani, Cornelia/Schmidt, Silke, Teststatistische Prüfung und Normierung der deutschen Versionen des EUROHIS-QOL Lebensqualität-Index und des WHO-5 Wohlbefindens-Index, in: Diagnostica 53 (2007), 83–96.

Bucher, Anton A.: Psychologie der Spiritualität, Weinheim [2]2014.

Cohen, Jacob: A power primer, in: Psychological Bulletin 112 (1992), 155–159.

Comte-Sponville, André: L'esprit de l'athéisme. Introduction à une spiritualité sans Dieu, Paris 2006.

Dahlgrün, Corinna: Christliche Spiritualität: Formen und Traditionen der Suche nach Gott, Berlin [2]2018.

Eisenmann, Clemens/Klein, Constantin: Dimensions of "spirituality". The semantics of subjective definitions, in: Heinz Streib/Ralph W. Hood (Hgg.): Semantics and psychology of spirituality. A cross-cultural analysis, Cham 2016, 125–151.

Fahrenberg, Jochen/Hampel, Rainer/Selg, Herbert: Das Freiburger Persönlichkeitsinventar, Göttingen [7]2001.

Gross, Manfred: Psychometrische Eigenschaften zweier Fragebogen zur Erfassung der psychischen Dimension der Lebensqualität, in: Monika Bullinger/Monika Ludwig/Nicole von Steinbüchel (Hgg.): Lebensqualität bei kardiovaskulären Erkrankungen. Grundlagen, Messverfahren und Ergebnisse, Göttingen 1991, 91–109.

Hampel, Nicola Daniela/Brähler, Elmar/Zenger, Markus/Albani, Cornelia/Heuft, Gereon: Psychometrische Überprüfung der Kurzversion der Skala „Transpersonales Vertrauen" in einer deutschlandweiten repräsentativen Bevölkerungsstichprobe, in: Psychotherapie, Psychosomatik, Medizinische Psychologie 70 (2020), 237–245.

Höllinger, Franz/Tripold, Thomas: Ganzheitlich Leben. Das holistische Milieu zwischen neuer Spiritualität und postmoderner Wellness-Kultur. Bielefeld 2012.

Hood, Ralph W.: The construction and preliminary validation of a measure of reported mystical experience, in: Journal for the Scientific Study of Religion 14 (1975), 29–41.

Hood, Ralph W./Ghorbani, Nima/Watson, Paul J./Ghramaleki, Ahad Framarz/Bing, Mark N./Davison, H. Kristl/Morris, Ronald J./Williamson, W. Paul: Dimensions of the Mysticism Scale: Confirming the three-factor-structure in the United States and Iran, in: Journal for the Scientific Study of Religion 40 (2001), 691–705.

James, William: The varieties of religious experience. A study in human nature. New York 1982.

Keller, Barbara/Streib, Heinz/Silver, Christopher F./Klein, Constantin/Hood, Ralph W.: Design, methods, and sample characteristics of the Bielefeld-Based Cross-Cultural Study of „Spirituality", in: Heinz Streib/Ralph W. Hood (Hgg.): Semantics and psychology of spirituality. A cross-cultural analysis, Cham 2016, 39–51.

Klein, Constantin: Beyond the religion-spirituality antagonism. Measuring interest in existential questions. Paper presented at the Annual Meeting of the Society for the Scientific Study of Religion (SSSR) and the Religious Research Association (RRA), Baltimore, October 31st, 2010.

Klein, Constantin, Ergebnisbericht zum Forschungsprojekt "Verbreitung und psychologische Konsequenzen von existenziellen Grundfragen und mystischen Erfahrungen in der deutschen Bevölkerung", gefördert durch den Bielefelder Nachwuchsfonds, Bielefeld 2015.

Klein, Constantin/Gottschling, Sonja/Zwingmann, Christian: Deutschsprachige Fragebögen zur Messung von Religiosität/Spiritualität. Ein Vergleich ausgewählter Skalen, in Spiritual Care 1/3 (2012), 22–35.

Klein, Constantin/Keller, Barbara/Silver, Christopher F./Hood, Ralph W./Streib, Heinz: Positive adult development and "spirituality". Psychological well-being, generativity, and emotional stability, in: Heinz Streib/Ralph W. Hood (Hgg.): Semantics and psychology of spirituality. A cross-cultural analysis, Cham 2016, 401–436.

Klein, Constantin/Silver, Christopher F./Streib, Heinz/Hood, Ralph W./Coleman, Thomas J.: Spirituality and mysticism, in: Heinz Streib/Ralph W. Hood (Hgg.): Semantics and psychology of spirituality. A cross-cultural analysis, Cham 2016, 165–187.

Koenig, Harold G.: Concerns about measuring "spirituality" in research, in: Journal of Nervous and Mental Disease 196 (2008), 349–355.

Mehnert, Anja/Koch, Uwe: Religiosität und psychische Befindlichkeit – Überprüfung von Instrumenten zur Erfassung von Religiosität, in: Zeitschrift für Medizinische Psychologie 10 (2001), 171–182.

Möller, Arnulf/Reimann, Swantje: Religiöse Einstellung und Zukunftssicht in einer studentischen Untersuchungsgruppe, in: Psychotherapie, Psychosomatik, medizinische Psychologie 54 (2004), 383–386.

National Interfaith Coalition on Aging (NICA): Spiritual well-being. A definition. Athens 1975.

Nestler, Erich: Zusammenfassung und Ausblick in theologischer Perspektive, in: Christian Henning/ Sebastian Murken/Erich Nestler (Hgg.): Einführung in die Religionspsychologie, Paderborn 2003, 231–245.

Nolan, Steve/Saltmarsh, Philip/Leget, Carlo: Spiritual care in palliative care. Working towards an EAPC Task Force, in: European Journal of Palliative Care 18 (2011), 86–89.

Paloutzian, Raymond F./Bufford, Rodger K./Wildman, Ashley J.: Spiritual Well-Being Scale. Mental and physical health relationships, in: Mark R. Cobb/Christina M. Puchalski/Bruce Rumbold (Hgg.): Oxford textbook of spirituality in healthcare, Oxford 2012, 353–358.

Paloutzian, Raymond F./Ellison, Craig W.: Loneliness, spiritual well-being and the quality of life, in: Letitia Anne Peplau/Daniel Perlman (Hgg.): Loneliness. A sourcebook of current theory, research and therapy, New York 1982, 224–237.

Pollack, Detlef: Was ist Religion? Probleme der Definition, in: Zeitschrift für Religionswissenschaft 3 (1995), 163–190.

Popp-Baier, Ulrike: From religion to spirituality. Megatrend in contemporary society or methodological artefact? A contribution to the secularization debate from psychology of religion, in: Journal of Religion in Europe 3 (2009), 1–34.

Puchalski Christina/Ferrell, Betty/Virani, Rose/Otis-Green, Shirley/Baird, Pamela/Bull, Janet/Chochinov, Harvey/Handzo, George/Nelson-Becker, Holly/Prince-Paul, Maryjo/Pugliese, Karen/Sulmasy, Daniel: Improving the quality of spiritual care as a dimension of palliative care. The report of the consensus conference, in: Journal of Palliative Medicine 12 (2009), 885–904.

Salander, Pär: The emperor's new clothes: Spirituality. A concept based on questionable ontology and circular findings, in: Archive for the Psychology of Religion 34 (2012), 17–32.

Schermelleh-Engel, Karin/Werner, Christina: Methoden der Reliabilitätsbestimmung, in: Helfried Moosbrugger/Augustin Kelava (Hgg.): Testtheorie und Fragebogenkonstruktion, Heidelberg 2007, 113–133.

Schleiermacher, Friedrich D. E.: Über die Religion. Reden an die Gebildeten unter ihren Verächtern. In der Ausgabe von Rudolf Otto, Göttingen [7]1991.

Selman, Lucy/Siegert, Richard/Harding, Richard/Gysels, Marjolein/Speck, Peter/Higginson, Irene J.: A psychometric evaluation of measures of spirituality validated in culturally diverse palliative care populations. Journal of Pain and Symptom Management 42 (2011), 604–622.

Siegers, Pascal: Alternative Spiritualitäten. Neue Formen des Glaubens in Europa. Eine empirische Analyse, Frankfurt/M. 2012.

Stace, Walter T.: Mysticism and philosophy, London 1960.

Staudinger, Ursula M./Lopez, David F.,/Baltes, Paul B.: The psychometric location of wisdom-related performance. Intelligence, personality, and more?, in: Personality and Social Psychology Bulletin 23 (1997), 1200–1214.

Steinhauser, Karen E./Fitchett, George/Handzo, George F./Johnson, Kimberly S./Koenig, Harold G./Pargament, Kenneth I./Puchalski, Christina M./Sinclair, Shane/Taylor, Elizabeth J./Balboni, Tracy A.: State of the science of spirituality and palliative care research part I: Definitions, measurement, and outcomes. Journal of Pain and Symptom Management 54 (2017), 428–440.

Streib, Heinz/Klein, Constantin: Operationalisierung von Spiritualität im Vergleich Deutschland – USA, in: Georg Juckel/Knut Hoffmann/Harald Walach (Hgg.): Spirituelle Aspekte in Psychiatrie und Psychotherapie, Lengerich 2018, 251–266.

Streib, Heinz/Klein, Constantin/Keller, Barbara/Hood, Ralph W.: Assessing spirituality as individualized experience-oriented religion. The Mysticism Scale and its short form, in: Amy L. Ai/Paul M. Wink/Kevin A. Harris (Hgg.): Assessing spirituality and religion in a diversified world. Beyond the mainstream perspective, New York, im Druck.

Tanyi, Ruth A.: Towards clarification of the meaning of spirituality, in: Journal of Advanced Nursing 39 (2002), 500–509.

Unterrainer, Human-Friedrich: Spiritualität & Sucht. Glaube als Ressource in der Alkoholismustherapie, Saarbrücken 2006.

Utsch, Michael/Klein, Constantin: Religion, Religiosität, Spiritualität. Bestimmungsversuche für komplexe Begriffe, in: Constantin Klein/Hendrik Berth/Friedrich Balck (Hgg.): Gesundheit – Religion – Spiritualität. Konzepte, Befunde und Erklärungsansätze, Weinheim 2011, 25–45.

Visser, Anja/Garssen, Bert/Vingerhoets, Ad J. J. M.: Existential well-being: Spirituality or well-being? Journal of Nervous and Mental Disease 205 (2017), 234–241.

Vivat, Bella: Measures of spiritual issues for palliative care patients. A literature review, Palliative Medicine 22 (2008), 859–868.

Wright, Michael: Hospice care and model of spirituality, in: European Journal of Palliative Care 11 (2004), 75–78.

Zinnbauer, Brian J./Pargament, Kenneth I.: Religiousness and spirituality, in: Raymond F. Paloutzian/ Crystal L. Park (Hgg.): Handbook of the psychology of religion and spirituality, New York 2005, 21–42.

Zwingmann, Christian/Klein, Constantin: Deutschsprachige Fragebögen zur Messung von Religiosität/ Spiritualität. Stellenwert, Klassifikation und Auswahlkriterien, in: Spiritual Care 1/3 (2012), 7–21.

Zwingmann, Christian/Klein, Constantin/Höfling, Volkmar: Messung von Religiosität/Spiritualität im Rahmen der Gesundheitsforschung, in: Constantin Klein/Hendrik Berth/Friedrich Balck (Hgg.): Gesundheit – Religion – Spiritualität. Konzepte, Befunde und Erklärungsansätze, Weinheim 2011, 65–91.

Welche Hilfe in der Krise können und wollen „Caretaker" geben, wenn „Spiritualität" gesucht wird? – Zwischen fachlich-beruflichen Rollen und individueller „Menschlichkeit"[1]

Eberhard Hauschildt

Nicht alle Lebenskrisen sind Gesundheitskrisen, aber stärkere Gesundheitskrisen werden auch als Lebenskrisen erfahren – und sie führen in vielen Fällen zu einem Aufenthalt in einer klinischen Gesundheitseinrichtung. Dort treffen die, die sich nun im Status einer Patientin oder eines Patienten befinden, auf Menschen, deren Aufgabe es ist, ihnen zu helfen. Sie werden im Folgenden als „Caretaker" bezeichnet (zum Begriff selbst, der gerade nicht die „caregiver" aus Familie und Freundeskreis meint, siehe 1.3). Patient*innen haben eine Vorstellung davon, wer von diesen Caretakern für welche Art von Hilfe zuständig ist. Aber sie nutzen die Gelegenheit ggf. auch dafür, „weitere" und „tiefere" Fragestellungen einzubringen, die im Feld der Thematisierung von (Lebens-)Sinn bis hin zur Beschäftigung mit Religion liegen mögen (das wird im Folgenden unter der Terminologie von „Spiritualität" genauer diskutiert, siehe Abschnitt 3). Die Helfer*innen sehen sich folglich damit konfrontiert, dies irgendwie zu interpretieren und damit irgendwie umzugehen. Nahe liegt, dies entsprechend ihrer Fachlichkeit und der ihnen im Gesundheitssystem zugeschriebenen Rolle zu tun, aber es betrifft sie auch in der Form einer Interaktion, die schlicht „von Mensch zu Mensch" erfolgt (genauer dazu Abschnitt 2).

Die folgenden Überlegungen zielen auf die Perspektive der „Caretaker" in diesen Interaktionen. Wenn die Interaktionen zwischen Patient*innen und Caretakern möglichst förderlich verlaufen sollen, ist es nötig, über einen adäquaten Umgang mit Spiritualität und Religion auch bei denjenigen Caretakern nachzudenken, zu deren Rolle so etwas primär nicht gehört.[2] Dafür wird es wichtig, mehr darüber zu wissen, welche Vorstellungen und Deutungen man bei den verschiedenen Caretakern überhaupt derzeit tatsächlich antrifft. Mittel der empirischen Forschung dazu ist die Analyse von Gruppendiskussionen. Dazu muss in einem ersten Schritt geklärt sein, was genau, warum und wie beforscht werden soll. Der folgende Beitrag soll dies erörtern und zur Diskussion stellen.

---

1 Gefördert durch die Deutsche Forschungsgemeinschaft (DFG) – Projektnummer 348851031.

2 Vgl. in diesem Band den Beitrag *Peusquens/Maus/Radbruch*: Die Pfeile des wütenden Geschicks ertragen, 163–181, die Gründe und Perspektiven für einen verbesserten Umgang der Ärzt*innen mit Fragen nach Spiritualität und Religion aufzeigen.

Kein Forschungsansatz ist perspektivenfrei. Der Autor dieses Beitrags ist gelernter wissenschaftlicher „Theologe". Das ist im Feld der empirischen Forschung eher ein Sonderfall.[3] Doch liegt die Wahl genau dieser Fachperspektive andererseits angesichts der Themenspezifizierung auf „Spiritualität und Religion" auch nahe, selbst wenn religions*psychologische*, religions*soziologische* Forschung und last but not least nichttheologische *Religionswissenschaft* hier ebenso von Belang sein können. Worin der relative Vorteil einer theologischen Perspektive liegt und warum bei der gewählten Fragestellung eine interdisziplinäre Weitung nötig ist, wird noch gezeigt werden.

1. Die Caretaker

*1.1 Helfer*innen welcher Fachlichkeiten?*[4]

Welche Helfer*innen in der Klinik sind als Caretaker für die Patient*innen besonders wichtig? Eindeutig die, die Entscheidungen treffen darüber, wie die Behandlung aussieht, also Ärzt*innen aller Arten – und dann vor allem die Krankenpfleger*innen, die das durchführen, was auf jeden Fall und in einer Reihe von medizinisch angeordneten wie selbstverständlichen pflegerischen Akten an und mit den Patient*innen getan werden soll. Im Vordergrund steht hier das medizinisch Notwendige. Und dann gibt es da noch – gegebenenfalls – ergänzend auch Psychotherapeut*innen und Seelsorger*innen. Diese haben ihre eigenen Zuständigkeiten für eine therapeutische Behandlung oder ein seelsorgliches Gespräch. Unter den wichtigsten Caretakern finden sich also wissenschaftlich-fachliche Kompetenzen für Medizin, Psychologie/Psychotherapie und Seelsorge/Theologie.[5] Bei der Anwendung dieser Kompetenzen müssen mehr oder

---

3 In der theologischen Unterdisziplin namens „Praktische Theologie", die die gegenwärtige christlich-religiöse – vor allem, aber nicht nur – kirchliche Kommunikationspraxis zum Gegenstand hat, ist es freilich heutzutage ziemlich gängig.

4 Fachlichkeit verweist hier nicht nur auf einen durch die jeweilige (universitäre) Ausbildung erworbenen Wissensvorrat, sondern schließt gerade auch die hierbei übernommen Prämissen und den dazugehörigen Denkstil ein.

5 Die Konzentration auf diese in der Klinik Beschäftigten stellt eine Auswahl dar, lässt z. B. die Ergotherapeut*innen und Sozialarbeiter*innen beiseite und auch, dass ggf. auch mal z. B. mit Reinigungskräften, medizinisch-technischem Personal oder in der Verwaltung Tätigen Gespräche stattfinden könnten. Ausgewählt wurden solche, hinter denen klassische Fachlichkeiten akademisch-wissenschaftlicher Art stehen (und für die im interdisziplinären Gesamtprojekt auch fachliche wissenschaftliche Expert*innen zur Verfügung stehen). Die bedauerlichste Einschränkung liegt darin, dass damit auch die Gruppe der Pflegekräfte aus dem Forschungsprojekt herausfällt – obwohl mit ihnen vermutlich besonders viele helfende Gespräche geführt werden. Wissenschaftlicher Status und Theoriecharakter der Pflegewissenschaften ist – gerade

minder ausführliche Interaktionen mit den Patient*innen erfolgen, die die Form eines Gesprächs haben. Mit allen sprechen die Patient*innen mehr oder weniger ausführlich.

Die Funktion des Gesprächs aus der fachlichen Perspektive setzt auch Selbstverständlichkeiten in der Ausübung der Rolle. Für das medizinische Kernhandeln der Eingriffe in den Körper (von der Gabe von Medikamenten bis zu Operationen usw.) ist das Gespräch nötig, um *Informationen* über vorausgegangene Ereignisse (Anamnese) und Kontrolle der Wirkung des körperlichen Eingriffes auf das subjektive Befinden zu erhalten, neben der gesprächsunabhängigen Sammlung von Messdaten am Körper selbst. Oder das Gespräch – so bei den Tätigkeiten des Pflegepersonals – *begleitet* bestimmte Tätigkeiten zum Wohle der Patient*innen, indem es diese ankündigt bzw. dazu aufruft oder Informationen einfacherer Art vom Gegenüber erfragt. Anders verhält es sich in Psychotherapie und Seelsorge: Hier ist das Gespräch das *Hauptmittel der fachlichen Behandlung* selbst.

1.2 Beruflich Tätige, fachliche „Laien" und Ehrenamtliche - und vom Nutzen der seelsorgetheoretischen Perspektive

Man könnte sich insoweit ganz auf das Beruflich-Fachliche bei den Caretakern konzentrieren. Doch genau das wäre eine unglückliche Reduktion, denn bei den Interaktionen spielt noch anderes als Fachlichkeit und Rolle hinein – und dies umso deutlicher, wenn Spiritualität und gar Religion Teil der Fragestellung sind. Denn solche Thematik liegt offensichtlich außerhalb der Fachkompetenz und Rolle des medizinischen Personals und eigentlich auch des psychotherapeutischen. Hier arbeiten insofern religiöse „Nichtfachleute" (wenn man will: „Laien"), die dennoch so oder so auf ggf. religionsaffine Gesprächsimpulse von Seiten der Patient*innen reagieren *müssen*. Nicht zu reagieren bzw. sich ausdrücklich für nicht zuständig zu erklären, ist auch eine Reaktion.[6]

Die Konstellation sei noch genauer beschrieben: Wird etwas von dem, was zwischen Lebenssinn und Religion liegt, den Expert*innen ungefragt mehr oder minder deutlich anvertraut, dann wissen die meisten Patient*innen eigentlich auch, dass die medizinischen und pflegerischen Professionellen, die sie vor sich haben, gar nicht fachlich zuständig sind. Doch Patient*innen möchten eben ausdrücken, wie es ihnen geht, und nutzen die Gelegenheit, von sich selbst etwas

in Deutschland – noch nicht allgemein wirklich anerkannt und kann im Rahmen des Gesamtprojekts nicht zusätzlich angemessen bearbeitet werden. Vgl. zu dieser Thematik z. B. *Sabine Batholomeyszik*: Zur Entwicklung der Pflegewissenschaft in Deutschland – eine schwere Geburt, in: Pflege & Gesellschaft 27 (2017), 111–118.

6 Vgl. das berühmte erste der fünf pragmatischen Axiome der Kommunikation nach Paul Watzlawik: „Man kann nicht nicht kommunizieren." *Paul Watzlawick/Janet H. Beavin/Don D. Jackson*: Menschliche Kommunikation. Formen, Störungen, Paradoxien, Bern [11]2007, 53–70.

preiszugeben. Das ist aus der Perspektive der nicht-zuständigen Fachleute eigentlich eine Störung, aber in der Logik der Patient*innen, sofern es bewusst geschieht, dürfte sich damit die Hoffnung verbinden, von dieser vertrauenswürdigen Person oder auch schlicht eben jetzt gerade anwesenden Person doch eine Rückmeldung zu bekommen. Und schließlich wurde man ja doch auch von dem ärztlichen oder pflegerischen Personal soeben gefragt: „Wie geht's Ihnen heute?"

Wer aber ist für die Patient*innen die geeignetste Person, um „letzte Fragen" nach Sinn und Gott anzusprechen? Es werden dafür solche Personen bevorzugt ausgesucht, zu denen Patient*innen in irgendeiner Hinsicht Vertrauen gefasst haben. Es geht bei diesen Fragen offensichtlich nicht einfach um Wissen über Körperliches (wie bei: „Habe ich Krebs oder nicht?"), sondern erkennbar stärker um Psychisches, gleichwohl nicht Psychopathologisches. Denn die Frage im Raum könnte etwa so übersetzt werden: „Wie kann ich Gewissheit oder verlorenen Sinn oder verlorenes Vertrauen in eine „faire" (ggf. dann doch [quasi-] göttliche) Ordnung des Lebens wiedergewinnen?" – bzw. es wird schlicht genau das zum Ausdruck gebracht, was einem gerade am meisten weh tut, auch wenn dies kein physischer und medizinisch zu behandelnder Schmerz ist.[7]

Damit artikulieren sich hier „letzte Fragen", auf die es gar keine abschließenden Antworten und Handlungen gibt. Hinzu kommt: Die vorher das Leben der Patient*innen stützenden Sinn- und Religionsantworten sind mit der persönlichen Gesundheitskrise ja selbst mit in die Krise geraten, stellen sich jedenfalls neu und anders. Darum gehen auch Wissensantworten in Bezug z. B. auf Religion („Das Judentum, das Christentum, der Islam und der Buddhismus haben dazu folgende Glaubenslehre ...") an dem Interaktionsimpuls der Patient*innen vorbei. Und Sätze in Bezug auf medizinisches Wissen erst recht (etwa: „Sie haben eine 20%ige [50%ige/70%ige] Überlebenschance"). Denn gefragt ist ein Gegenüber, das irgendeine (persönliche) Überzeugung hat, das Lebenserfahrung hat. Vielleicht könnte das mir ja helfen. Und wenn es nur das ist, dass ich vor diesem Gegenüber auch darüber reden darf, weil dieses sich „menschlich" verhält.

Wenn es nun aber um Helfen mit offenkundiger Expertise in dieser Situation geht, scheint klassischerweise hier die Fachlichkeit der Seelsorge gefragt – nur ist, so sei gleich hinzugefügt, das in einer säkularisierten und religiös pluralisierten Gesellschaft nicht mehr in gleicher Weise selbstverständlich, wie es etwa im europäischen Kontext einmal war.

Diese Lage ist auch in der Seelsorgetheorie selbst angekommen. So hat in der *praktisch-theologischen* Perspektive auf die Fachlichkeit der *Seelsorger*innen*

7 Dass spirituelle Fragestellungen und Herausforderungen angesichts von Krankheit auch als „Schmerz" konzeptionalisiert werden können, geht auf die Initiatorin von „Palliative Care", Cicely Saunders, und ihre Rede von „total pain" zurück, in dem physischer, psychischer und „seelischer" („spiritueller") Schmerz zusammenkommen. Siehe *Cicely Saunders*: Views on Pain Relief and Terminal Care (1981), in: Dies.: Selected Writings: 1958–2003, Oxford 2006, 163–183; Dies.: Spiritual Pain (1988), in: ebd., 217–222.

selbst seit 50 Jahren der Blick über die eigene klassische berufliche Fachexpertise hinaus eine Rolle gespielt. Und zwar in dreierlei Weise: a) in Bezug auf das Nebeneinander- und Beieinander von Fachwissen und Person, b) in Bezug auf Interdisziplinarität, c) in Bezug auf nicht-professionelle Kompetenz.

a) Was müssen kirchliche Seelsorger*innen (auch die in der Klinik) wissen und können? Sie müssen sich auskennen in „ihrer“ Religion, deren Texten und Symbolen, wenn sie denn davon etwas mitteilen wollen. Vor allem aber sind auch die professionellen Seelsorger*innen zugleich als (potenziell „gläubige“) *Personen* gefragt – nach ihren eigenen Überzeugungen und nach sie selbst befriedigenden Lebensdeutungen. Es geht um die Kraft von *je eigenen* Deutungen. Diese sind dennoch nicht so privat und subjektiv, wie es auf den ersten Blick erscheint. Denn angefragt ist der Austausch zwischen zwei Menschen darüber – obwohl die eine Person als „krank“ und die andere als „gesund“ gilt. Der Austausch wird wertvoll, wenn aus den „Antworten“ des jeweiligen Caretakers im Gespräch etwas erwächst, zu dem sich das Gegenüber konstruktiv in Beziehung setzen kann – in dieser psychischen Krisensituation. Körperliches und Psychisches interagieren ja miteinander. Und Religiöses interagiert ebenso.[8] Subjektive Deutungen können soziale Fakten mitbewirken, gegebenenfalls auch physische.
b) In der Praktischen Theologie zur Fachlichkeit und Rolle der seelsorgerlichen Tätigkeit von akademisch gebildeten Pfarrerinnen und Pfarrern ist darum seit den 1970er Jahren zusätzlich Teil des Professionalitätsverständnisses, das eigene Verhalten in der religiösen Rolle als Seelsorger*in zugleich in Bezug auf den Stand der psychologischen Wissenschaft zu verantworten, fokussiert auf psychotherapiebewusst fachlich kompetentes Handeln auch in der Seelsorge-Rolle. Damit ist – Analoges wäre ja auch für viele andere Wissenschaften zu bemerken[9] – die Wahrnehmung von *mehr als einer Fachlichkeit* schon von Vornherein mit in die Seelsorgetheorie wie die praktische Seelsorgeausbildung eingebaut (wenn auch weniger umfangreich und tief als bei den eigentlichen Psychotherapeut*innen selbst).
c) Seit den 1990er Jahren kommt es zusätzlich zu einer verstärkten Beachtung der kleinen, weniger fachlichen bis kaum noch fachlichen Phänomene.[10] Zum einen verbindet sich diese mit dem Schlagwort der „Alltagsseelsorge“. Es findet sich viel häufiger als bedacht eine faktische Seelsorgepraxis, trotz des Ideals theologischer wie psychologischer Professionalität, bei der viel

---

8 Genauer in diesem Band beschrieben bei *Peusquens/Maus/Radbruch*: Die Pfeile des wütenden Geschicks ertragen, 163–181.

9 Wie sich noch zeigen wird und für unseren Zusammenhang wichtig ist: die Doppelfachlichkeit und Überlappungen bei der Psychosomatik und die Ausdifferenzierung von Medizin zu Psychiatrie und Psychotherapie sowie die Entdeckung der Wirkung von personalen Beziehungsdynamiken in der Psychotherapie.

10 Dies geschieht im gesellschaftlichen Kontext davon, dass die Deutungsmonopole der Experten relativiert werden, durch Selbstorganisation von „Betroffenen“ und durch die Idee der Demokratisierung aller Lebensbereiche.

stärker *Alltagskompetenzen* angewendet werden, Alltagskompetenzen nicht nur derer, die Seelsorge erfahren, sondern auch derer, die Seelsorge geben.[11] Zum anderen: Es kommt zu einer „Theorie der Seelsorge durch *Ehrenamtliche*".[12] Dabei werden auch die relativen Stärken, und nicht nur die Grade möglicher Schulung und Schwächen, von Nichtprofessionalität bedacht.

Dies weist darauf hin: Bei entsprechenden Patient*innen-Artikulationen eine Sensibilität für die Dimension von Spiritualität und Religiosität widerzuspiegeln, das ist auch nichts Unmögliches für die medizinischen und für die psychotherapeutischen Expert*innen, obwohl es ohne berufliche Fachkompetenz dafür, aber unter Zuhilfenahme alltäglicher personaler Ressourcen erfolgt und zusätzlich geschult werden kann. Aber dies dürfte nicht in simpler Übertragung von Seelsorgetheorie bestehen, sondern müsste stark aus der Beachtung der Fachlogiken von Medizin und Therapie entwickelt werden: Welche Art von personaler Resonanz könnte auch hier angemessen sein und wäre nicht unbedeutsam?[13]

Will man von den Möglichkeiten von Alltagskompetenz und Schulung schon in dem hier besprochenen Forschungsprojekt etwas garantiert beobachten können, so bietet sich also an, auch empirisch noch eine weitere Rolle zu untersuchen, die bereits im klinischen Feld vorkommt: nämlich die von *ehrenamtlichen* Seelsorger*innen. Wie genau erleben sie ihre Tätigkeit anders, als es die (theologischen Seelsorge-) Professionellen tun?

1.3 Was die Bezeichnung „Caretaker" mit aufdeckt

Wie lässt sich die nun bestimmte Gruppe von helfend Tätigen, medizinischen, therapeutischen und seelsorgetheologischen Professionellen inklusive Ehrenamtlichen (im Fall der Seelsorge) adäquat bezeichnen? Will man hier fachlichkeitsneutral sein, dann bringt einen das zu den vorhanden Begriffen von Hilfe, Unterstützung, Sorge[14]/Care. Englische Begriffe sind angesichts der Internationalisierung bei vorrangiger Position dieser Sprache gängig geworden; im vorliegenden Fall gibt es überdies einen inhaltlichen Vorteil.

Zunächst aber enthält der hier gewählte Begriff „caretaker" eine Herausforderung. Denn hier liegt eine, vor allem im britischen Englisch, ungebräuchliche

---

11 Vgl. *Eberhard Hauschildt*: Alltagsseelsorge, in: Uta Pohl-Patalong/Frank Muchlinsky (Hgg.): Seelsorge im Plural, Hamburg ^{2}2019, 21–34; zuerst: Ders.: Alltagsseelsorge. Eine sozio-linguistische Untersuchung des pastoralen Geburtstagsbesuchs, Göttingen 1996.

12 Vgl. *Eberhard Hauschildt*: Auf dem Weg zu einer Praktischen Theologie der Ehrenamtlichen-Seelsorge, in: Pastoraltheologie 99 (2010), 116–127.

13 Zu Überlegungen zur „Alltagsspiritualität" bei allen und zur „Resonanzspiritualität" bei den in der Klinik beruflich Tätigen siehe: *Erhard Weiher*: Das Geheimnis des Lebens berühren. Spiritualität bei Krankheit, Sterben, Tod. Eine Grammatik für Helfende, Stuttgart ^{4}2014, bes. 112, 120, 124.

14 Zum Sorgebegriff insgesamt siehe Anna Henkel et al. (Hgg.): Dimensionen der Sorge. Soziologische, philosophische und theologische Perspektiven, Baden-Baden 2016.

Begriffsbildung vor.[15] Gängig ist vielmehr die Rede vom „caregiver“. Doch bezeichnet dieser Begriff unterstützende Verwandte und Freunde – und ggf. auch Ehrenamtliche. Damit wird aber die emotional freiwillige Beziehung zum Hauptmerkmal – und die erwerbsberufliche Tätigkeit, Patient*innen zu helfen, wird ausgeblendet. Umgekehrt verhält es sich bei der gerade auch in der Palliativmedizin gebräuchlichen Rede von „health care professionals“ und „(health care) volunteers“. Die Zuordnung zur Arbeit im Gesundheitssektor wird klar. Doch kann nicht gut mittransportiert werden, dass gerade in der Palliativmedizin nicht mehr Gesundung oder auch das maximal verlängerte Leben der todkranken und insofern „austherapierten“ Patient*innen die Leitlinie ist, sondern die Lebensqualität in der letzten Lebensphase.[16] Und es würde dann in Bezug auf die zu untersuchenden Tätigkeitsrollen auch Seelsorge und Spiritual Care allein in die Perspektive von psychophysischen Gesundungseffekten rücken.

Ausschlaggebend für die Einführung des Begriffs „Caretaker“ ist aber, dass in der vorgeschlagenen Nutzung die Begriffsbedeutung zwar verschoben, doch zugleich etwas sehr Wahrnehmenswertes aus der gängigen britischen Begriffsverwendung aufbewahrt wird. In der Regel ist damit nämlich ein Hausmeister gemeint.[17] Und das beinhaltet: Die Care/Fürsorge, das Sich-Kümmern bezieht sich auf ein Objekt, eben hier ein Gebäude, mit dem Ziel der Sicherstellung von dessen Funktionalitäten, und ist mithin eine *zweckrational ausgerichtete Care*. Doch kann sich solches „caretaking“ dann eben auch auf Tiere oder Menschen beziehen.[18] Wenn aber *das Objekt ein Mensch* ist, tritt in der Interaktion neben die Zweckrationalität eine noch einmal ganz andere Möglichkeit hinzu – und sie kann bei einem Menschen schlecht ignoriert werden, wie es auch gesamtgesellschaftlich durch die Menschenrechte mit gesetzt wird: Sich produktiv auf andere Menschen als individuelle Personen zu beziehen. Wenn man dies tut, dann ist auch eine weitere Erkenntnis unausweichlich: dass man sich dabei auch auf sich selbst als individuelle Person bezieht.[19]

Menschen gehen nicht auf in ihrer Funktion, ihrer Rolle, in der von ihnen zur Geltung gebrachten Fachlichkeit. Es ergibt sich die Herausforderung zur „Humanität“, zur „Mitmenschlichkeit“, zu einer Beziehung zwischen Mensch und

---

15 Vgl. https://dictionary.cambridge.org/de/worterbuch/englisch/caretaker (letzter Aufruf 12.3.2020).

16 Vgl. z. B.: Erweiterte S3-Leitlinie Palliativmedizin für Patienten mit einer nicht-heilbaren Krebserkrankung. Langversion 2.0 – August 2019, hier: 11; https://www.leitlinienprogramm-onkologie.de/fileadmin/user_upload/Downloads/Leitlinien/Palliativmedizin/Version_2/LL_Palliativmedizin_2.0_Langversion.pdf (letzter Aufruf 17.3.2020).

17 Vgl. https://dictionary.cambridge.org/de/worterbuch/englisch/caretaker (letzter Aufruf 12.3.2020).

18 Vgl. https://dictionary.cambridge.org/de/worterbuch/englisch/caretaking (letzter Aufruf 12.3.2020).

19 Vgl. *Helen Kohlen*: Sorge als Arbeit ohne Ethik? Entwicklungslinien der deutschen Debatte um Sorge als Arbeit und der internationalen Care-Ethik, in: Henkel et al. (Hgg.): Dimensionen der Sorge, 189–207, und *Henk van Gils*: Self-Reflexivity and Possible Standards for Taking Good Care of Oneself, in: ebd., 137–146.

Mensch in der Individualität der beiden. Caretaker stehen vor der Herausforderung, nicht allein ihre fachliche Rolle auszuführen, sondern im Gespräch auch sich als „Mensch" erkennen zu geben – je nach Funktionalität mehr oder minder stark.

2. Die diversen Fachlichkeiten und Rollen – und ihr jeweiliges Verhältnis zu den menschlichen Subjekten

2.1 Fachlichkeiten und Rollen in den Ausdifferenzierungen und Routinepraxen – Implizierte Weltbilder

Die Arbeit der verschiedenen Caretaker konzentriert sich auf Unterschiedliches. Die *Ärzt*innen* kümmern sich um die Beseitigung oder zumindest Reduzierung von pathologischen Fehlfunktionen des Körpers der Patient*innen. Sie achten auf die physikalisch-biochemischen Prozesse am Menschen von der Diagnose bis zur Therapie. Die *Psychotherapeut*innen* arbeiten mit einem anderen Fokus. Sie konzentrieren sich statt auf körperliche auf geistige Krankheitsphänomene, diagnostizieren und therapieren mittels Gesprächsinteraktionen. Ihr Objekt ist die „Psyche" des Menschen und deren soziopsychisch erworbene Muster. Wechselverhältnisse zwischen Körperlichem und Psychischem sind dabei ggf. zu beachten („Psychosomatik"). Ziel ist die körperliche bzw. geistige Genesung oder zumindest eine Reduktion der Dysfunktionalitäten.

Die Arbeit der *Seelsorger*innen* ist teilweise anders ausgerichtet. Auch sie arbeiten dafür, dass es den Patient*innen gut bzw. jedenfalls besser geht, als wenn ihre Care nicht erfolgen würde. Auch sie wenden, wenn auch weniger elaboriert, Interaktionsschemata psychologisch-therapeutischer Gesprächsführung an. Auch sie zielen darauf, dass es den Patient*innen nach der seelsorgerlichen „Behandlung" psychisch besser geht. Alle Caretaker wollen Leiden und Schmerz reduzieren. Bei professionellen Seelsorger*innen liegt darüber hinaus eine fachlich-thematische Zuständigkeit für ein „Etwas", das nicht in dem Körperlichen und dem Psychischen aufgeht. Formal terminologisch wäre dies nicht das Objekt von Mensch als Körper und auch nicht Mensch als Psyche, sondern Mensch als „Seele"[20]. Fasst man dies – wie vormodern der Fall – als nicht-physische Substanz, so gerät man freilich in erhebliche Logik-Probleme. Fasst man dieses „Etwas" als das Objekt von Religion, so bewegt man sich in denjenigen kulturellen

20 Terminologisch sind interessanterweise sowohl Seele als auch Psyche Übersetzungen des griechischen Begriffs „psychē", wie auch Freud weiß (s. Anm. 22).

Bahnen des Denkens, die dieses als eine Relationalität der inneren psychosozialen Selbsterfahrung nicht nur auf sich selbst und andere/Welt, sondern auch und fundamental auf die Transzendenz-Größe „Gott“ beziehen. Fasst man es in psychologisch-anthropologischen Bahnen des Denkens, ist man bei solchen Vorstellungen von Ganzheit und Sinn, die über das Individuum hinausgreifen und insofern als ein nicht spezifisch religiöses Objekt, das als etwas Transzendentes erfahren wird, bezeichnet werden kann.[21]

2.2 Gesellschaftliche Ausdifferenzierungen und Hierarchisierungen und Selbstverständlichkeiten und Diskurse

In vormodernen Zeiten fungierte die religiös plausibilisierte Deutung einer ewigen „Seele“ als Gesamt- und Letztkategorie von Bedeutsamkeit in den europäischen Gesellschaften, und nur sekundär trat dazu der endliche Körper. Mit der Moderne haben sich die Verhältnisse umgekehrt. An der Spitze gesamtgesellschaftlicher Plausibilität steht die Medizin als evidente gesundheitserhaltende Fachlichkeit auf der Basis von messbaren physikalischen, chemischen und biologischen Prozessen. Sekundär ausdifferenziert hat sich von da aus ab Sigmund Freud die Psychotherapie, gewissermaßen als Medizin der „Seele“. Bei ihr wird statt einer mit körperlichen Mitteln auf den Körper einwirkenden Therapie ein Verfahren benutzt, das mit psychischen Mitteln auf die Psyche einwirkt.[22] Psychotherapie arbeitet mit „der Sprache als Therapeutikum“[23]. Auch die Psychotherapie orientiert sich inzwischen an dem Modell medizinischer Evidenzbasierung, wenn auch aufgrund des für *homo sapiens* spezifischen Phänomens, denkerisch und damit auch verbal kulturell eingebunden empfinden und sich ausdrücken zu können (gefasst in der Kategorie „Psyche“), die Wirkungsanalyse komplexer sein muss und weniger genau nachgemessen werden kann. In noch viel höherem Maße gilt das für die damit auf den dritten Rang im Gesundheitssystem herabgesunkene „Seelsorge“, nicht zuletzt dadurch, dass ihr spezifisches Objekt,

---

21 Zu solchem Verständnis von Transzendenz vgl. den wissenssoziologischen Transzendenzbegriff z. B. bei *Alfred Schütz/Thomas Luckmann*: Strukturen der Lebenswelt, Bd. 2, Frankfurt a. M. 1984, 139–177.

22 Vgl. den frühen Freud: „Psyche ist ein griechisches Wort und lautet in deutscher Übersetzung Seele. Psychische Behandlung heißt Seelenbehandlung. Man könnte also meinen, dass darunter verstanden wird: Behandlung der krankhaften Erscheinung des Seelenlebens. Dies ist aber nicht die Bedeutung dieses Wortes. Psychische Behandlung will vielmehr besagen: Behandlung von der Seele aus, Behandlung – seelischer und körperlicher Störungen – mit Mitteln, welche zunächst und unmittelbar auf das Seelische des Menschen einwirken.“ *Sigmund Freud*: Psychische Behandlung (Seelenbehandlung) (1890), in: GW V, 287–315, hier: 289.

23 *Joachim Scharfenberg*: Seelsorge als Gespräch. Zur Theorie und Praxis der seelsorgerlichen Gesprächsführung, Göttingen 1972, 10.

„die Seele“, sich als am deutlichsten kultur- und überzeugungsabhängig erweist, so dass im Grunde einzig die auch psychologisch und von daher denn ggf. auch psychosomatisch erkennbaren Effekte als für das Gesundheitssystem grundsätzlich ebenfalls relevant dargestellt werden können.

Die gesellschaftliche Hierarchisierung der Wissenschaftlichkeit der Gegenstände des Fachs (im Sinn von messbarerer Evidenz) bestimmt auch die Hierarchie der Rollen im klinischen System – besonders eindeutig abgebildet im Grad der Finanzierbarkeit durch den Sozialstaat und die Krankenkassen.

2.3 Die Beziehung zum Mitmenschen

Fragt man nun stattdessen nach dem subjektiven Bedarf derer, die im Gesundheitssystem als „krank“ klassifiziert sind und dementsprechend behandelt werden, wird die Sache freilich komplizierter. Denn als je einschränkender und je lebensgefährlicher sich die Behandlungszeit am Körper erweist und je eingreifender gegenüber den gewohnten Lebensabläufen und damit verbundenen Selbstbildern, also je stärker eine Sinnkrise sich darstellt, desto deutlicher kann das Bedürfnis danach werden, diese gegenüber anderen auszudrücken und zu probieren, helfende Kommunikation zu erhalten.

In den dementsprechenden Interaktionen spielen neben Methoden professioneller helfender Gesprächsführung Beziehungsqualitäten eine wichtige Rolle, wie es für die Psychotherapie nachgewiesen ist. Therapeutenpersönlichkeit und damit zusammenhängende Beziehungsqualitäten erklären nachweislich die Effekte von Therapien stärker als es die Unterschiede zwischen Therapieformen tun.[24] Bei der Beziehungsqualität spielt der Faktor Bindung auf beiden Seiten eine wichtige Rolle. Die Fähigkeit von Seiten der Therapeut*innen, Bindungsangebote zu machen, ist vor allem bei schwierigen Patient*innen nachweislich wirksam,[25] während dysfunktional verstrickendes Bindungsverhalten von Seiten der Therapeut*innen die Therapieergebnisse verschlechtert.[26] Bei der El-

24 Vgl. *David E. Orlinsky/Klaus Grawe/Barbara K. Parks*: Process and Outcome in Psychotherapy, in: Allen E. Bergin/Sol L. Garfield, S.L. (Hgg.): Handbook of psychotherapy and behavior change, New York 1994, 270–376; *Scott A. Baldwin/Zack E. Imel.*: Therapist effects, in: Michael J. Lambert (Hg.): Bergin and Garfield's Handbook of Psychotherapy and Behavioral Change, Bd. 6, New York 2013, 258–297; *Ulrike Dinger* et. al.: Therapist effects on outcome and alliance in inpatient psychotherapy, in: Journal of Clinical Psychology 64 (2008), 344–354; *Bruce E. Wampold/Zack E. Imel.*: The great psychotherapy debate: Models, methods and findings, New Jersey 2015.

25 Vgl. *Henning Schauenburg* et al.: The influence of psychodynamically-oriented therapists' attachment representations on outcome and alliance in inpatient psychotherapy, in: Psychotherapy Research: Journal of the Society 20 (2010), 193–202.

26 Vgl. *Ulrike Dinger*: Ist die Therapiebeziehung eine Bindungsbeziehung? Einfluss innerer Arbeitsmodelle von Bindung auf den Therapieprozess, in: Psychotherapie im Dialog 17, 3 (2016), 32–

tern-Kind-Beziehung verbessert die „Mentalisierungs"-Fähigkeit von Bezugspersonen (etwa: Mutter), d. h. die Fähigkeit, sich in die Zustände des Kindes imaginierend hineinzuversetzen, die Bindungserfahrungen in der Beziehung.[27] Ähnliche Effekte dürften auch in therapeutischen Settings zu finden sein.[28] Jedenfalls ließ sich im Fall der Ausbildung zur Telefonseelsorge für diese ehrenamtliche Gruppe von Caretakern Vergleichbares zeigen.[29]

Das erklärt, dass Bindungsangebote und Mentalisierungsfähigkeiten die Caretaker in der medizinischen, psychotherapeutischen, seelsorgerlichen Rolle in der Perspektive der Caresucher als besonders „menschlich" erscheinen lassen und als entgegenkommende Empathie sowie persönliche Resonanz[30] wahrgenommen werden. Was bedeutet das dann für Caretaker, wenn ihnen Patient*innen Bedarf nach spiritueller Menschlichkeit signalisieren? Schon vage symbolische (mehr oder minder spirituelle oder religiöse) Kommunikation[31] in alltagsweisheitlichen Sprachformen und alltäglichen Interaktionen,[32] vielleicht gerade sie könnten gemeinschaftsstiftende Vertrauensbrücken eröffnen,[33] die als ein resilienzförderlicher Beitrag gelten mögen. Allerdings kann die Carebeziehung zu anderen auch zur Belastung der Caretaker führen (so bei stationär Tätigen der Tod vieler Patient*innen[34]) – und lässt die Caretaker womöglich auf eigene Resilienz-Prozesse und die eigenen Ressourcen aufmerksam werden.

35; *Katja Petrowski* et al.: The therapist's attachment re-presentation and the patient's attachment to the therapist, in: Psychotherapy Research 23, 1 (2013), 25–34; *Ulrike Dinger* et al.: Therapists' attachment, patients' interpersonal problems and alliance development over time in inpatient psychotherapy, in: Psychotherapy 46, 3 (2009), 277–290.

27 Vgl. *Peter Fonagy* et al.: Affektregulierung, Mentalisierung und die Entwicklung des Selbst, Stuttgart ⁴2011.

28 Vgl. *Ulrike Dinger/Isabelle Rek*: Effekte der Seelsorgeausbildung Ehrenamtlicher. Ergebnisse eines empirischen Forschungsprojekts in der Telefonseelsorge, in: Pastoraltheologie 106 (2017), 469–498.

29 Vgl. ebd.

30 Vgl. genauer in diesem Band zu diesen Phänomenen *Breyer/Janhsen*: Empathie als Desiderat in der Gesundheitsversorgung, 37–57.

31 Vgl. *Weiher*: Das Geheimnis des Lebens berühren.

32 Vgl. *Hauschildt*: Alltagsseelsorge.

33 Vgl. *Simon Peng-Keller*: Abschiedlichkeit und Resilienz. Emergente Spiritualität am Lebensende, in: NOVACura 48, 8 (2017); *Eberhard Hauschildt*: Hermeneutik und Praxis symbolischer Kommunikation. Seelsorgetheoretische Annäherungen zu Vertrauensbrücken, Gemeinschaftswahrnehmungen, Resilienzgeschehen, in: Simon Peng-Keller (Hg.): Bilder als Vertrauensbrücken. Die Symbolsprache Sterbender verstehen (Studies in Spiritual Care 2), Berlin/New York 2017, 105–117.

34 Vgl. *Lukas Radbruch/Roman Rolke*: Eine anspruchsvolle Tätigkeit. Hauptbelastungsfaktor der Mitarbeiter, in: Monika Müller/David Pfister (Hgg.): Wieviel Tod verträgt das Team? Belastungs- und Schutzfaktoren in Hospizarbeit und Palliativmedizin, Göttingen 2012, 60–67.

2.4 *Genauer qualitativ-empirisch hinschauen – Zur Untersuchungsmethode*

Aus den bislang dargestellten Gründen kann man davon ausgehen, dass die Caretaker Erfahrungen machen mit Patient*innen, die sie in Interaktionen verwickeln, bei denen ein helfendes Gespräch gesucht wird, in dem auch die Dimensionen von Spiritualität und Religion mitaufscheinen können. Für die Caretaker stellt sich die Frage, wie sie dann, von ihrer professionellen Fachlichkeit her und in ihrer Rolle in der Klinik, handeln und deuten sollen und in welcher Weise sie sich dabei zugleich als Mitmensch in personalen Beziehungen verhalten. Hier lassen sich Fachlichkeiten und rollenspezifische Unterschiede sowie auf jeden Fall auch personenspezifische Varianten erwarten. Darum soll in einer durchzuführenden Studie untersucht werden, wie in arrangierten Gruppengesprächen von Caretakern sich die Teilnehmer*innen über ihre Deutungen verständigen. In der Analyse wird zu zeigen sein, welche – oft impliziten – Deutungsschemata von allen als selbstverständlich anerkannt werden, und worüber man in welcher Weise in der Gruppe debattieren muss oder kann. Teilnehmende bringen verdeutlichende Narrationen ein; Schlüsselbegriffe und gängige Argumentationsmuster kristallisieren sich im Verlauf der Gruppendiskussionen heraus.

Die Auswertung der Narrative[35] erbringt keine präzisen Aussagen über die Häufigkeit von Verständnissen der Menschen in den Caretaker-Rollen. Dafür erlaubt sie dichte Beschreibungen. Aus den Gruppendiskussionen lässt sich ebenso erheben, welche Verständnisse von Resilienz, Religion und Spiritualität bei Caretakern zurzeit entweder relativ gängig oder umstritten sind. Erkennbar wird, wie sich die jeweiligen Rollen im Selbstverständnis der Rollenträger unterscheiden und/oder ähneln und welche Erfahrungen der eigenen Interaktion mit Menschen in der Krise den Caretakern besonders in Erinnerung bleiben. Jedenfalls kann beschrieben werden, wie es sich in der Situation eines Gesprächs mit Kolleg*innen darstellt und was dahintersteckt.[36]

Dafür erweist sich die Analyse nach der „Dokumentarischen Methode“[37] als zielführend. Mit ihr lassen sich Bewertungen, Deutungen, Zuordnungen erheben,

---

35 Siehe die Vorarbeiten zur Wahrnehmung, Einordnung und Analyse von Narrativen in diesem Band in den Beiträgen von *Gärtner/Petersen*: Klagen, beten, das Leben beweinen, 79–95 und *Opalka*: Was man erzählen kann, wenn man an seine Grenzen kommt, 97–115.

36 Vgl. die Analyse nach Bohnsack für die Multiprofessionalität von Diakon*innen in *Claudia Schulz*: Konstruktionen des Diakonats zwischen Tätigkeit, Qualifikation und Amt. Wahrnehmungen der Berufsgruppen im Diakonat, in: Ellen Eidt/Dies. (Hgg.): Evaluation im Diakonat. Sozialwissenschaftliche Vermessung diakonischer Praxis, Stuttgart 2013, 27–89; *Claudia Schulz*: Kirchenmitgliedschaft und Glaubensüberzeugung in der Perspektive der Gruppendiskussionen, in: Wolfgang Huber/Johannes Friedrich/Peter Steinacker (Hgg.): Kirche in der Vielfalt der Lebensbezüge. Die vierte EKD-Erhebung über Kirchenmitgliedschaft, Gütersloh 2006, 111–128.

37 Ralph Bohnsack/Iris Nentwig-Gesemann/Arndt-Michael Nohl (Hgg.): Die Dokumentarische Methode und ihre Forschungspraxis. Grundlagen qualitativer Sozialforschung, Wiesbaden ^{3}2013.

wie sie durch die Befragten selbst in den von ihnen selbst eingebrachten Begrifflichkeiten vorgenommen werden. Das schließt ein, welche Schilderungen von Interaktionen mit Patient*innen die Befragten in ihre Selbstdarstellung einfließen lassen. Es lassen sich so mehr oder minder ausgeprägte Kontraste, Deutungsunsicherheiten, Argumentationslogiken, Semantiken, Narrationen und auch Ansichten zu Arten der Kooperation mit denen in den anderen Caretakerrollen beschreiben. So wird erkennbar, wie der Careprozess in der sinnhaften Deutung der Befragten vorstrukturiert ist, welche Sinnhaftigkeiten von ihnen wahrgenommen werden und welche Narrative in Geltung stehen. Häufig hat sich implizit handlungsleitendes, erfahrungsgesättigtes und als selbstverständlich erscheinendes Wissen zu erkennbaren Wissensbeständen formiert, die als explizierbar zur Verfügung stehen (hier: eigene Rollenselbstverständnisse, die jeweilige für sich in Anspruch genommene Fachlichkeit, bekannte Begriffsbestimmungen ggf. von „Spiritualität", „Religion" und „Resilienz"; Wertungen der Funktionalität, Dysfunktionalität und A-Funktionalität von Spiritualität und Religion).

In einem abschließenden Schritt ist auf der Basis der gewonnenen Ergebnisse herausarbeiten, welche in der Ausübung des Caretaking erworbene gängige Sichten bestehen, die sich 1. je nach Berufs- bzw. Ehrenamtlichenrolle, 2. je als Art des Umgangs mit der eigenen Individualität im Tätigkeitsfeld („menschlich sein"), 3. je nach Art des Umgangs mit Spiritualität und Religion differenzieren und typisieren lassen.

3. Wenn man nur wüsste, was Spiritualität ist

Das Konzept Spiritualität ist in der Palliativmedizin inzwischen weltweit etabliert,[38] freilich immer noch wenig theoretisch elaboriert und empirisch von anderem abgrenzbar validiert.[39] Es ist eingegangen in die Benennung der Faktoren, welche zum „well-being" oder zur Lebensqualität als gesundheitsrelevante Größen beitragen.[40] Man geht von Phänomenen aus, die weder mit einer Überführung in psychologische Theorien komplett erfasst sind noch sich zwingend in jedem Fall plausibel als ein religiöses Phänomen des Bezugs auf „außerweltli-

38 Vgl. klassisch die Definitionen der Palliativmedizin durch die WHO ab 2002.

39 Vgl. in diesem Band den Beitrag von *Klein/Bethe*: Messbare Ausschnitte des Unermesslichen?, 117–143, der die Qualität unterschiedlicher Skalen prüft und bewertet sowie markiert, was schon erreicht ist und was noch aussteht.

40 Vgl. für die Behandlungsqualität aus der Sicht von Palliativexperten siehe: *Tania Pastrana* et al.: Out-come indicators in palliative care - how to assess quality and success: Focus group and nominal group technique in Germany, in: Support Care Cancer 18 (2010).

che“ Transzendenzen verbuchen lassen, wie es von den Religionsgemeinschaften vertreten wird.[41] Damit ist man bei der Vorstellung von auch „säkularer Tranzendenz“ von Ganzheit, Sinn und Kohärenzerfahrungen, bezogen auf über das eigene Selbst hinausgehende und insofern ihm transzendente Größen (z. B. Familie, Werte, Kosmologie usw.).[42] Diesen Phänomenen wird, während das für die Religiosität fraglich geworden ist, zugeschrieben, einen anthropologisch allgemein vorfindlichen Charakter zu haben – und sie können so als ein in medizinischer und therapeutischer Perspektive anerkennbarer Forschungsgegenstand eigener Art akzeptiert werden.

Über die Klinikseelsorge sind Konzepte von Spiritualitätstheorie seit Beginn des Jahrtausends in die Seelsorgetheorie eingewandert und verändern sie.[43] Damit verschiebt sich auch die Selbstpositionierung von Seelsorge in Praxis und Theorie ein weiteres Mal. Wenn Seelsorge im Sinne eines Aktes religiös motivierter Nächstenliebe in der Klinik handelt, dann ist es auch ihre Aufgabe, genauso für wenig und nichtreligiöse Patient*innen – sofern von ihnen gewünscht – spiritualitätsunterstützend zu handeln.[44] An dem Eigenideal, aus spezifisch religiöser Motivation und mit spezifischer Religionskompetenz eine Careleistung für alle, gleich wie gläubig oder ungläubig sich jemand fühlt, zu bieten, hat sich nichts geändert. Aber in Theorie und Praxis muss angesichts von religiöser Pluralisierung und Säkularisierung nachgearbeitet werden. Für die Seelsorgetheorie ergibt sich da ein konzeptueller Umbau folgender Art: Vorfindlich sind beide Varianten nicht-religiöser und religiöser Spiritualität, wobei letztere (jedenfalls im Kontext von Judentum, Christentum und Islam) mit Narrativen eines personal agierenden Gottes als ursprünglichster und umfassendster Transzendenz arbeitet, während erstere sich vor allem auf Vorstellungen „innerweltlicher“ Transzendenzen bezieht. Dabei ist dann auch damit zu rechnen, dass beide Varianten miteinander kombiniert werden. Und damit muss Seelsorge konstruktiv resilienzförderlich umgehen können, ausgehend von dem, was bei den Patient*innen vorliegt und bezogen auf das, was ihnen im Rahmen ihrer eigenen Grenzen möglich ist.

---

41 Vgl. ebd.

42 Siehe oben zum Transzendenzbegriff Anm. 21.

43 Vgl. *Traugott Roser*: Spiritual Care. Organisationale, ethische und spirituelle Aspekte der Krankenhausseelsorge, Stuttgart 2007; Ders.: Spiritual Care. Der Beitrag von Seelsorge zum Gesundheitswesen, (Münchener Reihe Palliative Care 3) Stuttgart ²2017; *Eberhard Hauschildt*: „Spiritual Care“ – Eine Herausforderung für die Seelsorge?, in: Materialdienst der Evangelischen Zentralstelle für Weltanschauungsfragen 3 (2013), 83–90; Ders.: Zum Verhältnis von Spiritual Care und kirchlicher Seelsorge – ein Diskussionsbeitrag aus Deutschland, in: palliative.ch. Zeitschrift der Schweiz. Gesellschaft für Palliative Medizin, Pflege und Begleitung 4 (2013), 6–9; kritisch dazu: *Doris Nauer*: Spiritual Care statt Seelsorge?, Stuttgart 2015; klärend: *Simon Peng-Keller*: Professionelle Klinikseelsorge im Horizont interprofessioneller Spiritual Care, in: Pastoraltheologie 106, 10 (2017), 411–421.

44 Vgl. *Roser*: Spiritual Care; *Weiher*: Das Geheimnis des Lebens berühren.

4. Der Beitrag zur Ausgangsfrage des Buches

„An den Grenzen des Messbaren. Die Kraft von Religion und Spiritualität in Lebenskrisen" – so lautet der Obertitel des vorliegenden Buches. Immer stellt sich die Frage, woran man etwas misst, und es ergeben sich von daher Definitionsfragen einerseits und Fragen danach, was genau sich aus dem Gemessenen für die Praxis wie eindeutig ableiten lässt. Umso mehr gilt dies bei überwiegend kulturellen, psychosozialen Phänomenen (z. B. „Krise") und erst recht bei welchen, die Transzendenzdeutungen implizieren, wie bei „Religion" und „Spiritualität" der Fall. Die hier vorgeführte Anlage einer Forschung konzentriert sich auf das Phänomen von Deutungen durch diverse Caretaker. Sie stehen vor der Herausforderung, auf Spiritualitäts- und auch Religionsäußerungen zu reagieren und werden dies, je nach Fachlichkeit und Rolle, entweder in den kleinen Formen mitmenschlicher basaler und individueller Resonanz oder auch in spiritualitäts- und religionsfachlicher Weise tun können. Darum ist es wichtig, das Feld bestimmende Deutungstypen zu erkunden und die Unterschiede und Gemeinsamkeiten zwischen den Typen von Caretakern zu bemessen. Dann kann man genauer als bisher bekannt anzeigen, auf welche Deutungs- und damit verknüpfte Handlungskräfte Religions- und Spiritualitätsäußerungen der Patient*innen in der Klinik mit einiger Wahrscheinlichkeit treffen. Und es wird damit genauer als bisher bekannt noch weiteres anzuzeigen möglich: Worauf eine verbesserte Theorie der Kraft von Religion und Spiritualität in Lebenskrisen, also eine verbesserte Resilienztheorie, bei den Caretakern angesichts deren Deutungstypen treffen wird. Sie beansprucht ja, zu einem verbesserten Handeln führen zu können.

Der Fokus des in diesem Artikel vorgelegten Forschungsansatzes erscheint sehr speziell – und ist es auch. Aber doch werden sich so Faktoren genauer identifizieren lassen, die daran mitwirken, welche Arten von Entfaltungsräumen Religion- und Spiritualität in klinischen Kontexten haben.

Literatur

Baldwin, Scott A./Imel, Zack E.: Therapist effects, in: Michael J. Lambert (Hg.): Bergin and Garfield's Handbook of Psychotherapy and Behavioral Change, Bd. 6, New York 2013, 258–297.

Batholomeyszik, Sabine: Zur Entwicklung der Pflegewissenschaft in Deutschland – eine schwere Geburt, in: Pflege & Gesellschaft 27 (2017), 111–118.

Bohnsack, Ralph/Nentwig-Gesemann, Iris /Nohl, Arndt-Michael (Hgg.): Die Dokumentarische Methode und ihre Forschungspraxis. Grundlagen qualitativer Sozialforschung, Wiesbaden [3]2013.

Dinger, Ulrike: Ist die Therapiebeziehung eine Bindungsbeziehung? Einfluss innerer Arbeitsmodelle von Bindung auf den Therapieprozess, in: Psychotherapie im Dialog 17, 3 (2016), 32–35.

Dinger, Ulrike/Rek, Isabelle: Effekte der Seelsorgeausbildung Ehrenamtlicher. Ergebnisse eines empirischen Forschungsprojekts in der Telefonseelsorge, in: Pastoraltheologie 106 (2017), 469–498.

Dinge, Ulrike/Strack, Micha/Leichsenring, Falk/Wilmers, Fabian/Schauenburg, Henning: Therapist effects on outcome and alliance in patient psychotherapy, in: Journal of Clinical Psychology 64 (2008), 344–354.

Dinger, Ulrike/Strack, Micha/Sachsse, Tilmann/Schauenburg, Henning: Therapists' attachment, patients' interpersonal problems and alliance development over time in inpatient psychotherapy, in: Psychotherapy 46, 3 (2009), 277–290.

Erweiterte S3-Leitlinie Palliativmedizin für Patienten mit einer nicht-heilbaren Krebserkrankung. Langversion 2.0 - August 2019 (https://www.leitlinienprogramm-onkologie.de/fileadmin/user_upload/Downloads/Leitlinien/Palliativmedizin/Version_2/LL_Palliativmedizin_2.0_Langversion.pdf).

Freud, Sigmund: Psychische Behandlung (Seelenbehandlung) (1890), in: Ders., GW V, 287–315.

Fonagy, Peter/Gergely, Gyorgy/Jurist, Elliot L./Target, Mary/Vorspohl Elisabeth: Affektregulierung, Mentalisierung und die Entwicklung des Selbst, Stuttgart [4]2011.

Hauschildt, Eberhard: Alltagsseelsorge. Eine sozio-linguistische Untersuchung des pastoralen Geburtstagsbesuchs, Göttingen 1996.

Hauschildt, Eberhard: „Spiritual Care" - Eine Herausforderung für die Seelsorge?, in: Materialdienst der Evangelischen Zentralstelle für Weltanschauungsfragen 3 (2013), 83–90.

Hauschildt, Eberhard: Zum Verhältnis von Spiritual Care und kirchlicher Seelsorge - ein Diskussionsbeitrag aus Deutschland, in: palliative.ch. Zeitschrift der Schweiz. Gesellschaft für Palliative Medizin, Pflege und Begleitung 4 (2013), 6–9.

Hauschildt, Eberhard: Hermeneutik und Praxis symbolischer Kommunikation. Seelsorgetheoretische Annäherungen zu Vertrauensbrücken, Gemeinschaftswahrnehmungen, Resilienzgeschehen, in: Simon Peng-Keller (Hg.): Bilder als Vertrauensbrücken. Die Symbolsprache Sterbender verstehen (Studies in Spiritual Care 2), Berlin/New York 2017, 105–117.

Hauschildt, Eberhard: Alltagsseelsorge, in: Uta Pohl-Patalong/Frank Muchlinsky (Hgg.): Seelsorge im Plural, 2. völlig neu bearb. Aufl., Hamburg 2019, 21–34.

Henkel, Anna/Karle, Isolde/Lindemann, Gesa/Werner, Micha (Hgg.): Dimensionen der Sorge. Soziologische, philosophische und theologische Perspektiven, Baden-Baden 2016.

Kohlen, Helen: Sorge als Arbeit ohne Ethik? Entwicklungslinien der deutschen Debatte um Sorge als Arbeit und der internationalen Care-Ethik, in: Anna Henkel/Isolde Karle/Gesa Lindemann/Micha Werner (Hgg.): Dimensionen der Sorge. Soziologische, philosophische und theologische Perspektiven, Baden-Baden 2016, 189-207.

Nauer, Doris: Spiritual Care statt Seelsorge?, Stuttgart 2015.

Orlinsky, David E./Grawe, Klaus/Parks, Barbara K.: Process and Outcome in Psychotherapy, in: Allen E. Bergin/Sol L. Garfield (Hgg.): Handbook of psychotherapy and behavior change, New York (NY) 1994, 270–376.

Pastrana, Tania/Radbruch, Lukas/Nauck, Friedemann et al.: Out-come indicators in palliative care - how to assess quality and success. Focus group and nominal group technique in Germany, in: Support Care Cancer 18 (2010).

Peng-Keller, Simon: Abschiedlichkeit und Resilienz. Emergente Spiritualität am Lebensende, in: NOVACura 48,8 (2017);

Peng-Keller, Simon: Professionelle Klinikseelsorge im Horizont interprofessioneller Spiritual Care, in: Pastoraltheologie 106, 10 (2017), 411–421.

Petrowski, Katja/Pokorny, Dan/Nowacki, Katja/Buchheim, Anna: The therapist's attachment representation and the patient's attachment to the therapist, in: Psychotherapy Research 23, 1 (2013), 25–34.

Radbruch, Lukas/Rolke, Roman: Eine anspruchsvolle Tätigkeit. Hauptbelastungsfaktor der Mitarbeiter, in: Monika Müller/David Pfister (Hgg.): Wieviel Tod verträgt das Team? Belastungs- und Schutzfaktoren in Hospizarbeit und Palliativmedizin, Göttingen 2012, 60–67.

Roser Traugott: Spiritual Care. Organisationale, ethische und spirituelle Aspekte der Krankenhausseelsorge, Stuttgart 2007.

Roser, Traugott: Spiritual Care. Der Beitrag von Seelsorge zum Gesundheitswesen, Stuttgart (Münchener Reihe Palliative Care 3), Stuttgart 2017.

Saunders, Cicely: Views on Pain Pelief and Terminal Care (1981), in: Dies., Selected Writings. 1958–2003, Oxford 2006, 163–183

Saunders, Cicely: Spiritual Pain (1988), in: Dies., Selected Writings. 1958–2003, Oxford 2006, 217–222.

Scharfenberg, Joachim: Seelsorge als Gespräch. Zur Theorie und Praxis der seelsorgerlichen Gesprächsführung, Göttingen 1972.

Schauenburg, Henning/Buchheim, Anna/Beckh, Kathrin et al.: The influence of psychodynamically-oriented therapists' attachment representations on outcome and alliance in inpatient psychotherapy, in: Psychotherapy Research: Journal of the Society 20 (2010), 193–202.

Schulz, Claudia: Kirchenmitgliedschaft und Glaubensüberzeugung in der Perspektive der Gruppendiskussionen, in: Wolfgang Huber/Johannes Friedrich/Peter Steinacker (Hgg.): Kirche in der Vielfalt der Lebensbezüge. Die vierte EKD-Erhebung über Kirchenmitgliedschaft, Gütersloh 2006, 111–128.

Schulz, Claudia: Konstruktionen des Diakonats zwischen Tätigkeit, Qualifikation und Amt. Wahrnehmungen der Berufsgruppen im Diakonat, in: Ellen Eidt/Dies. (Hgg.): Evaluation im Diakonat. Sozialwissenschaftliche Vermessung diakonischer Praxis, Stuttgart, 2013, 27–89.

Schütz, Alfred/Luckmann Thomas: Strukturen der Lebenswelt, Bd. 2, Frankfurt a.M. 1984.

van Gils, Henk: Self-Reflexivity and Possible Standards for Taking Good Care of Oneself, in: Anna Henkel/Isolde Karle/Gesa Lindemann/Micha Werner (Hgg.): Dimensionen der Sorge. Soziologische, philosophische und theologi¬sche Perspektiven, Baden-Baden 2016, 137–146.

Wampold, Brucc E./Imel, Zack E.: The great psychotherapy debate. Models, methods and findings, New Jersey 2015.

Watzlawic, Paul/Beavin, Janet H./Jackson, Don D.: Menschliche Kommunikation. Formen, Störungen, Paradoxien, Bern [11]2007, 53–70.

Weiher, Erhard: Das Geheimnis des Lebens berühren. Spiritualität bei Krankheit, Sterben, Tod. Eine Grammatik für Helfende, 4. durchgesehene und erweiterte Auflage, Stuttgart 2014.

Die Pfeile des wütenden Geschicks ertragen – Umgang mit lebensbedrohlichen Erkrankungen[1]

Frank Peusquens, Katja Maus und Lukas Radbruch

1. Ein Fallbeispiel

Frau S. ist 46 Jahre alt und leidet an einem weit fortgeschrittenen Bronchialkarzinom. Schon seit einiger Zeit ist sie in einer Fachklinik in onkologischer Behandlung. Die Chemotherapie musste mittlerweile wegen schwerer Nebenwirkungen abgebrochen werden, vor wenigen Tagen wurde sie auf die Palliativstation verlegt. Dort berichtet sie vor allem über starke Schmerzen an der linken Körperseite. Auf einer numerischen Rangskala (NRS), bei welcher der Wert 0 „keinem Schmerz“ und der Wert 10 einem „nicht stärker vorstellbaren Schmerz" entspricht, gibt Frau S. die Intensität mit NRS 10 an. Zusätzlich klagt sie über weitere Symptome in Form von Luftnot, Übelkeit und Brechreiz, welche jedoch weniger stark ausgeprägt sind. Auf der Palliativstation wird die Schmerztherapie auf ein starkes Opioid umgestellt. Dessen Dosis wird in den nachfolgenden Tagen mehrfach erhöht, bis die Schmerzlinderung schließlich als ausreichend beschrieben wird. Jedoch ist mittlerweile leider die Luftnot stärker geworden. Hinzu kommt die große Angst, innerhalb eines solchen Anfalls zunehmender Luftnot qualvoll ersticken zu müssen. Die einzelnen Episoden der Luftnot lassen sich im Fall von Frau S. jeweils gut behandeln. So werden Benzodiazepine und schnell wirkende Opioide eingesetzt. Zusätzlich zur medikamentösen Therapie wird mehrfach ein Pleuraerguss abpunktiert, um die mechanische Beeinträchtigung der Atmung zu beseitigen. Ebenfalls wird für ausreichende Frischluftzufuhr gesorgt - zum Beispiel durch einen Handventilator oder das Öffnen des Fensters. Vor allem aber wird versucht, die Patientin und ihre Angehörigen immer wieder zu beruhigen und nicht alleine zu lassen, wenn eine Episode verstärkter Luftnot auftritt. Dennoch wird die Angst vor dem Ersticken immer übermächtiger. Nach einigen Tagen wird mit der Patientin deshalb über eine palliative Sedierung gesprochen. Eine solche Sedierung kann eingesetzt werden, wenn die Symptomintensität mit anderen Maßnahmen nicht mehr ausreichend (oder ausreichend schnell) gelindert werden kann. Indem die Patientin in einen künstlichen Dauerschlaf versetzt wird, muss sie die quälenden Symptome zumindest nicht mehr bewusst erleben. Für den Fall, dass eine Linderung

1 Gefördert durch die Deutsche Forschungsgemeinschaft (DFG) – Projektnummer 348851031.

der Luftnot nicht mehr gewährleistet werden kann und ein Gefühl des Erstickens dominiert, wird der Patientin eine solche Sedierung angeboten. Allein die Informationen über diese Möglichkeit genügen, um die Patientin sowie ihre Angehörigen zu beruhigen. Die Medikation zur Symptomkontrolle muss in den nachfolgenden zwei Wochen zwar mehrfach angepasst werden, jedoch kann stets eine ausreichende Wirkung gewährleistet werden. Die Patientin fühlt sich auf der Palliativstation sicher, vom Behandlungsteam wird eine Verlegung in ein stationäres Hospiz angedacht. Dann aber verschlechtert sich ihr Zustand im Rahmen der fortschreitenden Grunderkrankung, gleichzeitig nehmen die Luftnot und insbesondere die damit verbundene Angst wieder zu. Auf Wunsch der Patientin wird nun eine palliative Sedierung eingeleitet. Über eine Medikamentenpumpe wird Midazolam intravenös verabreicht, bis die Patientin tief schläft. Zwei Tage nach Beginn der Sedierung verstirbt die Patientin infolge ihrer Grunderkrankung.

2. Hintergründe der Palliativversorgung

Anhand des vorangegangenen Beispiels wird deutlich, dass eine moderne Palliativversorgung weitaus mehr umfasst als eine rein medikamentöse Schmerzbekämpfung. Heutige Erkenntnisse gehen auf die britische Ärztin, zugleich Krankenschwester sowie Sozialarbeiterin, Dame Cicely Saunders zurück. Während ihrer Arbeit mit schwer erkrankten und sterbenden Menschen befasste sie sich eingehend mit Techniken der Schmerzbekämpfung. Das von ihr im Jahre 1967 gegründete St. Christopher's Hospice in London gilt als Vorzeigeobjekt der palliativmedizinischen Versorgung, da es als einer der ersten Orte den Grundgedanken der Hospizbewegung verwirklichte. Dieser Gedanke ist bereits im Mittelalter, insbesondere während der Kreuzzüge, entstanden. Zu dieser Zeit erhielten reisende und pilgernde Menschen in sogenannten Hospizen [lat. hospitium = „Gastfreundschaft"] zunächst Unterkunft, Schutz und Verpflegung. Aus ihrer anfänglichen Funktion als Raststätten oder Herbergen entwickelten sich die Hospize zunehmend zu Einrichtungen, in denen schwer erkrankte und sterbende Menschen versorgt wurden.[2] Während in England zwischen der Hospizversorgung und der Palliativversorgung zunächst keine begriffliche Trennung erfolgte, prägte der kanadische Arzt Balfour Mount erstmals den Begriff der Palliativversorgung, weil er im Laufe seiner Tätigkeiten in Montreal feststellen musste, dass die französischsprachige Bevölkerung dem Konzept des Hospizes sehr negativ gegenüber stand. Wie auch in Deutschland wurde ein Hospiz zunächst als „*Sterbehaus*" wahrgenommen. In Deutschland konnten sich Hospizbe-

2 *Radbruch/Nauck/Aulbert* 2012.

wegung und Palliativversorgung erst allmählich etablieren. Die erste Palliativstation wurde 1983 in Köln eröffnet, 1986 folgten zwei weitere in Bonn. Zeitgleich entstand in Aachen das erste Hospiz. Mit der Hospizbewegung als Bürger*innenbewegung wurden Mitmenschen über die Themen Sterben, Tod und Trauer informiert und aufgeklärt. Damals wie heute wird die Hospizarbeit insbesondere durch ehrenamtlich tätige Personen erbracht. Neben den hauptsächlichen Aufgaben innerhalb der Sterbe- und Trauerbegleitung besteht nach wie vor die Notwendigkeit einer umfangreichen Bildungs- und Öffentlichkeitsarbeit.

Die Palliativversorgung berücksichtigt vier Dimensionen körperlichen, psychischen, sozialen und spirituellen Ursprungs. Diesbezüglich sind terminologische Diskussionen erkennbar. In England und in den USA wird zwischen *Palliative Care* und *Palliative Medicine* unterschieden, wobei letztere durch ärztliche Interventionen gekennzeichnet ist. Der Care-Begriff hingegen umfasst die Gesamtheit aller Maßnahmen des Teams, ärztlicher sowie therapeutischer, pflegerischer, pädagogischer, seelsorgerischer oder ehrenamtlicher Natur.[3] In Deutschland treten die Begriffe *Palliative Care* und *Palliativversorgung* bisher synonym auf. Im Rahmen von Debatten über die korrekte Übersetzung des Care-Begriffes, erfahren sie jedoch eine alternierende Verwendung. Die Palliativmedizin stellt zwar einen elementaren Baustein der Palliativversorgung dar, kann jedoch nicht mit dieser gleichgesetzt werden. Aus diesem Grunde stellt die *Palliative Care* hierzulande ein Antonym der Palliativmedizin dar. Die Deutsche Gesellschaft für Palliativmedizin e.V. (DGP) verwendet bereits seit geraumer Zeit ausschließlich den Begriff der *Palliativversorgung*. Eine zusätzliche Unterscheidung des Hospizbegriffes wird ausschließlich in Deutschland so ausgeprägt vorgenommen.

Das Fallbeispiel zeigt die enorme Belastung durch Schmerzen, Luftnot und andere dominierende Symptome, durch die die körperliche Funktionsfähigkeit eingeschränkt, Ängste sowie Depressionen hervorgerufen und die Lebensqualität massiv gemindert wird.[4] Die Behandlung dieser körperlichen Symptome kann aufwändig und komplex sein. Das Fallbeispiel weist aber auch auf die Relevanz psychosozialer Interventionen hin, welche Maßnahmen einer umfangreichen Aufklärung beinhalten. Auch Angehörige über medikamentöse oder andere therapeutische Optionen zu informieren, kann bereits zu einer Verbesserung der Gesamtsituation für alle Beteiligten beitragen. Insbesondere in der ambulanten Versorgung kann die Betreuung der Angehörigen durch Sozialarbeiter*innen oder andere Fachpersonen für eine Entlastung der Situation sorgen. Angebote zur Trauerbegleitung können Angehörige soweit wie möglich auf den bevorstehenden Tod eines nahestehenden Menschen vorbereiten und Hinterbliebene in ihren Verlusterfahrungen unterstützen. Vor allem ist jedoch für die erkrankten Menschen selbst ein Bedarf an psychosozialer und spiritueller Begleitung erkennbar. Allein der Erhalt einer lebensbedrohlichen Diagnose kann

---

3 *Radbruch/Nauck/Aulbert* 2012.

4 *Radbruch* 2019.

umfangreiche Gedankenprozesse auslösen. So stellen existenzielle Sorgen, das Bewusstwerden einer drohenden Behinderung oder Ängste, dass sich das eigene Leben bald drastisch verändern könnte, potentielle Unsicherheiten dar. Spiritualität kann eine halt- und sinngebende Ressource für die betroffenen Patient*innen ebenso wie für ihre Angehörigen in der Krise darstellen.[5] Durch die sich gegenseitig verstärkenden physischen und psychischen Belastungen haben schwer erkrankte Patient*innen gleich mehrere Aufgaben zu bewältigen. Eine zusätzliche Beeinträchtigung der Versorgung kann dadurch entstehen, dass hin und wieder eine Zurückhaltung seitens der Patient*innen erfahren wird, was die Schilderung ihrer Symptome und Beschwerden betrifft. So besteht die Sorge, mit der Schilderung der Beschwerden die behandelnden Ärzt*innen von ihren Bemühungen zur ursächlichen Behandlung der lebensbedrohlichen Erkrankungen abzulenken, oder es wird die Ansicht vertreten, dass gewisse Beschwerden „dazu gehören" und demnach ertragen werden müssten. Nicht nur aus diesem Grunde ist es wichtig, Symptome bestmöglich zu erfassen.

3. Qualität in der Palliativversorgung

Im Rahmen einer palliativen Versorgung stehen die Wahrung größtmöglicher Selbstbestimmung der Patient*innen sowie die Respektierung ihrer individuellen Bedarfe und Bedürfnisse an erster Stelle. Daher bedeuten Begriffsbestimmungen im Sinne von festgelegten Definitionen immer wieder eine Herausforderung. Genau diese sind jedoch notwendig, um eine qualitativ hochwertige Versorgung zu erzielen. Jedoch bedarf es zunächst der Frage danach, wodurch sich die Qualität der Versorgung überhaupt definieren lässt. Vor dem Hintergrund der Berücksichtigung individueller Lebenssituationen von Qualität zu sprechen, mag zunächst kontrovers erscheinen. Lässt sich ein an individuellen Prioritäten und Präferenzen orientiertes Vorgehen – wie es in der Palliativversorgung existiert – überhaupt mit standardisierten Vorgaben erreichen?

Beispielhaft für das im Titel dieses Bandes aufgeworfene Problem der Grenzziehung des Messbaren stehen im Bereich der Palliativversorgung die Begriffe Lebensqualität und Spiritualität. Diesen Begriffen kommt eine herausgehobene Position im Feld palliativmedizinischen Handelns zu, ihr begrifflicher Gehalt ist aber wegen der Komplexität der Begriffe weitgehend diffus und unklar. Versuche, die Bedeutung dieser Begriffe durch den Einsatz objektivierender und standardisierender methodischer Erhebungs- und Messverfahren in der Forschung zu präzisieren bzw. zu operationalisieren, laufen Gefahr, dass sie die wesentlichen Strukturmerkmale der Begriffe verfehlen und deren Bedeutungsspektrum auf den des bloß Messbaren und Funktionalen reduzieren. Ein umfangreiches

---

5 *Gratz/Roser* 2019.

Qualitätsmanagement (QM) ist heute fester Bestandteil in allen Bereichen des Gesundheitssystems. Während QM-Prozesse in vielen Fächern der Humanmedizin bereits fest etabliert sind, fällt deren Integration in ganzheitlich ausgerichteten Bereichen – wie der Palliativversorgung – bisher deutlich schwerer. Für die psychologische, soziale und spirituelle Dimension der Palliativversorgung ist die Formulierung von QM-Zielen schwierig. In der physischen Dimension weisen Palliativpatient*innen zumeist mehrere Symptome auf, für welche jeweils separate Therapieempfehlungen bestehen, und folglich auch verschiedene QM-Bewertungen. Für eine ganzheitliche Behandlung bestehen nur allgemeine Empfehlungen.[6] Die Einführung von Qualitätsindikatoren (QI) in den Interventionen und Instrumenten der Palliativversorgung ist nicht ohne Kritik geblieben, zum Beispiel im Konstrukt der, seit dem Jahre 2007 im Sozialgesetzbuch verankerten, spezialisierten ambulanten Palliativversorgung (SAPV). Diese ist entstanden, um schwer erkrankten Patient*innen ein Verbleiben in ihrer gewohnten Umgebung zu ermöglichen. Als QI diente in einigen Publikationen der Anteil an Patienten*innen, die im häuslichen Umfeld verstorben sind – gegenüber dem Anteil jener, die im Krankenhaus verstorben sind. Das führte jedoch in manchen Fällen dazu, dass die SAPV-Teams zur Erfüllung des QIs eine Krankenhauseinweisung verhindert haben, obwohl diese eigentlich indiziert war. Weiterhin steht die Frage im Raum, ob sich eine ‚schlechte' Versorgung tatsächlich daran festmachen lässt, ob nach umfangreichen und zufriedenstellend erfolgten ambulanten Interventionen über einen längeren Zeitraum, die letzten Lebenstage schließlich stationär verbracht worden sind. Es könnte ja durchaus möglich sein, dass sich manche Patient*innen in ihren letzten Lebenstagen in einem Krankenhaus (und insbesondere auf einer Palliativstation) sicherer fühlen.

An diesem Beispiel wird somit erkennbar, dass die Festlegung von QI in der Palliativversorgung eine Herausforderung darstellt. Die S3-Leitlinie zur Palliativversorgung von Patient*innen mit einer nicht heilbaren Krebserkrankung enthält ein eigenes Kapitel mit diversen QI.[7] Zwei der QI sind sogar in den Zertifizierungsbogen der Deutschen Krebsgesellschaft für Onkologische Spitzenzentren und Onkologische Zentren aufgenommen worden.[8] Nach wie vor ist die Verwendung von QI jedoch umstritten. Zum einen ist unklar, wie ihre praktische Umsetzung in Form adäquater Messungen tatsächlich gelingen soll. Zum anderen steht nicht fest, ob Qualität demnach tatsächlich erhoben werden kann.

Um eine Verbesserung der Ergebnisqualität zu erreichen, besteht zudem der Anspruch, dass die Patient*innen selbst eine Bewertung des Outcomes vornehmen.[9] Dies wird durch das Verfahren des *patient related outcome measurement (PROM)* ermöglicht. Hierbei ist jedoch zu berücksichtigen, dass ein großer Teil

6 *Radbruch* et al. 2004.

7 https://www.dgpalliativmedizin.de/images/stories/LL_Palliativmedizin_Langversion_1_1.pdf; https://www.dgpalliativmedizin.de/images/stories/LL_Palliativmedizin_Kurzversion_1.1.pdf.

8 https://www.krebsgesellschaft.de/zertdokumente.html.

9 *Bausewein* et al. 2016.

der Patient*innen in einer palliativen Versorgungssituation kognitiv oder körperlich so eingeschränkt ist, dass ein Ausfüllen eines solchen Instrumentes nicht mehr möglich ist. Somit würden genau die Patient*innen, bei denen die Qualitätsbewertung am wichtigsten ist, nicht mehr durch die PROM erfasst. Aufgrund der bestehenden Schwierigkeiten bei der Erfassung der Ergebnisqualität wird im internationalen Vergleich auf QI aus dem Bereich der Struktur- und Prozessqualität gesetzt. Die Arbeitsgruppe von Carlos Centeno vergleicht eine Vielzahl solcher Parameter.[10] Die Lateinamerikanische Gesellschaft für Palliativversorgung (ALCP) hat eine Liste mit zehn QI herausgegeben, welche zum Vergleich des nationalen Entwicklungsstandes hilfreich ist.[11] Für eine weitere Ergründung von Qualitätsvorgaben ist die Fokussierung auf die zentralen Ziele der Palliativversorgung unerlässlich.

3.1 *Lebensqualität*

Die Erhaltung der Lebensqualität ist, neben der Prävention von Leid und der Symptomlinderung, ein grundlegendes Ziel jeder palliativmedizinischen Versorgung schwerstkranker und sterbender Patient*innen.[12] In einer Diskursanalyse zur Definition der Palliativversorgung[13], in der 37 englischsprachige und 26 deutschsprachige Definitionen ausgewertet wurden, wird dies auch im internationalen Zusammenhang bestätigt: Nahezu einhellig ist der Erhalt der Lebensqualität als das grundlegende Ziel der palliativen Versorgung in den analysierten Definitionen angeführt. Auch in der konsensbasierten Definition der Palliativversorgung der International Association for Hospice and Palliative Care (IAHPC) wird der relationale Bezug der Palliativversorgung zur Lebensqualität hergestellt.[14] Damit ein akzeptables Maß an Lebensqualität erhalten bleibt, sind Menschen mit einer lebenslimitierenden Erkrankung auch bereit, auf Therapien zu verzichten, die ihnen zwar eine Lebensverlängerung ermöglichen würden, jedoch auch mit erheblichen Belastungen durch Nebenwirkungen verbunden wären. Dabei, dies zeigt die Erfahrung in der Palliativmedizin sehr eindrucksvoll, ist es von Mensch zu Mensch individuell höchst unterschiedlich, wie der Maßstab der Lebensqualität inhaltlich von den Betroffenen ausgefüllt wird.

Die Einstellungen der Menschen hierzu sind geprägt durch die verschiedensten Faktoren, zum Beispiel kultureller und gesellschaftlicher Hinter-

10 *Arias Casais* et al. 2019.
11 *De Lima* et al. 2013.
12 Vgl. die Definition der WHO unter https://www.who.int/cancer/palliative/definition/en/.
13 *Pastrana* et al. 2008.
14 https://hospicecare.com/what-we-do/projects/consensus-based-definition-of-palliative-care/.

grund, eigenes Werteverständnis, Familie oder Erziehung. Sie sind weiterhin abhängig von der Art und dem Verlauf der Erkrankung und der Persönlichkeit der Patient*innen. Folglich ergibt sich daraus eine große Spannbreite in der *individuellen Bewertung*, welche Formen der Belastung oder Einschränkung als noch hinnehmbar akzeptiert werden. Manchen ist eine gute Schmerzlinderung wichtig, weil sie ihnen die Teilhabe an den gewohnten Lebensabläufen noch ermöglicht, wohingegen andere zum Beispiel das Bewusstsein möglichst uneingeschränkt erhalten möchten und sich aus diesem Grund ganz bewusst gegen eine Erhöhung der Schmerzmedikation, die Müdigkeit und Konzentrationsstörungen als Nebenwirkungen nach sich ziehen würde, entscheiden. Hier stehen alle Patient*innen vor der Aufgabe, für sich selbst das Ziel des bestmöglichen Lebens unter den gegebenen physischen und psychischen Einschränkungen festzulegen. Dazu werden ausreichend Informationen über die Chancen und Risiken der Behandlungsoptionen benötigt, die mit den jeweiligen persönlichen Wertvorstellungen abgeglichen werden müssen.

Es sind genau diese inhaltliche Offenheit und Vagheit des Konzepts der Lebensqualität, die auf ein wesentliches Problem in der Lebensqualitätsforschung hindeuten: Können verbindliche Kriterien formuliert werden, die es erlauben, Aussagen zur Lebensqualität zu machen, die den Status eines rein subjektiven Urteils überschreiten? Gibt es hierfür bereits etablierte und validierte Messverfahren, die auch nur eine annähernde Vergleichbarkeit der ermittelten Werte erlauben? Oder ist es so, dass diesen Bestrebungen die grundsätzliche Einsicht entgegensteht, dass Lebensqualität prinzipiell nur jeweils für den individuellen Fall bestimmt werden kann und alle bisher vorgelegten Begriffsdefinitionen eher Konstruktionen und Feststellungen derjenigen sind, die nach einer fasslichen Explikation des Konzepts suchen?[15] Wieweit ist dies abhängig von der jeweiligen Dimension des Phänomens, dessen Qualität gemessen werden soll, und der reflexiven Deutung dieses Phänomens durch denjenigen, der diesen Zustand an sich selbst erfährt?

Am Beispiel des Phänomens Schmerz sei das erläutert. In der Palliativmedizin gibt es den Begriff des „totalen Schmerzes“: neben der *körperlichen* Dimension (der Nozizeption) gibt es auch einen *psychischen*, *sozialen* und einen *seelischen* Schmerz, und bei allen Patient*innen sind alle diese Dimensionen beteiligt, wenn auch vielleicht in unterschiedlichem Ausmaß. Die Messung der Schmerzstärke ist über verschiedene Skalen möglich, zum Beispiel mit einer Numerischen Rangskala (NRS). Mittels dieses Instruments können die Patient*innen die Intensität ihrer Schmerzempfindung in Zahlen im Bereich von 0– 10 angeben. Der so ermittelte numerische Wert dient dem ärztlichen Team als ein wichtiger, jedoch nicht als ausschließlicher Ausgangspunkt für die sich daran orientierende Schmerzmedikation. Ob die Schmerzbehandlung des behandelnden Teams erfolgreich und von guter Qualität ist, lässt sich durch die Angaben der

15 *Birnbacher* 1998.

Patient*innen empirisch, in quantitativen Größen messen. Wieweit werden aber die Dimensionen des individuellen psychischen, sozialen und insbesondere des seelischen Schmerzes der Patient*innen adäquat in solchen Erfassungstools abgebildet? Bei der Messung der Schmerzstärke sind zum Beispiel die Ankerworte der Messskala von hoher Bedeutung. Je nachdem, ob die Skala von „kein Schmerz" bis zu „nicht stärker vorstellbarer Schmerz" geht oder ob sie von „kein Schmerz" bis zu „unerträglicher Schmerz" verläuft, werden andere Dimensionen der Empfindung gemessen. Wiederum ein anderer Fokus entsteht, wenn nicht die Schmerzstärke, sondern die Schmerzlinderung (von „vollständige Schmerzlinderung" bis zu „keine Schmerzlinderung") auf der Messskala erfasst wird. Standardisierte Messinstrumente müssen in anderen Sprachen und Kulturen erneut validiert werden und nicht selten finden sich dabei Unterschiede in dem, was gemessen wird.

Wenn schon bei der Erfassung und Messung eines einzelnen Symptoms wie Schmerz solche Probleme auftauchen, wird schnell klar, dass bei der Messung eines so komplexen Konstruktes wie Lebensqualität noch viel mehr Probleme auftreten. Dabei orientieren wir uns im Alltag wie selbstverständlich an einem allgemein gehaltenen Verständnis von „Lebensqualität", im Sinne eines allgemeinen Wohlbefindens mit hedonistischem Einschlag, das uns als Orientierungspunkt dient, um Entscheidungen zu treffen oder Situationen und Handlungen zu bewerten; z. B. wenn die Frage nach der Wahl des Ortes ansteht, an dem wir bevorzugt leben und arbeiten möchten. Dadurch, dass dieses Verständnis von „Lebensqualität" durch eine illustre Mischung der unterschiedlichsten Faktoren (intellektuelle, hedonistische, kulturelle, gesellschaftliche, emotionale) geprägt ist, lassen sich die Schwierigkeiten erahnen, denen sich, neben anderen Wissenschaften, die sozialwissenschaftliche Forschung zur Lebensqualität bei der Bestimmung dieses Begriffs ausgesetzt sieht. Der Bereich der Medizin bezieht sich dagegen auf einen Begriff von Lebensqualität, der gesundheits- bzw. krankheitsbezogen bestimmt ist. Um diese spezifischen Formen der Lebensqualität messen zu können, sind zahlreiche Erhebungsinstrumente (insbesondere standardisierte Fragebögen) für unterschiedliche Patient*innengruppen entwickelt worden.[16] Dabei ist es bemerkenswert, dass die unterschiedliche Ausgestaltung dieser Fragebögen selbst wiederum auf ein mitunter stark variierendes Vorverständnis des Begriffs der Lebensqualität[17] durch das jeweilige Forschungsteam zurückging und die Fragebögen teilweise sehr unterschiedliche Themen und Bereiche erfassen (Confirmation Bias). Ein Messinstrument, das den vorbenannten systematischen Fehler vermeiden möchte, und stärker auf die individuelle Sichtweise der Patient*innen zur Lebensqualität abhebt, ist der *Schedule for the Evaluation of Individual Quality of Life* (SEIQoL). Dieses qualitative

16 Eine erläuternde Übersicht zu den derzeit gebräuchlichen Fragbögen zur Lebensqualität im Bereich der Medizin geben *Radbruch/Jaspers* 2018.

17 *Radbruch/Jaspers* 2018, 10.

Erhebungsinstrument arbeitet mit einem strukturierten Interview. Patient*innen sollen in diesem Interview zunächst fünf Bereiche aus ihrem Leben angeben, die für sie zurzeit von hoher Bedeutung sind. In einem weiteren Schritt wird dann gebeten, für jeden dieser Bereiche das Maß der eigenen Zufriedenheit anzugeben auf einer Skala von 0 (nicht zufrieden) bis 100 (äußerst zufrieden). Aus den einzelnen Werten und der jeweiligen Gewichtung der Bereiche wird dann ein Gesamtwert gebildet, der den aktualen Wert der Lebensqualität der Befragten repräsentiert.

Standardisierte Erhebungs- und Messverfahren zur quantitativen Erfassung von Lebensqualität hinterlassen den Eindruck, dass es sich bei der Lebensqualität um eine statische Größe handelt, die wesentlich durch Faktoren bestimmt ist, die nicht von den Patient*innen beeinflusst sind. Demgegenüber entwickelte Calman die Hypothese von einem dynamischen Verständnis von Lebensqualität,[18] das sich aus einer aktiven Anpassungsleistung der Patient*innen an die zunehmende Verschlechterung ihres gesundheitlichen Zustands ergibt. Das Maß der Lebensqualität für die individuellen Patient*innen bestimme sich aus der Differenz zwischen den Erwartungen und Hoffnungen und dem realen gesundheitlichen Zustand (der sogenannte Calman Gap). Passten die Patient*innen im Verlauf einer fortschreitenden Erkrankung die eigenen hohen Erwartungshaltungen nicht an die vorgefundene und wahrgenommene Realität an, stelle sich das Gefühl ein, die eigene Lebensqualität befinde sich auf einem sehr niedrigen Niveau. Bewerten und gewichten sie hingegen die bisherigen Hoffnungen und Erwartungen unter dem Eindruck der Gegebenheiten neu und passen jene diesen entsprechend an (Response Shift), empfinden sie trotz der eingetretenen Verschlechterung für sich selbst ein relativ gutes Maß an Lebensqualität. Diese Denkfigur erinnert stark an das Modell der Aufstufung der Reflexion in der Philosophie des Selbstbewusstseins:[19] Die Patient*innen nehmen quasi eine Metaposition ein, von der aus sie die eigene bisherige Bewertung der Lebensqualität selbst zum Gegenstand einer reflexiven Bewertung machen und sie in einem weiteren Schritt situationsadäquat abändern.

Bei allem Bemühen um eine wissenschaftliche Erhebung und Messung der Lebensqualität in der Medizin bleibt kritisch zu fragen, ob auf diese Weise überhaupt eine authentische Erfassung der individuellen Lebensqualität gelingen kann, die auf eine selbst vorgenommene Deutung der Patient*innen zurückgeht, oder ob dies nicht vielmehr auf eine Fremdzuschreibung der Lebensqualität durch das Forschungsteam hinausläuft und daher der Erkenntnis der Sache, um die es eigentlich geht, nicht dienlich ist.

---

18 *Calman* 1984.

19 *Hegel* 1986, *Hegel* 1980.

3.2 *Spiritualität*

Im Verlauf einer schweren Erkrankung gelangen Patient*innen wiederholt in Grenz- und akute Krisensituationen, wo sie sich vor die Frage nach der Sinnhaftigkeit ihres bisherigen Lebens, dem Sinn ihrer Erkrankung und ihrer Einstellung zu Sterben und Tod gestellt sehen.[20] Dies sind im weitesten Verständnis des Begriffs „Spiritualität" Fragen, die einerseits ein existenzielles, spirituelles Bedürfnis der Patient*innen anzeigen und andererseits möglicherweise ihren Wunsch nach spiritueller Begleitung und Unterstützung artikulieren. Dabei kann zum Bespiel die religiöse Einstellung der Patient*innen, die eine unter den vielen Ausdrucksformen von Spiritualität ist, eine Hilfe sein, um sich diesen herausfordernden Situationen zu stellen.[21] Ist unsere gegenwärtige Medizin darauf vorbereitet, auf diese fundamentalen Sinn-Fragen der Patient*innen eine Antwort zu geben? Ärzt*innen finden, wenn sie die derzeit gültige Musterberufsordnung der Bundesärztekammer[22] konsultieren, darin keine expliziten Aussagen zur Verhältnisbestimmung von Spiritualität und Medizin. Fallen Fragen zur Spiritualität dann überhaupt in die Kompetenz der Ärzteschaft? Sollte sie sich nicht vielmehr auf die Symptome und die Ergebnisse der Untersuchungen beschränken, mithin also auf die objektiven und objektivierbaren Befunde, die sie dann auch mit einer entsprechenden Therapie beeinflussen kann? In diesem Falle müsste es folglich im Interesse von Ärzt*innen sein, Fragen nach der Psyche und der Spiritualität der Patient*innen an die vermeintlich dafür zuständigen Fachkolleg*innen, also die Psychotherapeut*innen und die Seelsorger*innen, zu delegieren. Dieser Standpunkt fußt auf der Prämisse eines Dualismus, einer strikten Trennung zwischen dem Körperlichen und dem Geistigen. Körperliche und seelische Beschwerden sowie Fragen nach dem Lebenssinn seien deshalb, so die These, unabhängig voneinander und durch unterschiedliche Professionen zu bearbeiten. Wissenschaftsgeschichtlich fällt diese Trennungsthese in die Epoche der aufkommenden Naturwissenschaften[23]. Mit Beginn der Neuzeit setzte sich zunehmend die naturwissenschaftliche Methodik in der Medizin durch. Krankheitsverläufe unterlagen in der Folge einer wissenschaftlichen Betrachtungsweise, die sich der Kategorien von Ursache und Wirkung bediente, um Erkrankungen in ihrer Entstehung zu erklären, um sie dann im nächsten Schritt kausal therapieren zu können. Sinnfragen, die sich den Patient*innen im Zusammenhang mit der Erkrankung stellten, konnten mit den Mitteln der Naturwissenschaft nicht beantwortet werden und wurden aus dem Gebiet der na-

20 *Maio* 2010.

21 *Müller/Radbruch/Kern* 2008.

22 http://www.bundesaerztekammer.de/recht/berufsrecht/muster-berufsordnung-aerzte/muster-berufsordnung/.

23 *Canguilhem* 1979.

turwissenschaftlich dominierten Medizin verwiesen und unter Irrationalismusverdacht gestellt.[24] G. Maio schreibt der gegenwärtigen Medizin ins Stammbuch, dass die von ihr forcierte naturwissenschaftliche Methodik ursächlich verantwortlich für das „Versagen der modernen Medizin in der Sinnfrage“[25] sei. Die aktuellen Bestrebungen, Medizin und Spiritualität wieder einander anzunähern, bleiben, aus der Sicht von Maio solange unzureichend, wie sie die Spiritualität allein unter dem engführenden Gesichtspunkt ihrer Verwertbarkeit und Funktionalität sehen. Ihr komme eine Bedeutung im Behandlungsverlauf allenfalls dann zu, wenn von ihr „nachweisliche Gesundheitseffekte“[26] für die Patient*innen ausgingen. Diese sich auf reine Nützlichkeitsüberlegungen stützenden Aussagen zu Spiritualität verfehlten den eigentlichen Bedeutungskern des Begriffs und seinen immanenten Bezug auf die Sinndimensionen menschlichen Lebens. Dem ernsthaften Interesse an Spiritualität in der Medizin komme in diesem Zusammenhang die verantwortungsvolle Aufgabe zu, so Maio, der bisher sinnfernen Medizin die Einsicht zu eröffnen „im Krankwerden den Verweis auf die Grenze zu erkennen; die Grenze des Machbaren, die Grenze des Wissbaren, die Grenze des Verfügbaren“[27].

Auch wenn es durchaus viele Ärzt*innen gibt, die genau diese von G. Maio kritisierte Einstellung mehr oder weniger bewusst vertreten, weisen doch im Gegensatz dazu viele Erfahrungen in der Medizin, wie zum Beispiel die Wirkung von Placebos daraufhin, in wie enger Wechselwirkung körperliche und seelische Vorgänge stehen. Als Arzt, der den eben beschriebenen Dualismus nicht teilt, werde ich (LR) zwangsläufig immer wieder spirituellen Fragen von Patient*innen begegnen und mich ihnen stellen. Bei der Visite auf der Palliativstation sah ich auf dem Nachttisch einer Patientin eine Postkarte mit einem Bild von Hieronymus Bosch: „Aufstieg in das himmlische Paradies“, in dem ein Lichttunnel abgebildet ist, wie er auch oft von Menschen nach einem Nahtoderlebnis geschildert wird. Als ich das Bild ansehe, sagt der Ehemann, dass für die Patientin diese Vorstellung sehr tröstlich sei, da man ja von diesen Schilderungen ungefähr wisse, was beim Sterben passieren würde. Und was ich denn davon halten würde?

*3.2.1 Sind Ärzt*innen lediglich für den Körper der Patient*innen zuständig?*

Wie gehe ich als Arzt auf eine solche Frage ein? Verweise ich auf das seelsorgerische Fachpersonal? Oder traue ich mich, eine persönliche Antwort zu geben,

---

24 *Maio* 2010.
25 *Maio* 2010, 4.
26 *Maio* 2010, 6.
27 *Maio* 2010, 7.

und lasse ich mich auf ein Gespräch ein über die Gefühle der Patientin, die bei der Frage des Ehemannes im Hintergrund mitschwingen? Tatsächlich ergab sich in diesem Fall ein Gespräch über ihre Angst vor dem Tod und die Patientin konnte Fragen über das Sterben stellen, die sie vorher nicht auszusprechen gewagt hatte. Leider wird mittlerweile die Zuständigkeit ärztlichen Fachpersonals oft allein bei den körperlichen Aspekten gesehen, sowohl seitens der Ärzt*innen selbst wie auch von den behandelten Personen und ihren Angehörigen. Diese reduktionistische Auffassung von der Ärzt*innen-Rolle wirkt sich negativ in der konkreten Ärzt*innen-Patient*innen-Beziehung aus. Patient*innen erzählen Ärzt*innen fast ausschließlich von ihren körperlichen Beschwerden und wenig darüber hinaus, weil sie davon ausgehen, dass dies gar nicht mehr gehört werden möchte. Trotzdem starten Patient*innen ab und zu einen Versuchsballon, eine vorsichtige Frage, die über das Körperliche hinausgeht und die menschliche Sinndimension betrifft. Gehen Ärzt*innen darauf ein, können sich Patient*innen weiter vortasten, und nun mit wachsendem Vertrauen auch Fragen und Probleme außerhalb der rein somatischen Ebene ansprechen. Besonders in Krisensituationen, wie zum Beispiel bei lebensbedrohlichen Erkrankungen, ist diese Offenheit für Themen außerhalb der körperlichen Dimension aber nun wiederum wichtig, weil dadurch verständlich werden kann, warum ein*e Patient*in bestimmte Behandlungsmaßnahmen ablehnt oder einfordern möchte.

Die spirituellen Einstellungen und Überzeugungen der Patient*innen prägen ihre Vorstellungen davon, was Gesundheit oder ein würdevolles Leben sind. In der Palliativmedizin ist zum Beispiel die Vorstellung von einem „guten Tod“ wesentlich vom spirituellen Hintergrund des Behandelnden geprägt. In der Ausbildung ärztlichen und pflegerischen Personals, noch häufiger bei jungen Gruppen mit Schüler*innen oder Studierenden wird oft in engem Zusammenhang eine epikureische Einstellung zum Tod berichtet („mit dem Tod ist alles aus“), und gleichzeitig ist die vorherrschende Vorstellung von einem guten Tod der „Sekundentod“: aus vollem Wohlbefinden plötzlich tot umfallen. Es ist ja nur konsequent, wenn es kein Jenseits nach dem Tod gibt, dass dann eine Vorbereitungszeit auf den Tod nicht sinnvoll oder gar notwendig ist. Diese Vor- und Einstellungen beeinflussen aber wiederum die Erwartungen, die die Behandelten an die Behandelnden richten. Deshalb ist es für letztere eminent wichtig, von ihnen zu wissen.

Die Bilder von Ärzt*innen, wie sie aus Fernsehserien wie Grey's Anatomy oder Emergency Room bekannt sind, sind Stereotype, die auch im Alltag in Praxis und Krankenhaus zu finden sind, und die variieren zwischen der Angst, dass ihre Patient*innen sterben könnten, und ihren medizinischen Omnipotenzphantasien immerzu retten und helfen zu müssen, ob die Patient*innen das nun wollen oder nicht. Eine (selbst-)kritische Reflexion, ob und wo die eigenen Werte vom Behandelnden vielleicht zu sehr als absoluter Maßstab gesetzt werden und gar nicht mehr mit denen des Behandelten und den Angehörigen in ein Verhältnis gesetzt werden, findet nicht statt. Geradezu satirisch überspitzt ist dies bei der Serie Dr. House zu sehen. Hier weiß der Arzt immer, was richtig ist und gemacht werden muss. Wenn die Wertvorstellungen der Patient*innen damit nicht übereinstimmen, wird dies höchstens noch als ein Symptom der Krankheit gewertet. Ähnlich können in der Realität die ärztlichen Potenzphantasien in den Diskussionen um den ärztlich assistierten Suizid bewertet werden. Auch hier finden sich Ärzt*innen, die alles regeln wollen, die handeln müssen, die das Leid der Patient*innen als Handlungsaufforderung verstehen, so dass sie nicht „untätig" mit-leiden können. Dies schließt dann auch die ärztliche Hilfe zum Suizid ein, wenn sonst nur „passive" Optionen zur Verfügung stehen. Für Palliativmediziner*innen wird dagegen die Begleitung der Patient*innen in einer solchen Situation, das Dabeibleiben (ohne handeln zu müssen) zur wichtigen Aufgabe – ganz abgesehen von den vielen Optionen, die in der Palliativversorgung mit Symptomkontrolle, palliativer Sedierung oder Therapieverzicht und -abbruch bestehen, um dem Todeswunsch zu begegnen. All das zeigt, dass die Beschäftigung mit den eigenen Einstellungen und denen der Patient*innen zu Leben und Tod, zu Hoffnung und Glauben für Ärzt*innen ebenso wichtig ist wie die Pathophysiologie der Krankheiten.

Spiritualität ist also auch eine ärztliche Aufgabe. Ärzt*innen müssen offen für alle Dimensionen von Krankheit und Leid sein, das schließt neben körperlichen, psychischen und sozialen Aspekten auch Spiritualität ein. Ärzt*innen müssen zumindest Grundkenntnisse haben, damit sie sinnvoll die medizinische Behandlung planen können. Dafür sind Kenntnisse von Regeln und Ritualen aus anderen Kulturen und Religionsgemeinschaften nötig oder Zugang zu spirituellen Ressourcen (zum Beispiel Patient*innen Raum zum Rückzug geben). Als Arzt muss ich zumindest spezielle Codes erkennen. Bei einer Hospitation auf einer Palliativstation in Indien wurde diskutiert, warum die Angehörigen nach dem Tod einer Patientin so erbittert waren: Sie hatten mehrfach gefragt, ob sie der Sterbenden Wasser zu trinken geben sollten. Bei massiven Schluckstörungen und guter Mundpflege war dies vom Personal verneint worden. In dieser Region ist es aber ein wichtiger hinduistischer Brauch, dass ein*e Sterbende*r Wasser erhält, dies wird auch als Code zwischen Patienten*innen und Angehörigen benutzt, dass es jetzt ans Sterben geht. Die Ablehnung durch das Personal war von der Familie deshalb so verstanden worden, dass der Tod noch weit weg sei. Umso größer die Enttäuschung, als sie in der Nacht starb.

3.2.2 *Spiritualität als Chance*

> „Was ist bloß mit den Ärzten los? Warum begreifen sie nicht die Bedeutung ihrer schieren Gegenwart?“ (...) „Warum können sie nicht erkennen, dass gerade der Augenblick, in dem sie sonst nichts mehr zu bieten haben, der Augenblick ist, in dem man sie am nötigsten hat?“[28]

Wenn ich mich als Ärzt*in nicht mit Spiritualität beschäftigen will, mich auf den kranken Körper der Patient*innen beschränken will, vergebe ich mir große Chancen. Bin ich bereit, mich für Fragen zur Spiritualität zu öffnen, eröffnet mir das auch für mich selbst Möglichkeiten in der persönlichen Entwicklung, zum Beispiel in der Auseinandersetzung mit der eigenen Sterblichkeit. Damit wiederum erhalte ich die Chance, ein*e bessere*r Ärzt*in zu werden, der*die die Bedürfnisse der Patient*innen reflektieren und in der Behandlungsplanung berücksichtigen kann. Ganz nebenbei kann die bewusste Entwicklung meiner eigenen spirituellen Ressourcen dazu führen, dass ich einen im täglichen Umgang mit Krankheit, Leid und Tod drohenden Burn-out verhindere. Spiritualität wird in der klinischen Praxis der Palliativversorgung im Gegensatz zu den körperlichen und psychosozialen Dimensionen weniger als Problemfeld betrachtet, sondern mehr als Ressource, über die Patient*innen und Angehörige zum Beispiel Hoffnung schöpfen oder Sinn finden können. Die Bewertung von Spiritualität als Ressource steht im Zusammenhang mit einem Paradigmenwechsel in der Palliativversorgung von einer defizitorientierten Vorgehensweise (Symptome und deren Linderung stehen im Mittelpunkt) hin zu einer mehr ressourcenorientierten Sichtweise[29] (Unterstützung von Lebensqualität, Autonomie und Würde bis ans Lebensende im Mittelpunkt). Es wäre geradezu fatal für ein differenziertes Verstehen der Eigentümlichkeit und des Bedeutungsspektrums des Phänomens der Spiritualität, wenn es im Kontext eines wie immer zu bestimmenden Verwertungszusammenhangs im klinischen Kontext rein instrumentalistisch ausgedeutet würde.[30]

3.3 *Phasenmodelle in der Trauerarbeit*

Ein weiterer Versuch der Normierung lässt sich in der Begleitung Sterbender sowie Trauernder durch die Existenz von Phasenmodellen beobachten. Ein bekanntes Modell wurde von der Psychiaterin Elisabeth Kübler-Ross erstellt. Sie schilderte verschiedene Stufen der emotionalen Verarbeitung, bis schließlich

---

28 *Yalom* 2000, 31.
29 *Pastrana* et al. 2008.
30 *Maio* 2010.

der eigene Tod akzeptiert werden könne.[31] Mehrere Autoren*innen nahmen dieses Grundmodell als Vorlage und modifizierten es zur Thematik der Trauer, so dass heute eine große Bandbreite diverser Phasenmodelle existiert. Eines der bekanntesten Modelle stellt jenes der Psychologin Verena Kast dar. Demnach durchlaufen Trauernde zunächst eine Stufe des Nicht-Wahrhaben-Wollens. In dieser möchten Betroffene häufig nicht an den Verlust des geliebten Menschen glauben. Es folgt eine Phase aufbrechender Emotionen. An dieser Stelle können alle denkbaren Gefühle auftreten – etwa Zorn, Wut, Angst, Schuldgefühle, Freude oder auch Enttäuschung. In der dritten Phase erfolgt ein Suchen und Sich-Trennen, die Endgültigkeit des Verlustes wird respektiert, Erinnerungen werden durchlebt und aufgearbeitet. Die letzte Trauerphase wird durch die Herstellung eines neuen Selbst- und Weltbezuges abgebildet. Durch den umfangreichen Verarbeitungsprozess innerhalb der vorherigen Phasen entstehen nicht selten veränderte Lebensziele, auch die Beziehungen zu Bekannten und Freund*innen werden häufig überarbeitet. Selbsthilfegruppen werden aufgesucht. Innerhalb des Modells wird diese letzte Phase somit als wichtiger Kontext für eine Aktivierung potentieller Ressourcen gesehen.[32]

Obwohl solche Phasenmodelle als theoretischer Bezugsrahmen dienen können, ist ihre Existenz kritisch zu betrachten. Einerseits stellen sie eine Orientierungshilfe dar, andererseits ist in der praktischen Trauerbegleitung immer wieder zu beobachten, dass Menschen durch die Anwendung der Modelle verunsichert werden. So entsteht bei Trauernden nicht selten die Frage, ob sie denn noch ‚normal' seien, wenn z. B. eine Phase übersprungen wird oder ein Zurückfallen in eine eigentlich bereits abgeschlossene Phase empfunden wird. Diese Modelle dürfen aber keinesfalls so verstanden werden, dass diese Phasen nacheinander „abgearbeitet" werden müssen bis zur vollständigen Überwindung des Trauerprozesses, sie können nebeneinander auftreten oder in anderer Reihenfolge. Bewährte Modelle plädieren für eine Akzeptanz von Trauer ohne die Notwendigkeit von Auflösung oder Überwindung der Trauer. Vielmehr wird hier die Chance einer Verarbeitung in der Existenz und Aufrechterhaltung von Bindungen gesehen. So fokussiert etwa das duale Prozessmodell von Stroebe und Schut verlustorientierte Stressoren (zum Beispiel aufkommende Erinnerungen) und wiederherstellungsorientierte Stressoren (zum Beispiel einen Umzug).[33] Beide Bereiche werden gleichermaßen in unterschiedlicher Intensität und wechselnder Reihenfolge durchlebt. In neueren Ansätzen steht die Relevanz von Bindungen im Mittelpunkt. So sehen Klass, Silverman & Nickman in ihrem Ansatz der Continuing Bonds eine aufrechterhaltene (Ver-)Bindung zu einer verstorbenen Person keinesfalls als problematisch an, sondern als völlig akzeptabel. Anders als

31 *Kübler-Ross* 1969.

32 *Kast* 2015.

33 *Stroebe/Schut* 1999.

bei Phasenmodellen wird in fortbestehenden Bindungen somit kein Risiko für eine unbewältigte Trauer gesehen.[34]

3.4 Heisenbergs Unschärferelation und was sie für die Palliativversorgung bedeutet

Das nun mehrfach angeführte Konstrukt der Individualität ist somit als Kernelement einer qualitativ hochwertigen Palliativversorgung zu sehen. Wie beeinflusst dies nun die Grenzen des Messbaren?

Heisenberg beschrieb in seiner Unschärferelation für die Teilchenphysik, dass es unmöglich sei, die genaue Position und die Geschwindigkeit eines Teilchens zu einem bestimmten Zeitpunkt gleichzeitig zu messen: Entweder die Position wird erfasst, aber dies würde unweigerlich eine Änderung der Geschwindigkeit verursachen durch den Akt der Messung, oder die Geschwindigkeit wird gemessen, aber das würde eine Änderung der Position mit sich führen.[35] Vielleicht sollte dieselbe Unschärferelation in der Palliativversorgung angewendet werden. Wir können höchstwahrscheinlich nicht die Art des Leidens und das Ausmaß des Leidens gleichzeitig genau erfassen. Entweder messen wir die Intensität des Leids, zum Beispiel mit standardisierten und validierten Fragebögen. Dann finden wir aber nur die Bestandteile des Leids, zum Beispiel die körperlichen Symptome oder die spirituellen Probleme, die in die Items des Fragebogens aufgenommen werden. Wird der Patient nicht mit einem Fragebogen, sondern in einem Interview befragt, was sein Leid gerade ausmacht, werden wir viele detaillierte und vertiefende Informationen erhalten, die das individuelle Leiden des Patienten verständlicher machen. Ein Vergleich mit anderen Patient*innen wird aber kaum möglich sein, weil die Bewertung dann eben nicht auf einer standardisierten Skala erfolgt. In diesem Zusammenhang ist es wichtig, dass ein Bewusstsein dafür vorhanden sein sollte, dass nicht beides gleichzeitig erfasst werden kann. Die Belange der Forschung erfordern es, mit standardisierten Fragebögen genau zu messen, auch um den Preis, dass damit nur eingeschränkt die individuelle Lebensqualität der Proband*innen erfasst werden kann, und die Definition der Lebensqualität durch die Brille der Forschenden in die Messinstrumente eingeflossen ist.

Ähnlich ist es mit der Erfassung der Spiritualität. Aus der Fragebogengruppe zum „Functional Assessment of Chronic Ilness"[36] liegt zum Beispiel ein spezielles Modul vor, die „Spiritual Well-Being Scale" (FACIT-Sp), mit dem die Einstellungen der Patient*innen zur Spiritualität abgefragt werden können. Dieses Modul umfasst insgesamt 12 Items, von denen vier der Dimension Sinn und acht der

34 *Klass/Silverman/Nickman* 1996.

35 *Heisenberg* 1927.

36 Vgl. www.facit.org.

Dimension Glaube zugeordnet sind. Für die klinische Praxis ist aber die folgende „Spirituelle Anamnese“[37] mit dem Akronym HOPE nützlicher, mit der Spiritualität bezogen auf die individuellen Patient*innen erfasst werden kann.

Hoffnung	Was gibt Ihnen Hoffnung (Stärke/ Zuversicht/ Frieden) in Ihrer Krankheit?
Organisierte Religion	Sind Sie Teil / Mitglied einer religiösen / spirituellen Gemeinschaft? Ist das für Sie hilfreich?
Persönliche Spiritualität und Praxis	Welchen Teil Ihrer spirituellen Überzeugungen finden Sie selbst besonders hilfreich und sinngebend?
Effekt auf Behandlung und Dinge des Lebensendes	Wie beeinflussen Ihre Überzeugungen / Ihr Glauben die medizinische Behandlung, die Sie von mir erwarten?

Im klinischen Alltag auf der Palliativstation ist es vielleicht wichtiger, genau hinzuhören, was Lebensqualität für die individuellen Patient*innen denn nun wirklich bedeutet, statt einen Messwert zu erhalten. Deshalb setzt die Palliativversorgung im stationären und ambulanten Setting statt auf ein Erhebungsinstrument bevorzugt auf das individuell geführte Gespräch, und zwar nicht nur zwischen Ärzt*innen und Patient*innen, sondern auch mit anderen Berufsgruppen im Behandlungsteam. Denn es ist sehr wahrscheinlich, dass die Patient*innen im persönlichen Gespräch z. B. mit den Palliativpflegekräften und im Beisein der Familie, die sie unterstützen und bestätigen kann, wiederum andere Themen zur Sprache bringen werden als gegenüber dem behandelnden ärztlichen Team, weil sie gegenüber diesem andere Erwartungshaltungen haben. Daher macht die Erfassung der Lebensqualität einen gewichtigen Teil in der Kommunikation zwischen dem Behandlungsteam und der Patient*in und der Familie aus.

Literatur

Anandarajah, G., Hight, E. (2001). Spirituality and medical practice: using the HOPE questions as a practical tool for spiritual assessment. In: American Family Physician (63), 81–89.

Arias Casais, N., Garralda, E., Rhee, J., De Lima, L., Pons, J., Clark, D., Hasselaar, J., Ling, J., Mosoiu, D., Centeno, C. (2019). EAPC Atlas of Palliative Care in Europe 2019. Online abrufbar unter http://dadun.unav.edu/handle/10171/56787 (Zugriff am 04.01.2020).

37 *Okon* 2005; *Anandarajah/Hight* 2001.

Bausewein C., Daveson, B.A., Currow, D.C., Downing, J., Deliens, L., Radbruch, L., Defilippi, K., Ferreira, P., Costantini, M., Harding, R., Higginson, I.J. (2016). EAPC White Paper on outcome measurement in palliative care: Improving practice, attaining outcomes and delivering quality services – Recommendations from the European Association for Palliative Care (EAPC) Task Force on Outcome Measurement. In: Palliative Medicine 30 (1), 6–22.

Birnbacher, D. (1998). Der Streit um die Lebensqualität. In: J. Schummer (Hg.): Glück und Ethik, 125–145.

Bundesärztekammer (2018). (Muster-)Berufsordnung für die in Deutschland tätigen Ärztinnen und Ärzte. Online abrufbar unter https://www.bundesaerztekammer.de/recht/berufsrecht/muster-berufsordnung-aerzte/muster-berufsordnung/ (Zugriff am 05.01.2020).

Calman, K. C. (1984). Quality of life in cancer patients - An hypothesis. In: Journal of medical ethics, 1984, 10, 124-127.

Canguilhem,G. (1979). Wissenschaftsgeschichte und Epistemiologie. Frankfurt a.M.

De Lima, L., Perez-Castells, M., Berenguel, M., Monti, C., Aguilar, A., Ahumada, M., Ramirez, L., Torres-Vigil, I., Vargas, Y., Herrera, E (2013). Palliative care indicators – Asociación Latinoamericana de Cuidados Paliativos (ALCP). Houston: International Association for Hospice and Palliative Care Press.

Deutsche Gesellschaft für Palliativmedizin e.V. (2015). S3-Leitlinie Palliativmedizin für Patienten mit einer nicht heilbaren Krebserkrankung. Online abrufbar unter https://www.dgpalliativmedizin.de/images/stories/LL_Palliativmedizin_Langversion_1_1.pdf (Zugriff am 28.12.2019).

Deutsche Gesellschaft für Palliativmedizin e.V. (2015). S3-Leitlinie Palliativmedizin für Patienten mit einer nicht heilbaren Krebserkrankung. Online abrufbar unter https://www.dgpalliativmedizin.de/images/stories/LL_Palliativmedizin_Kurzversion_1.1.pdf (Zugriff am 28.12.2019).

Deutsche Krebsgesellschaft e.V. (2019). Zertifizierungsbogen für Onkologische Spitzenzentren und Onkologische Zentren. Online abrufbar unter https://www.krebsgesellschaft.de/zertdokumente.html (Zugriff am 28.12.2019).

Gratz, M., Roser, T. (2019). Spiritual Care in Qualifizierungskursen für nicht-seelsorgliche Berufe. Grundsätze der Deutschen Gesellschaft für Palliativmedizin. Stuttgart: Kohlhammer.

Hegel, G.W.F. (1986). Wissenschaft der Logik. Band 1+2. Frankfurt a.M.

Hegel, G.W.F. (1980). Phänomenologie des Geistes. 4. Aufl. Frankfurt a.M.

Heisenberg, W. (1927) Über den anschaulichen Inhalt der quantentheoretischen Kinematik und Mechanik. Zeitschrift für Physik 43 (3), 172–198.

International Association for Hospice & Palliative Care (2020). Consensus-Based Definition of Palliative Care. Online abrufbar unter https://hospicecare.com/what-we-do/projects/consensus-based-definition-of-palliativecare/ (Zugriff am 05.01.2020).

Kast, V. (2015). Trauern. Phasen und Chancen des psychischen Prozesses. Freiburg im Breisgau: Kreuz.

Klass, D., Silverman, P., Nickman, S. (1996). Continuing bonds. New Understandings of Grief. Philadelphia.

Kübler-Ross, E. (1969). On Death and Dying. New York.

Maio, G. (2010). Zur Hilflosigkeit der modernen Medizin im Hinblick auf die Frage nach dem Sinn. ETHICA 18 (1), 3–9.

Müller, M., Radbruch, L., Kern, M. (2008). Spirituelle Begleitung in Hospiz- und Palliativkontext – eine Frage der Qualität. 11 Thesen zur Spiritualität. In: Hospiz Dialog NRW (Januar 2008/34). Schwerpunkt Spiritualität I, 15–21.

Okon, T. R. (2005). Spiritual, religious, and existential aspects of palliative care. Journal of Palliative Medicine (8), 392–414.

Pastrana, T., Jünger, S., Ostgathe, C., Elsner, F., Radbruch, L. (2008). A matter of definition – key elements identified in a discourse analysis of definitions of palliative care. Palliative Medicine (22), 222–232.

Radbruch, L. (2019). Palliativmedizin. In Nova Acta Leopoldina 424, 167–185.

Radbruch, L., Jaspers, B. (2018). Quality of Life. In: R. D. MacLeod, L. Bock (Hgg.): Textbook of Palliative Care, 2–10.

Radbruch, L., Nauck, F., Aulbert, E. (2012). Definition, Entwicklung und Ziele der Palliativmedizin. In: Aulbert, E., Nauck, F., Radbruch L. (Hgg.): Lehrbuch der Palliativmedizin. 3. Auflage, Stuttgart, 1–12.

Radbruch. L., Ostgathe, C., Elsner, F., Nauck, F., Bausewein, C., Fuchs, M., Lindena, G., Neuwohner, K., Schulenberg, D. (2004). Prozesse und Interventionen auf den deutschen Palliativstationen. Ergebnisse der Kerndokumentation 2001. In: Schmerz 18 (3), 179–188.

Stroebe, M., Schut, H. (1999). The dual process model of coping with bereavement: Rationale and description. Death Studies, Vol. 23, 3, 197–224.

World Health Organization (WHO) (1990). Cancer pain relief and palliative care. Report of a WHO Expert Committee. Geneva: World Health Organization. Online abrufbar unter https://apps.who.int/iris/bitstream/handle/10665/39524/WHO_TRS_804.pdf?sequence=1&isAllowed=y (Zugriff am 26.12.2019).

Yalom I.D. (2000). Die Reise mit Paula. München.

Autorinnen und Autoren

Stephan Bethe

Arzt, geb. 1993, Studium der Medizin, Politik und Soziologie in München (LMU), Krakau (Jagiellonen Universität) und Paris (Sorbonne). Wissenschaftlicher Mitarbeiter in Teilprojekt 7 „Empirische Beziehungen von Resilienz und Spiritualität" der DFG-FOR 2686.

Thiemo Breyer

Dr. phil., geb. 1981, Heisenberg-Professor für Phänomenologie und Anthropologie, Universität zu Köln, u. a. seit 2015 Vize-Präsident der Deutschen Gesellschaft für Phänomenologische Anthropologie, Psychiatrie und Psychotherapie, Mitherausgeber der Zeitschrift Phänomenologische Forschungen, PI des Teilprojekts 3 „Empathie und Resilienz. Phänomenologische Untersuchungen zu den Resilienzpotentialen von interpersonaler Resonanz" der DFG-FOR 2686.
Publikationen in thematischer Auswahl: Verkörperte Intersubjektivität und Empathie, Frankfurt a. M. 2015; Resilience – its connections to vulnerability and crisis from analytic and phenomenological perspectives. International Journal of Theology and Philosophy (im Erscheinen).

Judith Gärtner

Dr. theol., geb. 1972, Professorin für Altes Testament an der Universität Rostock, PI des Teilprojekts 1 „Resilienz im Gebet. Klage als spirituelle Ausdrucksform von Angst und Zuversicht" der DFG-FOR 2686.
Publikationen in thematischer Auswahl: Die Geschichtspsalmen. Eine Studie zu den Psalmen 78, 105, 106, 135 und 136 als hermeneutische Schlüsseltexte im Psalter, Tübingen 2015; „Vom Tod zu Leben – Das Danklied als Ort theologischer Reflexion", ThLZ 143 (2018) 1211–1226.

Franziska Geiser

Dr. med., geb. 1965, Professorin Psychosomatische Medizin und Psychotherapie an der Universität Bonn, Direktorin der Klinik für Psychosomatische Medizin und Psychotherapie der Universität Bonn, Advisory Board der European Association for Psychosomatic Medicine (EAPM), PI des Teilprojekts 5 „Dynamik von Resilienz in der Lebenskrise: Interdisziplinäre Begriffsklärung und Operationalisierung".

Publikationen in thematischer Auswahl: gemeinsam mit Nakata et al.: Health literacy, mental disorders and fear of progression and their association with a need for psycho-oncological care over the course of a breast cancer treatment, Psychol Health Med Juni 2020, 1-14. DOI: 10.1080/13548506.2020.1772987; gemeinsam mit Weis et al. Psychosocial distress and utilization of professional psychological care in cancer patients: An observational study in National Comprehensive Cancer Centers (CCCs) in Germany, Psychooncology 2019. DOI: 10.1002/pon.4901.

Eberhard Hauschildt

Dr. theol., geb. 1958, Professor für Praktische Theologie (Seelsorge, Diakonie und Gemeindeaufbau) an der Rheinischen Friedrich-Wilhelms-Universität Bonn, Herausgeber der Zeitschrift Pastoraltheologie, Co-Direktor des Instituts für Hermeneutik an der Ev.-Theol. Fakultät Bonn, PI des Teilprojekts 8 „Resilienz und Spiritualität bei Caretakern. Rolle und Beziehung in Interaktionen beruflicher und ehrenamtlicher Spiritual Care“ der DFG-FOR 2686.
Publikationen in thematischer Auswahl: Resilienz und Spiritual Care. Einsichten für die Aufgaben von Diakonie und Seelsorge - und für die Resilienzdebatten, in: Zeitschrift für Praktische Theologie 51/2 (2016), 100-105; Spiritueller Bedarf - Recht auf Religion - Resilienz im Vollzug: Drei Phänomene und ihre kommunikative Gestalt im Alter bei geistiger Behinderung oder chronischer psychischer Erkrankung, in: Sandra Verena Müller/Claudia Gärtner (Hgg.), Lebensqualität im Alter. Perspektiven für Menschen mit geistiger Behinderung und psychischen Erkrankungen, Wiesbaden 2016, 485-496.

Anna Janhsen

PhD Health Sciences, geb. 1984, Wissenschaftliche Mitarbeiterin in Teilprojekt 3 „Empathie und Resilienz. Phänomenologische Untersuchungen zu den Resilienzpotentialen von interpersonaler Resonanz“ der DFG-FOR 2686.
Publikationen in thematischer Auswahl: gemeinsam mit Heidrun Golla/Pauline Mantell/Christiane Woopen (2019): Transforming Spirituality through Aging: Coping and Distress in the Search for Meaning in Very Old Age, in: Journal of Religion, Spirituality & Aging; gemeinsam mit Christiane Woopen: Spiritualität und Alter – Spiritualität im Alter, in: Karsten Hank et al. (Hgg.). Alternsforschung. Handbuch für Wissenschaft und Praxis. Nomos 2019, 604-630; gemeinsam mit Christiane Woopen (2019): Spiritualität in der Medizin. Mehr als ein Add-On? Anthropologische Grundlegung eines ethisch relevanten Existential, in: Zeitschrift für medizinische Ethik, 2 (65), 183-198.

Constantin Klein

Dr. phil., geb. 1977, Professor für Praktische Theologie und Generationenbeziehungen an der Evangelischen Hochschule Dresden, Sprecher der AG Spiritualität der Deutschen Krebsgesellschaft (DKG), Mitherausgeber der Buchreiche „Beiträge zur empirischen Religionsforschung", PI des Teilprojekts 7 „Empirische Beziehungen von Resilienz und Spiritualität" der DFG-FOR 2686.
Publikationen in thematischer Auswahl: gemeinsam mit Hendrik Beth/Friedrich Balck (Hgg.): Gesundheit – Religion – Spiritualität. Konzepte, Befunde und Erklärungsansätze, Weinheim 2011; gemeinsam mit Ketevan Mosashvili: Meaning Making, Religiousness, and Posttraumatic Growth in Case of Internal Displacement. Arch Psychol Rel 39 (2017), 118-137.

Katja Maus

M.A. Rehabilitationswissenschaften, geb. 1991, Wissenschaftliche Mitarbeiterin in Teilprojekt 6 „Resilienz und Kohärenz in der Palliativmedizin. Vergleichende Analyse zur Konstruktvalidität des Resilienzbegriffs" der DFG-FOR 2686.

Katharina Opalka

Dr. theol., geb. 1985, Wissenschaftliche Mitarbeiterin in Teilprojekt 2 „Kreuz und Auferstehung als ‚Resilienznarrative' in Theologie und ökumenischer Spiritualität" der DFG-FOR 2686.

Mirja Petersen

Mag. theol., geb. 1992, von September 2019 bis April 2020 Wissenschaftliche Mitarbeiterin in Teilprojekt 0 „Aspekte einer Hermeneutik der Resilienz." und von Mai 2020 bis Oktober 2020 Wissenschaftliche Mitarbeiterin in Teilprojekt 1 „Resilienz im Gebet. Klage als spirituelle Ausdrucksform von Angst und Zuversicht" der DFG-FOR 2686. Seit August 2020 Wissenschaftliche Hilfskraft bei Prof. Dr. Folkhart Wittekind, Universität Duisburg-Essen, Fakultät für Geisteswissenschaften - Institut für Evangelische Theologie.

Frank Peusquens

M.A. Philosophie, geb. 1958, Wissenschaftlicher Mitarbeiter in Teilprojekt 6 „Resilienz und Kohärenz in der Palliativmedizin. Vergleichende Analyse zur Konstruktvalidität des Resilienzbegriffs" der DFG-FOR 2686.

Lukas Radbruch

Dr. med., geb. 1959, Professor für Palliativmedizin an der Universität Bonn, Direktor der Klinik und Poliklinik für Palliativmedizin in Bonn sowie Leiter des Zentrums für Palliativmedizin am Malteser Krankenhaus Bonn/Rhein-Sieg, Präsident der Deutschen Gesellschaft für Palliativmedizin, PI des Teilprojekts 6 „Resilienz und Kohärenz in der Palliativmedizin" der DFG-FOR 2686.
Publikationen in thematischer Auswahl: gemeinsam mit Müller/Kern: Spirituelle Begleitung in Hospiz- und Palliativkontext – eine Frage der Qualität. 11 Thesen zur Spiritualität. In: Hospiz Dialog NRW (Januar 2008/34). Schwerpunkt Spiritualität I, 15–21.

Cornelia Richter

Dr. theol. geb. 1970, Professorin für Systematische Theologie und Hermeneutik an der Ev.-Theologischen Fakultät der Rheinischen Friedrich-Wilhelms-Universität Bonn, Direktorin des Instituts für Hermeneutik, Sprecherin der DFG-FOR 2686 und PI der Teilprojekte Z „Koordination", TP 0 „Aspekte einer Hermeneutik der Resilienz" und TP 2 „Kreuz und Auferstehung als ‚Resilienznarrative' in Theologie und ökumenischer Spiritualität".
Publikationen in thematischer Auswahl: (Hg.) Ohnmacht und Angst aushalten. Kritik der Resilienz in Theologie und Philosophie (RuG 1), Stuttgart 2017; Trauer zwischen Gebetsnot und „Nötigung" ins Gebet. Eine Skizze situativer Lebenshermeneutik, in: *Simon Peng-Keller* (Hg.): Gebet als Resonanzereignis. Annäherungen im Horizont von Spiritual Care (Theologische Anstöße 7), Neukirchen-Vluyn 2017, 177-192.

Jochen Sautermeister

Dr. theol., Dr. rer. soc., geb. 1975, Professor für Moraltheologie und Direktor des Moraltheologischen Seminars an der Katholisch-Theologischen Fakultät der Rheinischen Friedrich-Wilhelms-Universität Bonn, Herausgeber der Zeitschrift Forum Interdisziplinäre Ethik, PI des Teilprojekts 4 „Achtsamkeit und Resilienz. Anthropologische und begriffliche Klärungen zu einem produktiven Wechselverhältnis" der DFG-FOR 2686.
Publikationen in thematischer Auswahl: Identität und Authentizität. Studien zur normativen Logik personaler Orientierung (Studien zur theologischen Ethik 138), Freiburg i. Ue./Freiburg i.Br./Wien 2013; Achtsamkeit und Selbstbildung. Theologisch-ethische Anmerkungen zu Selbstkonzept und Identität, in: Ders./E. Zwick (Hgg.), Religion und Bildung: Antipoden oder Weggefährten? Diskurse aus historischer, systematischer und praktischer Sicht, Paderborn 2019, 217-232.